フロンティア
実験社会科学 1

実験が切り開く
21世紀の社会科学

西條辰義 [監修]
Saijo Tatsuyoshi

西條辰義・清水和巳 [編著]
Saijo Tatsuyoshi　Shimizu Kazumi

勁草書房

フロンティア実験社会科学　刊行にあたって

　「いきもの」としてのヒトは数百万年の単位で進化し，今もなお進化し続けている。そして，ヒトビトの行動や選択の積み重なりが結果として社会を作っていく。したがって，ヒトの特性を無視して社会を理解することはできない。ところが，従来の政治学，経営学，経済学，社会学，心理学を含む人文社会科学の分野は，そのような特性を分野ごとに想定し，各々の固有の手法に固執して互いに交わることなく，独立の分野としての学問を発達させてきた。

　ヒトの特性を各分野で独自に想定するのではなく，ヒトの特性を観察することから研究をはじめねばならない。実際，20世紀最後の四半世紀頃から，ヒトを対象とする様々な社会科学実験が始まった。とりわけ，長い実験の伝統を持つ心理学との交流が社会科学そのものを豊かなものに変革するきっかけとなりつつある。さらには，実験手法やその結果が，社会科学の分野のみならず，社会科学者と生物学，神経科学，工学などの分野の研究者を繋ぐ接着剤の役割を果たし始めている。ここでいう実験は，ヒトビトを実験室に集めて実施する実験に限らない。フィールドでの実験・調査，コンピューターシミュレーションなど，ヒトの特性に関するエビデンス（証拠）を精査し，蓄積する研究すべてを含む。

　本シリーズの基礎になっているのは，平成19年度から平成24年度にわたる文部科学省の科学研究費補助金による特定領域研究「実験社会科学—実験が切り開く21世紀の社会科学—」（領域代表者・西條辰義）の研究成果である。社会科学の様々な分野から構成される本領域の各班の班名，テーマ，班長は以下のとおりである。

市場班・総括班（市場制度の分析と設計：西條辰義（大阪大学から高知工科大学））
組織班（組織の分析と設計：下村研一（神戸大学））
政治班（政治制度の選択と機能分析：蒲島郁夫（東京大学から熊本県）から肥前
　　洋一（北海道大学から高知工科大学））

フロンティア実験社会科学　刊行にあたって

社会班（社会関係資本の機能と創出：大和毅彦（東京工業大学）から清水和巳（早稲田大学））

意思決定班（意思決定のマイクロ過程分析：竹村和久（早稲田大学））

集団班（集団行動と社会規範：亀田達也（北海道大学））

文化班（社会行動の文化・制度的基盤：山岸俊男（北海道大学，玉川大学，東京大学から一橋大学））

理論班（実験研究の意義と役割：巌佐庸（九州大学））

　各班には数多くの研究者・院生が参加している。また，班を超えるクモの巣状のネットワークも形成されている。すべての参加者の名前をあげるだけで数ページにわたるであろう。班長や参加者の皆さんの献身的な努力とあくなき好奇心に心より感謝したい。

西條辰義

はじめに

　本書はシリーズ『フロンティア実験社会科学』の第1巻として，社会科学における実験に興味をもっている全ての読者を対象にしている。実験をしたことのない高校生や自分の専門分野に飽き足らずひとつ実験でもしてみようかと思っている研究者は言うに及ばず，他分野の実験研究に興味を持っている実験研究者まで大歓迎である。本書は，どの章から読んでもよいようにデザインされているが，社会科学における実験は可能だろうか，意味があるのだろうか，実験で社会科学の諸分野がほんとうにつながるのだろうか，という疑問をお持ちの読者は，まず第1章をご覧いただきたい。社会科学がなぜ「ハード（難しい）サイエンス」と呼ばれるのかがおわかりいただけるであろう。

　方法論よりも，実際の実験や実験結果を知りたい読者は，第2章から第16章をお読みいただきたい。章だては，個人の実験から社会の実験へという順番であり，どの章から読んでもよい。きっと，読者は直感とは異なる実験結果やヒトの特性に迫る切り口に驚かれるに違いない。

　少しでも実験研究をかじったことのある方は，社会科学における実験研究の未来を案じておられるかもしれない。そのような方はまず最終章をお読みいただきたい。社会科学における実験研究の方向性を読み取ることができると信ずる。

　なお，本研究は文部科学省の科研費（19046009）の助成を得たものである。

　最後になるが，勁草書房の永田悠一氏には本書の準備段階から何年にもわたって辛抱強くサポートしていただいた。校正，編集の労は言うに及ばず，本書の骨格は永田氏なしにはできあがらなかったと思う。心より感謝したい。

西條辰義・清水和巳

目　次

フロンティア実験社会科学　刊行にあたって
はじめに

第1章　実験で〈つながる〉社会科学 ………………………………清水和巳　3
1. 社会科学における実験の役割　5
2. 実験を介して〈つながる〉　9
3. そもそも社会科学で実験ができるのか？　12

第2章　最後の1つを取りますか？──ペン選択実験 …………山岸俊男　19
1. はじめに　19
2. 自己観の文化差　19
3. ペン選択実験　21
4. 最後の一切れとしてのペン選択　23
5. デフォルト戦略　24
6. ペン選択シナリオ実験　25
7. 自分は個人的には同調を望ましいとは思わないが，他人は望ましいと思っていると思う　27
8. 状況のデフォルト性をなくすと，ペン選択の日米差は消え去った　28
9. 実際のペン選択も他人の目により変化する　31

第3章　フレーミング効果──表現の仕方によって意思決定は変わる
　　　　………………………………………………………竹村和久　35
1. はじめに　35

v

目　次

2. フレーミング効果の心理実験　35

3. フレーミング効果と社会生活　37

4. フレーミング効果はどのくらい安定して見出されるか　40

5. フレーミング効果に及ぼす注意やその他の要因　42

第4章　うぬぼれる欧米人？　謙虚な日本人？──自己高揚と自己卑下実験
　　　　…………………………………………………………山岸俊男　47

1. はじめに　47

2. 自分の能力を正確に判断できたら報酬を差し上げます　48

第5章　われわれの価値評価は信用できるのか？──アンカリング効果の
　　　　実験………………………………………………兎内祥子・潘俊毅　53

1. はじめに　53

2. どうすればアンカリング効果を克服できるのか　55

3. 漢字書き取り実験のデザイン　57

4. アンカリング効果は弱まったのか　59

5. おわりに　61

第6章　自分が引いたクジは当たっている──制御幻想実験…坂上貴之　63

1. はじめに　63

2. 迷信行動　63

3. 制御幻想　65

4. 制御幻想と曖昧性についての実験から　67

第7章　他者の目が気になりますか？………………神信人・高橋伸幸　73

1. はじめに　73

2. サンクション　74

3. 目の効果　75

4.　壁に目あり　77

　　5.　目の効果の意味　79

第8章　遅延割引と確率割引 ………………………………………丹野貴行　83

　　1.　はじめに　83

　　2.　遅延割引　84

　　3.　確率割引　87

　　4.　遅延割引と確率割引は等価か　88

　　5.　仮想的な報酬で問題は無いのか　89

　　6.　価値割引研究の歴史と今日的意義　90

　　7.　おわりに　92

第9章　ビジネス・ゲームへの招待──会社経営の模擬体験を通じて経営

　　　　を学ぶ …………………………………………磯辺剛彦・小笠原　宏　95

　　1.　はじめに　95

　　2.　ビジネス・ゲームとは　96

　　3.　慶應ビジネススクールのビジネス・ゲーム　97

　　4.　流通科学大学商学部のビジネス・ゲーム　102

　　5.　おわりに　109

第10章　最小条件集団における内集団ひいき実験…………山岸俊男　113

　　1.　はじめに　113

　　2.　集団との一体化か自己利益の確保か　113

　　3.　最小条件集団と間接互恵性　115

　　4.　自分の受け取る利益を集団から切り離す　117

　　5.　囚人のジレンマ実験における内集団協力　118

　　6.　独裁者ゲームでの内集団ひいきと集団内での評判維持戦略　120

　　7.　おわりに　121

目　次

第 11 章　コンピュータシミュレーションで社会を捉える …中丸麻由子　125

1. はじめに　125
2. シェリングの分居モデル　127
3. ノワックとメイの協力行動の研究について　132
4. おわりに　136

第 12 章　囚人のジレンマを克服するメカニズムの設計と実験——バート ランド・ラッセルはなぜ変節したのか　………………西條辰義　139

1. はじめに　139
2. 囚人のジレンマ　140
3. 承認メカニズム　142
4. 行動原理　145
5. メカニズムに課す条件　147
6. 均衡概念　149
7. 承認メカニズムの実験　150
8. おわりに　154

第 13 章　お米市場と助け合う買い手たち　………………西村直子　157

1. はじめに　157
2. センター取引価格と数量動向の不可思議な点　159
3. センター入札市場ルールの思わぬ特殊性　162
4. 実験室で入札市場　163
5. 実験結果からわかる入札行動の特性　167
6. おわりに　170

第 14 章　高値で売り抜けられる？——バブル・ゲームの実験 …草川孝夫　173

1. はじめに　173
2. MP 実験のデザイン　174

目 次

3. MP 実験の理論予測　178

4. MP 実験の結果　182

5. 実験室実験による証券バブル研究の今後の展望　183

第15章　実験室で住民投票 ……………………………………肥前洋一　185

1. はじめに　185

2. 最低投票率というルールの影響　185

3. 「ごちゃごちゃ」を省く―― Hizen（2012）の実験デザイン　187

4. 負けるくらいなら棄権する―― Hizen（2012）の実験結果　189

5. おわりに　192

第16章　脳神経科学の方法を用いた政治学実験――選挙キャンペーン認
　　　　　知の fMRI 実験 ………井手弘子・加藤淳子・神作憲司・高野弘二　195

1. はじめに　195

2. 選挙キャンペーン認知の fMRI 実験　196

3. ニューロポリティクスの可能性と課題　203

第17章　人間社会科学の教室 ……………………………………清水和巳　207

1. サカイ先生の研究室　207

2. 実験は終わらない　208

3. 合理の迷宮から　212

4. 適応の世界へ　215

5. 社会科学はどこへ行く　219

索　引　223

執筆者紹介　226

ix

目　次

実験のヒント

コンピュータでの迷信行動の実験　　64

実験を行う上での倫理　　70

データを得るためのテクニック　　84

動物実験の意義　　87

実験が切り開く 21 世紀の社会科学

第1章　実験で〈つながる〉社会科学

> 私の信ずるところでは，全西欧社会の人びとの知的生活はますます２つの極端なグループに分かれつつある。……この２つの極端なグループの一方には文学的知識人がいる。……他方の極には科学者，しかもその代表人物として物理学者がいる。そしてその２つの間をお互いの無理解，ときには（若い人たちの間では）敵意と嫌悪の溝が隔てている。だが，もっと大きいことは，お互いに理解しようとしないことだ。　C. P. スノー『二つの文化と科学革命』

「朝，何時に起きるのか」から始まって「夜，何時に寝るのか」にいたるまで，私たちは何かを決め行動すること——何かを選択すること——で日々を送っている。もちろん，その選択がいつになくじっくりと考えた結果——「今までは△△党に投票していたが，今回の選挙では○○党に投票しよう」——であることもあれば，日々の繰り返しからほとんど無意識に決めた結果——「気がついたら今日も同じ銘柄のカップラーメンを買っていた」——であることもあるだろう。しかし，何一つ選択しないで過ごすことは，一日たりともできない。また，選択を行う最小単位はせんじ詰めれば個人だが，個人からなる集団の選択は，個人のそれに単純に還元できるものでもない（有名な「投票のパラドクス」はこの難しさをよく表している）。そして，一人一人のあるいは一つ一つの集団の選択が積もり積もると，個人や集団レベルを超えた社会現象を生み出すことがある。たとえば，選挙における選択の変化は与野党の交代劇を演出し，消費における選択の偏りはヒット商品を生み出す。そうすると，ここには３つの答えるべき問題があると思われる。

1．人々の選択——ミクロレベルの選択——は「なぜ（Why）」「どのように（How）」生じ，変化するのか。

2．個々人の選択は「なぜ（Why）」「どのように（How）」集団の選択に影

第1章　実験で〈つながる〉社会科学

響するのか。

3．個々人や集団の選択が「なぜ（Why）」「どのように（How）」マクロレ
ベルでの現象を生み出すのか。

　これらの問い，特に「なぜ」に答えることのできる仮説・理論を構築することは，単に人間・集団の行動や意思決定の理解を助けるだけではなく，社会が一つの進路を選択した際に何が起こるのかを予測するのにも大きく役立つように思われる。たとえば，「Bという社会現象の原因はAという個人・集団の選択である」という仮説が正しいとしよう。もし，Bが起こった後にこのように述べればそれはBを「説明」することになり，Bが起こる前にそのように述べればBを「予測」することになるからである。社会における個々の人間や集団を対象にして，その意思決定・行動の，およびそれらが社会に及ぼす影響を「説明」・「予測」するための仮説・理論を作る学問分野を，ここでは「社会科学」と呼びたいと思う。このような「社会科学」としてすぐに頭に浮かぶのは，政治学・経済学・心理学・社会学などの学問領域に含まれる研究分野である。そのような分野を連携させることは「社会科学」を豊かにすると考えられよう。しかし，驚いたことにこれらの学問領域は，近年に至るまで，スノーが1959年に描いた「文学的知識人と物理学者」と同じぐらい互いに無関心であった（エピグラフを参照）。各学問領域は，細かい専門に分かれ，その中での用語や概念の厳密さは重んじるものの，領域をまたいで同じ内容の専門用語が使われることはほとんどなかった。このような相互無理解という事態を打開しより豊かな「社会科学」を作るために，われわれは「実験で開く21世紀の社会科学」をテーマに，「実験」という分析方法によって，政治学・経済学・心理学・社会学をつなごうとしたのである。この試みの意図や問題点を明らかにするために，「社会科学」において実験が果たす役割，社会科学研究者の研究規範としての実験の意味とその効果，「社会科学」における実験の問題点，これらの論点について考えていこう。

1. 社会科学における実験の役割 ……………………………………………

●因果関係の見極めと実験

前節では，「社会科学」の目的は 1 から 3 の問いに答える仮説を作ること，特に「なぜ」に答える仮説を作ることにある，と述べた[1]。この「なぜ」に答えようとする仮説はおのずと「原因Aが結果Bを引き起こす（引き起こした）」という原因と結果を明らかにする因果論的な説明をすることになるであろう。AとBの間に因果関係があることは，すなわち「Aが起こるとBも起こる」ということを意味するわけなので，因果関係は相関（共変）関係でもあるはずである。しかし，相関関係は必ずしも因果関係ではない。実験は，単なる相関関係の中から因果関係を見極める際に大きな威力を発揮するのである。例を挙げて説明してみよう。

私はアイスクリームが大好物でよく食べる。特に夏になるとほぼ毎日のように食べている。夏はまた，ビールの売り上げが伸びる季節でもある。私がアイスを食べた日と食べない日に一年を分け，その日ごとのビールの売上高をとったデータが得られたとしよう。すると私のアイスの消費とビールの売り上げの間には高い相関関係がみられるはずである（つまり「私がアイスを食べた日はビールもよく売れている」）。しかし，「私がアイスを食べた（A）から，ビールの売り上げが伸びた（B）」という命題が無意味であることは明らかである（AがBを引き起こしているのではなく，このAとBという現象を引き起こしている真の原因があり，それが気温や気候であることは直感的にわかるであろう）。

この例が示唆しているのは，AとBという 2 つの現象の間に数量化できるような関連性を見出せたとしても，その間に因果関係があるとは必ずしもいえないということである。因果関係かどうかを見極めるには，発想の転換が必要である。「AがBの原因である」というためには，「Aが起こるとBが起こる」だけでなく，「Aが起こらなければBは起こらない」ということが重要になるの

1）「なぜ」がなぜ大事なのかに関しては，たとえば，Sober (1993)，Salmon (1984) を参照。

第1章　実験で〈つながる〉社会科学

である。つまり，「Aが起こった場合」と「Aが起こらなかった場合」の2つの状態が生み出す結果を「比較」する必要がある。では，「Aが起こるとBが起こる」だけではなく「Aが起こらないとBは起こらない」ことを確かめるためには，どのような方法が有効だろうか。実験という方法は，まさに，Aが生じている状況とAが生じてない状況との比較を可能にしてくれる。先ほどの例だと，私が夏にアイスを食べないで（あるいは冬にアイスを食べて），それに応じてビールの消費量が増減するかどうかを観察するわけである。当然，私がアイスを食べようが食べまいがビールの売上高には差がでないので，私のアイスの消費量がビールの売上高の原因になっていないことが解るであろう。

　言い換えると，実験の基本は，1つの要因を除いて，他のすべての要因の効果を無視できるような2つの状況を人工的に作ることにある。2つの状況から異なる結果を導くことができれば，その要因こそが違いを生んだ原因である，ということができる。ここでは個人の消費行動に関する例を出したが，もし，個々の消費行動がマクロレベルでどのような結果を生み出すのかに興味がある場合も，想定される原因の妥当性は実験を通じて検討することができるであろう。たとえば，いわゆる「流行」が起こる原因が他人の消費の模倣であるとするなら，他人の消費をまねることができる条件とできない条件を用意して，人々の消費行動が変わるかどうかを検討すればよいことになる。

　因果論的な仮説の妥当性を検討するという実験の役割は，自然科学でも社会科学でも変わらない。しかし，社会科学は自然科学と比べて様々な問題を抱えている。その最大の問題の一つが，仮説・理論の予測力の低さだと思われる。たとえば，量子電気力学による磁気能率（1個の電子が持っている磁石の強さ）の予測値と実際の観測値のずれが起こるのは，1兆分の1のオーダーにおいてである（理論計算された値と実験値が11桁まで合っている）。この場合，「説明」はすなわち「予測」になっている，といえるだろう。それに対して，社会科学の「説明」は，せいぜい「Aが起こるとBが生じやすくなる」という程度にとどまる。もし，「Aが起こるとBが生じる」という仮説が「Aが起こるとBが必ず生じる」ということを意味するのであれば，この仮説の真偽は実験によって白黒がつきそうだ。たとえば，Aが生じたときにBが生じなければ，AはBの原因とは言えないだろう。しかし，「Aが起こるとBが生じやすくなる」で

1. 社会科学における実験の役割

は白黒がつきそうにない。もし，予測通りの結果が起きなくても「たまたま起きなかったのだ」と言い逃れができるからである。ということは，同じ現象について「〜が起こった原因は多分〜だろう」という仮説がいくつも提示され，競合したり乱立したりする可能性がでてくる。そうした状態にまったく整理が付けられないとすると，社会科学は「なんでもあり（Anything goes）」な言説の集合と言われても仕方がないだろう。したがって，なんらかの客観的な基準に照らして，競合する仮説のあいだの相対的な正しさを判断すること必要になってくる。では，そうした基準をどうやって見つけるのであろうか。今回も具体例を用いて考えてみよう。

●仮説の相対的ランキング

「社会科学」における実験研究の中にはいわゆる「ジレンマ」の問題を扱ったものがたくさんある（このジレンマの詳しい説明に関しては第12章を参照）。たとえば，現在，日本の大都市では電力消費ピーク時の節電が呼びかけられている。自分のことだけを考えるなら，みんなが節電している中，クーラーの効いた部屋で過ごすのが一番よいだろう。つまり，各人は他人の節電に「ただ乗り」するインセンティブを持っている。しかし，みんながそう考えてクーラーを使い始めると大停電が起こってしまうだろう。こういう状態を社会科学では「社会的ジレンマ」と呼んでいる[2]。そこである研究者は「自分の消費電力量がリアルタイムに一目でわかる電力メーターを消費者に渡せば，その人は節電がしやすくなる（大体90％ぐらいの人が節電に取り組む）」という仮説をたて，もう一人の研究者は「そのような電力メーターを消費者に渡しても，節電効果はない」という仮説をもっているとしよう（ここでは話を分かりやすくするために，電力メーターなしでも節電に取り組んでいる人の割合は大体50％ぐらいであることが何らかの調査で事前に分かっているとする）。さて，実際に東京都の消費者から10人を無作為に選びだし，電力メーターを渡して節電に取り組むかどうかを実験した結果，10人のうち8人が節電にとりくんだとする。この場合，あ

―――――――――――――――――――――――――――――――――――――
2） 厳密に言うと，節電問題は閾値ありのジレンマ問題なので，大停電になるかならないかのギリギリの状態―閾値―では，人々は節電するインセンティブも持っている。

第1章　実験で〈つながる〉社会科学

なたはどちらの仮説を支持した方がよいといえるだろうか。

　次のように判断するのはどうだろうか。まず，節電効果あり仮説によると，10人のうち8人が節電にとりくむ確率は $_{10}C_2 (1/10)^2 (9/10)^8 \fallingdotseq 0.39$ となり，節電効果なし仮説に従うなら，$_{10}C_2 (1/2)^2 (1/2)^8 \fallingdotseq 0.01$ となる。確かにこのデータからどちらの仮説が「絶対に」正しいかを判定することは論理的にはできない。100回のうち1回しか起こらない現象だと考えて，節電効果なし仮説を支持することも可能である。しかし，節電効果あり仮説に従って100回に40回ぐらいは起こる現象を目の当たりにしたと考える方が，節電効果なし仮説に従って100回に1回しか起こらないことを経験していると考えるよりも，「もっともらしい (likely)」といえるのではないだろうか。もし誰かがこの「もっともらしさ (likelihood)」に逆らって後者を採るとすれば，その人はなぜそちらの仮説を採用するのか，その根拠を弁明する必要がでてくるだろう。そして，この「もっともらしい」方を採用するという考え方は，仮説が2つだけでなくたくさんあっても同じように使えるのである。

　今行った一連の作業をすこし難しい言葉でおさらいすると，まず確率を含んだ仮説からある観測データが得られる確率を導き出し，その確率を仮説の「もっともらしさ」の尺度にして比較した，ということになる。なお，この尺度のことを，統計学では「尤度 (likelihood)」と言う[3]。このような考え方に基づくと，仮説に確率が入り込んでその真偽を一刀両断に決めるわけにはいかなくても，データとより整合的な仮説とそうでない仮説をランキングすることはできそうではないだろうか。与えられた事実をもとに最良の説明を発見する推論方法を，パースという学者はアブダクション (abduction) と呼んだ[4]。ここでわれわれが採用したアブダクションの基準は尤度ということになるが，他の基準を適用することも考えられる[5]。ただ，いずれをとるにせよ，アブダクショ

3）　こうした議論の背景には「頻度主義かベイズ主義か」という，確率や統計の世界観にまで及ぶ議論がある。入門的紹介として『科学と証拠——統計の哲学 入門』（E. ソーバー，松王政浩訳 (2012)，名古屋大学出版会）を参照されたい。
4）　米盛 (2007) を参照。
5）　最尤基準のほかにも，たとえば「最節約基準 (parsimony)」や「ベイズ主義的確率基準 (Bayesian Probability)」などがある。

ンという推論方法の基礎には，データとのフィッティングを何らかの基準によって比較し，仮説に相対的ランキングをつけよう，という発想があるといえるだろう[6]。

　以上の説明から，「社会科学」においても実験を活用することで，「説明」と「予測」のためのより良い仮説や理論が作れそうなことはわかっていただけたと思う。次の節では，この実験という方法を媒介にすることで，最近まで個別に進んできた社会科学の個別分野が「つながる」可能性を論じてみたい。

2. 実験を介して〈つながる〉……………………………………………………

　ある学問領域の研究者がある方法を採用するということは，実は，その学問領域での研究をどのように進めるべきなのかという「規範」まで受け入れていることを意味している。たとえば，数理モデルという方法を武器にしているミクロ経済学者は，あらゆる経済現象を分析する際，それを個々人の経済行動に還元した上で数式で表現しようとし，また「表現するべきだ」と思っている。世論調査という方法を採用している政治学者は，政治現象を理解するには有権者の意識を知ることが重要であると考え，それを「知るべきだ」と考えている（もちろん，「表現するべきだ」，「知るべきだ」という「べき」にどれぐらい意識的であるのかは，研究者によって異なる）。では，「社会科学」において実験をその方法として採用する，ということは，研究者が自分の研究に関してどのような「規範」を受け入れていることになるのだろうか。私は，ブラウンのいう「合理的論拠」（Brown, 2001）がその特徴をよく表していると思う。

6）　いま説明したアブダクションのような考え方は，実は，最近では社会科学に限ったものではなくなりつつある。つまり，自然科学においても，ガリレオやニュートンの時代から比べると，仮説に確率がはいってくることがはるかに多くなって，そういう場合にはある種のランキングに従って「もっともらしい」仮説を選ぶのがごく当たり前になってきている。さらにいうと，歴史科学——ここにはいわゆる人文科学の歴史学も，自然科学に含まれる古生物学も含まれるが——においても，過去のデータに一番フィットする仮説を取り上げるという考え方が有力になりつつある。そういう意味では，科学の中で社会科学を独特のものとして位置付ける根拠がだんだん薄くなってきている，といえるだろう。

9

第1章　実験で〈つながる〉社会科学

　AさんがなぜPという信念を採用したのかを知りたいとしよう。ふつう，その説明は次のような形式をもつ。

1．証拠Eから命題Pは真だとわかる（Aさんの背景知識となっている一群の前提に照らしてそれがわかる）。
2．Aさんは証拠Eの存在と，証拠Eから命題Pは真だとわかることを知っていた。
3．Aさんは，自分の信念から導かれることをとりいれる（ほかの要素は同じであるとして）。

　よって，Aさんは命題Pを採用した（ブラウン，2010，p. 271）。

　この1，2，3の過程を，ブラウンはAさんが命題（Proposition）を採用する原因，すなわち「合理的論拠」と考える[7]。われわれの特定領域「実験で開く21世紀の社会科学」が，まずめざしたのは，このAさんのような社会科学研究者を集めることであった。Aさんは実験や調査によって得られた証拠（Evidence）が命題Pを正しいと支持するなら，その命題Pを受け入れる，そういう研究者なのである。読者の皆さんは「研究者なら当たり前の態度だろう？」と驚かれるかもしれない。しかし，社会科学において，仮説・命題Pの良し悪しを証拠Eに基づいて判断するべきだという「規範」は必ずしも共有されているものではないのである。その理由は，後に説明するとして，ここでは，実験によって「つながる」ことが研究者に何をもたらしてくれたのかを示しておきたい。

　冒頭でも述べたように，社会科学を構成する学問領域——政治学・経済学・心理学・社会学——は，特に20世紀に入ってから，それぞれ別個に進展してきた。そのために，違う学問分野に属する研究者同士が志を同じくして共同研究をしようとしてもまず「言葉」が違うことが躓きの石になっていた。たとえば，政治学・経済学・心理学の分野でもキィワードとなっている「合理性」，「リスク・不確実性」，「均衡」などがその好例だろう。このような「言葉」の

7）　ここでは命題 Propositon，理論 Theory，仮説 Hypothesis という用語は区別しないで使っておく。

違いはいわば研究者の深い部分に根を下ろしている「生活世界」（フッサール）の違いに基づくもので，一朝一夕に克服できるものではない。そのような状態において，お互いが「合理的論拠」という「規範」を共有していること——より正確には，そういう規範を供していることをお互いに了解していること——は，「言葉」の壁に悩みながらも議論を継続する大きな力になった。そして，違った分野に属する研究者が一緒に実験を企画・実行することによって，「言葉」の本質的な違いがどこにあるかがわかり，場合によっては，従来の言葉を刷新し，新しい「言葉」を生み出す契機になったのである。そのような研究例を2つほどあげておこう。

　1つ目は「リスク」という概念を巡ってである。従来，リスクという概念は経済学においては「確率」を中心として定義されてきた。たとえば，あなたが「次に2つの選択肢のうちのどちらかを選んでください」と言われたとしよう。1つは「選択肢A：確実に1万円を得ることができる」で，もう1つは「選択肢B：確率2分の1で2万円を得ることができるが，確率2分の1で何も得ることができない」である。経済学では，AとBの期待値が同じにもかかわらず，あなたがAを選ぶならあなたは「リスク嫌悪的」，Bを選ぶなら「リスク志向的」と呼ばれる。しかし，「リスク」という概念はその言葉の本来の意味からして，単なる確率ではくくることのできない「危険」や「損失」とも大きな関連性をもっていそうである。実際，心理学はその点を強調してきた。われわれの研究グループの中には，リスク概念を経済学が想定するよりも拡張することで，それを社会正義の研究につなげようとしたものがある。より具体的に言うと，「最低でも得られるものを大きくしよう」「損失をなるべく回避しよう」といった態度をリスク（嫌悪）の概念に取り入れて，政治哲学者のロールズが主張する有名なマキシ＝ミン原理（「社会において最も不遇な立場にあるものの状態を最大限改善する」）の実験的研究を行ったのである。

　2つ目の例では「合理性」という概念がキィワードになっている。ミクロ経済学は，人々の経済行動を分析する際，「人々は自分の効用や利益の最大化（のみ）を考えるという意味で合理的である」と仮定してきた。したがって，経済学者がジレンマ問題の処方箋として，あるルールやメカニズムを提案する場合，このルールやメカニズムの下で人々は「合理的」に行動することが暗黙裡に想

第1章　実験で〈つながる〉社会科学

定されてきた。しかしながら，人間は他人を羨んだり憐れんだりもするし，自分の利益はかえりみず他人の利益を優先することもある。つまり，「合理的な」人間のみを想定したジレンマ回避の処方箋では，まだ不十分なのである。このような批判を他分野の研究者から（特に心理学者から）受け，多種多様な人間を対象にしてもジレンマを解消することのできるルールあるいはメカニズムを検討しようとする研究グループが経済学者を中心に特定領域の中に生まれた。その結果，彼らは多様な人間性モデルを前提にしてもあるジレンマを解決できるメカニズムを提案するに至っている（この研究の詳細は，第12章を参照されたい）。

　さて，ここまでは，実験が社会科学において果たす実証的役割（第1節），実験が社会科学研究者にとってもつ規範的意味とその効果（第2節）を見てきた。その中で，一つ棚上げにしていた問題があった。それは「社会科学において，仮説・命題の良し悪しを証拠に基づいて判断するべきだという「規範」は決して共有されているものではない」という問題である。この問題を最後に取り扱おう。

3.　そもそも社会科学で実験ができるのか？ ……………………………

　仮説・命題の良し悪しを実験や調査によって得られた証拠に基づいて判断しようする「実証主義」（A. コント）は，社会科学において——少なくとも近年までは——方法論的な共通了解事項とはなっていなかった（その意味で，古くから実験をその研究方法の中心としていた心理学は例外と言えるだろう）。特に「社会科学で実験？」という「？」は，一般の人びとだけではなく研究者の間でも見うけられたし，また今だに見うけられるように思われる。

　その理由の一つとしては，特に政治や経済に関していうなら，そもそも実験することが難しい分析対象が多いということがある。たとえば，革命や戦争の原因は何か，なぜ日本は1953年から73年にかけて高度経済成長を達成しえたのか，といった問題についてなんらかの仮説を立てたとしても，そうした因果関係を実験という手法によって検証することは非常に難しいだろう。一つを除き他のすべての要因の効果を無視できるような状況を設定して，革命や戦争が起きるかどうかを確かめたり，もういちど高度経済成長をやり直してみたりす

ることはできないからである。確かに，これは「社会科学」における実験という手法の限界だが，限界があることがすなわち「社会科学では実験できない」ということにはならないことも明らかだろう。医療はあらゆる病気を治すことはできないが，医療が治療の有効な手段であることは間違いがない。

　上記の理由以上に深刻と思われるのは，社会科学の実験の対象が自然科学のようにモノではなくヒトであることから生じる問題である。第一に，直感的に言って，ヒトはモノよりも複雑である。真空中でモノを落下させれば（ほぼ）必ず 9.8 ×（時間）m ／秒の速度で落ちていく。この落体実験の最中にモノが何かを考えているとは到底思えない。しかし，ヒトを対象とした場合，ヒトは気まぐれを起こしたり，実験者の設定した条件を実験者の想定を越えて勝手に解釈したりすることは十分に起こりうる。いいかえると，ヒトの実験研究には「あいまいさ」が付きまとっているように思われる。確かに，このような「あいまいさ」が何の確率分布にも従っていないエラーであれば，研究者はお手上げだろう。しかし，この「あいまいさ」にも癖や傾向があるとすればどうだろうか。そのような癖や傾向を織り込んで仮説や命題を立てることができれば，より予測力の高い仮説を作ることはできそうである（たとえば，「〜という状況ではヒトは〜をしがちである。では，それを織り込んだうえで実験をデザインしよう」とか）。社会生物学者のE. O. ウィルソンはそのためにも社会科学はもっと自然科学の知見を利用するべきだと主張し，4 つの分野――認知神経科学・脳科学，人間行動遺伝学，進化生物学，環境科学――との協働を社会科学者に勧めている（ウィルソン，2002，p.234）。このアドバイスは，言い換えるとヒトとモノを分けて考えるのではなく，ヒトのモノ的基礎を認識することが社会科学にとって重要である，ということを主張している。確かに，ロケットのエンジンは非常に複雑だがそれを科学的に考察することはできない，と考える人はいない。それはいかに複雑であっても，モノは単純なモノに還元することできるからだと思われる。もし，ヒトの行動や意思決定にもモノ的な基礎があるなら，それを知ることはその高度な複雑さを幾分でも緩和することに貢献するのではないだろうか。

　第二の問題はより方法論的な問題である。社会構成主義（Social constructionism）という立場に立つ人は，自然科学においても「仮説・命題の良し悪しは

第1章　実験で〈つながる〉社会科学

実験や調査によって得られた証拠に基づいて判断される」という主張を退ける。いわんや社会科学においておや，ということになるだろう。彼らの主張は基本的に「客観性」に対する疑念に基づいていると言えるだろう。彼らは，「証拠によって仮説は正しいと判断されたら，その命題を受け入れる」という「合理的論拠」はその研究者集団がもつ一つの立場——つまり社会的につくられたもの——にすぎず，また，（自然）科学において証拠は研究者の心理的・社会的要素の影響を受けずに収集・整理されることはない，と主張する。社会構成主義者にとって，「合理的論拠」は客観的ではなく，証拠も客観的ではないのである。

　確かに「合理的論拠」はそれを採用している研究者集団の規範であり，人間と独立に存在するものではない。その意味——難しい言葉でいえば「存在論的」な意味——では，「合理的論拠」は客観的ではないかもしれない。しかし，この規範は研究者個人の主観を越えて仮説選択のルールとして機能している（ある仮説を支持する有力な証拠があるのに，自分が嫌だからという理由でその仮説を支持しないことは，この規範を共有している研究者集団では許されない）。つまり，「認識論的」な意味では単なる主観性を越えた客観性をもっているのである。また，現在のところ，予測力の高い仮説を導くのにこれ以上の規範はないと思われる。つまり，「合理的論拠」は社会構成主義者が言うように完全に客観的ではないかもしれないが，それは「説明」と「予測」のためのより良い仮説・理論を作るという科学の目的をなんら損なうものではないと言えるのではないだろうか。

　次に，「証拠が客観的ではない」という批判を見てみよう。彼らの批判には2つの側面がある。1つ目は，私がある仮説を証明したいと思っていると，知らず知らずのうちにそれを支持するような証拠ばかりに目が行ってしまう，あるいは，証拠選びの時にも自分が帰属している学問領域の考え方——「パラダイム」（T. クーン）——から独立ではいられないということである。科学史を調べてみても，天動説が主流な時期には天動説を支持する証拠ばかりが出ていたではないか，研究者は無意識的にせよ自説に有利な証拠を選んでいたのではないか，と。確かに研究者も人間である以上，これはありそうなことであるが，これが損なっているのは証拠の——またしても——存在論的な「客観性」であ

3. そもそも社会科学で実験ができるのか？

る。しかしながら，あなたが天動説に立っていたとしても，地動説を支持する有力な証拠が次々と出てきたら，それらを天動説支持の証拠だと「主観的」に再解釈し続けることはできないだろう。つまり，証拠を認識する際には主観性にはおさまらない客観性が働いているのである（もし，そうでなければ，あなたは地動説を支持するどんな有力な証拠が出てきてもそれを無視したり，あるいは融通無碍に解釈できたりするはずである）。

「証拠が客観的ではない」という批判の第2の側面は，「仮説が証拠に影響し，証拠が仮説に影響する」という主張である。これはある仮説が主張されることでその証拠自体が変化してしまい，それが仮説の真偽に影響する，という「ループ効果」（I. ハッキング）の存在である。これは主としてヒトを対象とする研究に対する批判と言えよう。たとえば，「女性は男性よりもリスク嫌悪的である（ギャンブルが嫌いである）」という仮説があり，また，この仮説を支持する証拠は広く得られている。しかし，社会構成主義者は次のように批判するだろう。「ある社会で『女性は男性よりもリスク嫌悪的である』と言われ続けると，女性は『自分はリスク嫌悪的になるべきだ』と考えるようになるだろう。それ故に統計や実験を行って得られた証拠はこの仮説を支持することになる」。この事態が本当だとすると確かに深刻な問題である。仮説が自身に有利な証拠を生み出すのなら，証拠を仮説のテストに使うことは当然できないからである。

ここでまず指摘しておかなくてはならないのは，社会構成主義を厳密にとるのであれば，「ループ効果」の有無も証拠によっては判断できないということだ。というのは，もし，「ループ効果」を信じるなら，「ループ効果はある」という証拠が得られたとしてもその証拠は「ループ効果はある」仮説が生み出しことになり，また「ループ効果はない」という証拠が得られたにしてもその証拠もまた「ループ効果はない」仮説が生み出したことになるからである。したがって，「ループ効果」をわれわれのような実験研究に携わる者に対する有効な批判と捉えるために，ここでは上に述べたようなメタレベルでの「ループ効果」は起こっていないと仮定しよう（というのは，もし「ループ効果」があらゆるレベルで存在するなら，「ループ効果」の有無を経験的に判断することはできず，「ループ効果」はその存在を主張する人の頭の中にしかないことになってしまうからだ）。そうであるならば，「ループ効果」を緩和することは可能だろう。先の男

15

第1章　実験で〈つながる〉社会科学

女のリスク態度の差を例にとるなら，一方で，女性に「女性はギャンブル嫌い」という情報を（あえて）事前に与えたうえでギャンブルに対する嗜好を測る条件，他方で，そのような情報を与えないでギャンブルに対する嗜好を測る条件，この2つを用意し，条件間で女性のリスク態度に差があるかどうかを確かめればよいのである。もし，「ループ効果」が検出できた場合は，従来の研究で言われてきた「女性のギャンブル嫌い」からその「ループ効果」を引いたものが女性の本来のギャンブル嫌いを示すことになるだろう[8]。その他にも，男女のリスク嗜好の差に生物学的な基礎があるかどうかを調べるのも有効であろう。つまり，男女のリスク嗜好の差に関する物学的原因と社会的原因を切り分ける実験研究を行うのである（このような実験研究のためにも，私には E. O. ウィルソンが示唆する自然科学の利用は「社会科学」にとって重要だと思われる）。

　以上の第1，2，3節をまとめると，われわれの主張は次のようになる。

　より良い仮説を導くための方法としては，実験の意味は自然科学においても社会科学においても変わらない。確かに，人間を対象とする社会科学はモノを対象とする自然科学よりも大きな困難——仮説・理論の予測力の低さや「ループ効果」の可能性——を抱えている[9]。しかしながら，このような困難は，仮説の相対的ランキングという思考法や「ループ効果」自体の実験研究によって緩和できると思われる。そして，実験を媒介に社会科学の個別分野同士が，ひいては社会科学と自然科学が「つながる」ことは，この困難が大きければ大きいほど重要である，とわれわれは考える。

参考文献

Brown, J. R. (2001). *Who Rules in Science?: An Opinionated Guide to the Wars.* Harvard

---

8)　厳密に言うなら，その社会で生じている「ループ効果」も引かなくてはならない。

9)　自然科学と社会科学の融合を提案している進化生物学者 E.O. ウィルソンも少し冗談混じりに以下のように述べている「社会科学は本質的に物理学や化学よりもはるかにむずかしい。したがって（物理学や化学ではなく）社会科学こそ，ハード（難しい）サイエンスと呼ばれるべきである」（Willson, 1999）

University Press.（青木薫訳（2010）．なぜ科学を語ってすれ違うのか——ソーカル事件を超えて　みすず書房）

Hacking, I. (1999). *The Social Construction of What?* Harvard University Press.（出口康夫・久米暁訳（2006）．何が社会的に構成されるのか　岩波書店）

伊勢田哲治（2003）．疑似科学と科学の哲学　名古屋大学出版会.

Kuhn, T. S. (1962). *The Structure of Scientific Revolutions.* University of Chicago Press.（中山茂訳（1971）．科学革命の構造　みすず書房）

Popper, K. (1968). *The Logic of Scientific Discovery.* New York: Harper & Row.（大内義一・森博訳（1971-72）．科学的発見の論理（上）・（下）恒星社厚生閣）

Rosenberg, A. (2000). *Philosophy of Science: A Contemporary Introduction.* Routledge.（東克明・森元良太・渡部鉄兵訳（2011）．科学哲学：なぜ科学が哲学の問題になるのか　春秋社）

Salmon, W. (1984). *Scientific Explanation and the Causal Structure of the World.* Princeton: Princeton University Press.

Salsburg, D. (2001). *The Lady Tasting Tea: How Statistics Revolutionized Science in the Twentieth Century.* New York: W. H. Freeman.（竹内恵行・熊谷悦生訳（2006）．統計学を拓いた異才たち　日本経済新聞社）

Snow, C. P. (1993). *The Two Cultures.* Cambridge University Press; Reissue 版.（松井巻之助・増田珠子訳（2011）．二つの文化と科学革命　みすず書房）

Sober, E. (1993). *Philosophy Of Biology* (Dimensions of Philosophy Series). Westview Press.（松本俊吉・網谷祐一・森元良太訳（2009）．進化論の射程——生物学の哲学入門　春秋社）

Sober, E. (2008). *Evidence and Evolution: The Logic behind the Science.* Cambridge University Press.

Stanley, L., & Sue W. (1983). *Breaking Out: Feminist Consciousness and Feminist Research.* London, Boston: Routledge & K. Paul.（矢野和江訳（1987）．フェミニズム社会科学に向って　勁草書房）

内井惣七（1995）．科学哲学入門　世界思想社.

Wilson, E. O. (1999). *Consilience: The Unity of Knowledge.* Vintage.（山下篤子訳（2002）．知の挑戦——科学的知性と文化的知性の統合　角川書店）

米盛裕二（2007）．アブダクション——仮説と発見の論理　勁草書房.

第2章	最後の1つを取りますか？
	——ペン選択実験

1. はじめに

　人間の考え方や行動が文化によって異なっていることは，ほとんどの人が知っている。こうした信念や行動の違いは，多くの場合「文化が違う」の一言で片づけられている。心と文化の相互構築関係を中心に扱っている文化心理学では，こうした文化差を人間観や世界観の違い，あるいはそうした人間観や世界観と一貫する人々の選好の違いとして理解している。ここではそうした行動の文化差の一つとしてユニークさに対する好み，多数派への同調に対する好みをとりあげ，そうした好みの文化差を反映するとされる実験結果が，実は他者の反応の予測に基づいていることを示し，またそうした他者の反応が意味を持たない状況においては行動の文化差が消失することを示す実験を紹介する。

2. 自己観の文化差

　人間とはどのような存在なのか，人間が集まって作っている社会の中で人間はどのような原理に従って行動しているのか。こうした人間や社会の性質についての文化的信念，つまり，ある文化のもとで大半の人々にとって当然のこととして共有されている信念は，文化によって大きく異なっている。この好例は，マーカスと北山が論じる，西洋と東洋における自己観の違いにみられる（Markus & Kitayama, 1991; Kitayama & Markus, 1994）。マーカスと北山は，人間とはどのようなものかという信念が，西洋と東洋では異なることを指摘する。欧米人の間では相互独立的自己観，すなわち，人は他の主体とは独立に，内的に駆動されて行動する主体であるという信念が共有されている。これに対して，東アジアの人々の間では相互協調的自己観，すなわち，個々の人間は大きなシステム

の一要素であり，自分の内的状態や行動をシステムの状態に適合するように行動するという信念が共有されているとしている。その結果，個々人の自己についての理解はこれらの文化的信念に沿ったものとなり，そのため社会心理学で扱われている様々な心の性質が生み出されることになる。たとえば相互独立的な文化的自己観を共有する欧米人は，他人とは違うユニークな存在，他人とは違う目的，望み，情動，感情などを備えた存在，従って他人との間にコンフリクトを起こす可能性のある存在として自分自身を捉えている。そして，欧米人が自分と他人との違いを過大に評価する独自性バイアスを示し，また自分は他人よりも優れていると考える自己高揚の傾向を示すのは，この相互独立的自己観を通して自分自身とまわりの人たちを見ているからということになる。これに対して日本人や中国人をはじめとする「東アジア人」が，たとえば自己高揚傾向ではなく自分の価値を低く評価する自己卑下的傾向を示すのは，他人との調和を重視する相互協調的自己観のもとでは，自分の劣っている点に注意を向ける心の性質を持つようになるからだ，としている。

　文化心理学の代表的な理論家であるマーカスは，共同研究者のキムとの共著論文（Kim & Markus, 1999）の中で，このような文化的信念や価値観を人々が共有することで，個人の選好が作り出されると述べている。すなわち，「ある文化において正しいもの，良いとされているものは何でも，その文化の人々が好むようになる」（Kim & Markus, 1999: 797）のだと。たとえば，人間はそれぞれに特有の欲望や理想や感情に駆動されて行動する独立した主体であるという一般的信念を共有している欧米人は，それゆえに，他人とは違うユニークなものへの選好を持つようになる。これに対して東アジア人は，一人ひとりの個人は全体の一要素であるという信念を共有しているために，他人の期待や行動への同調を好むようになる。「同調行動が望ましいものだとわかると，他人と同じ行動を取ることそのものに悦びを感じるようになり，それゆえに，他人と同じであろうとするようになる。文化的価値観について意識的に考えた結果として，他人と同じ行動を取るようになるわけではないのだ」（Kim & Markus, 1999: 797），と。キムとマーカスは，さらに，そのような選好に基づく行動を取ることで，最終的には文化的信念と実際の行動とが一致することになり，そしてそこに社会的現実が作り出されるに至る，と述べている。すなわち，「選

好や行動は文化から取り入れた価値を反映している一方，自己や他者にとっての社会的現実の一部を構成している」(Kim & Markus, 1999: 796) のだ，と。「というわけで，社会的現実は無数の人々の様々な行動により作り出されている。個人のレベルでは，1人の取った行動が文化に影響を与えるとは思えない。しかしながら，一定の数の個人が同様の価値観を持ち，同様の行動パターンを示せば，彼らは結果的に文化を維持したり変容したりすることとなる」(Kim & Markus, 1999: 796)。

3. ペン選択実験 ···

　キムとマーカスは，こうした，文化的自己観が文化的選好を生み出すという主張を実証するために，欧米人と東アジア人が独自性と同調性に対する異なる選好を持っていることを示す一連の研究を行った。その中の1つの実験で，彼女らの研究チームは，空港で飛行機を待っている旅行者に簡単な質問紙調査を行い，調査への協力のお礼として1本のペンを提供した。その際に，実験者は袋の中から5本のペンを取り出し，参加者にその中の1本を選ぶように求めた。袋の中には，外側の色が異なる（インクの色は同じ）2種類のペンが入っていた。5本のペンは，1本だけが違う色で残りの4本が同じ色という組み合わせと，2本と3本がそれぞれ同じ色という組み合わせの，どちらかの組み合わせであった。それぞれの組み合わせにおいて前者（1本ないし2本）は少数派の色のペンであり，後者（4本ないし3本）は多数派の色である。このフィールド実験の目的は，欧米人は少数色のペンを選び，東アジア人は多数色のペンを選ぶことを示すことにあった。そして，この実験では彼女らの予想通り，欧米人は少数色のペンをより多く選び，東アジア人は多数色のペンをより多く選ぶという結果が得られた。

　筆者はスタンフォード大学のゼミでキムがこの研究について発表する場に居合わせ，大きな衝撃を受けた。それは，この研究の結果が興味深かったからではなく，自分自身東アジア人（韓国人）であるキムが，多数派ペンを選択するという東アジア人の選択行動を内的要因，つまり彼らの好みによって説明している点に驚いたからである。他人の行動を外的要因ではなく内的要因に過度に

第2章　最後の1つを取りますか?

帰属する傾向である「基本的な帰属エラー」(Jones & Harris, 1967) は欧米人に特有であり，東アジア人はこのエラーを起こしにくいと文化心理学者自身が繰り返し述べている (Miller, 1984; Morris & Peng, 1994; Masuda & Kitayama, 2004) にもかかわらず，東アジア人でありしかも文化心理学者である彼女自身がこの基本的な帰属エラーをおかしてしまっているように見えた点に，筆者は大きな衝撃を受けたのである。彼女らは，東アジア人が多数色ペンを「好む」ように見えるのが，日々の生活の中に存在する外的要因への反応である可能性になぜ注意を向けないのだろうか，と。

　筆者がこの研究の発表を聞いてその場ですぐに思いついたのは，「すき焼きの最後の一切れ」のイメージである。何人かの人が一緒にすき焼きを食べている場面を思い起こしていただきたい。鍋の残りが少なくなると，子供たちは最後の一切れの肉を取り合うものである。少なくとも，著者の4人兄弟の間ではそうだった。しかし，家族の範囲を超えた大人たちの間では，このようなことはめったに起こらず，最後の一切れの肉には誰も手を出そうとしない。欧米人なら東アジア人と違って，最後の一切れに手を出すだろうと言いたいのではない。著者はこの研究の発表を聞いた後しばらくの間，スタンフォード大学のあるパロアルト市の中華レストランで，欧米人が最後の一切れに手を出そうとするかどうかを観察してみたが，これについてはさしたる文化差がなく，最後の一切れ効果は東アジア人同様に欧米人の間でもみられることがわかった。

　最後の一切れ効果に文化差がみられないということは，この効果によっては，キムとマーカスがサンフランシスコの空港で観察したペン選択の文化差を説明できないのだろうか。もし，欧米人も東アジア人も最後の一切れの肉に手を出すのに躊躇するのであれば，どうして東アジア人はペン選択の場合にも同じ原理に基づいて行動し，欧米人はそうしなかったのだろうか。これは，東アジア人が多数色ペンを選んだのは最後の一切れ効果によるという筆者の考えが誤りであったということを意味するのだろうか。そこで筆者らは，筆者の考えが正しいことを証明し，なぜそれが正しいのかを示すため，新たにペン選択実験を行った。

4. 最後の一切れとしてのペン選択 ……………………………………

　他の人も欲しいのがわかっている最後の一切れに手を出すのを控えることは，本人が意識している場合もあればしていない場合もあるが，以下の意味での戦略として考えることができる。すなわち，その行動を取ることで，自分に対する他人の行動（自分に対してどう思うか，も含む）に影響を与えることを目的とする行動である。欧米人も東アジア人もこの意味でのゲーム・プレイヤーであり，すき焼きや中華料理の最後の一切れに手を出すかどうかを決めるに際して，この意味での戦略を用いているように思われる。ただしこの「戦略」は，日常的な会話で用いられる意味での「戦略」，すなわち行動の結果の好ましさを意識的に計算し，もっとも好ましいと予測される結果を生み出す行動を選択するということを意味しているわけではなく，以下に示す意味での「デフォルトの」行動原理を意味している。つまり，行動生態学で用いられる意味——鳥やネズミやサルが特定の生態環境のもとで示す行動傾向——での戦略であり，意識的な行動選択原理という意味での戦略ではない。

　人間は多くの場合，状況に応じて異なる戦略を使い分けている。たとえば，会食の席では食意地っ張りだとか，場の空気を読めていないとか思われるのを避けるために，最後の一切れの肉に手を出さない人でも，ビジネスの場では取引相手から利益を搾り取れるだけ搾り取ろうとするだろう。このように人は，様々な状況に対応した多くの戦略を持っている。そして，どのように状況を定義するかによって，どの戦略を用いるかが異なってくる。これに対して「デフォルト戦略」とは，意識的に選んだのではない場合に用いる戦略であり，日常経験する多くの状況において有効な戦略である。どの戦略がデフォルトとなるかは，その戦略の環境への適応度に依存している。つまり，その戦略を用いることで，その社会において一般にどの程度望ましい（もしくは望ましくない）結果が得られるかに依存している。

5. デフォルト戦略 ···

　繰り返しになるが，ペン選択実験での行動が戦略だというのは，まわりの人
たちの反応を意識的に予測しながら，自分にとって最良の手を選択していると
いうことを意味しているわけではない。我々は多くの場合，他の人の気分を害
する可能性がある行動はできる限り避けるという，一般的な原則に従って行動
しているだけである。特別な理由がない限り（＝デフォルトとして）他人から
悪く思われる可能性がある行動を避けるという「デフォルト」戦略を，人々は
多くの場合とっているのだということができる。

　こうした，他の人から悪く思われるのを避けるための戦略がどの程度生態的
適合性を持っているかは，人々がどのような社会的環境のもとに置かれている
かによって当然異なってくるだろう。たとえば欧米的な社会的環境と東アジア
的な環境のもとでは異なっているだろう。この戦略の生態学的適合度は，他の
人から悪く思われることで生じるコストによって決まるからである。そしてこ
のコストは，ある個人が現在の関係や集団から排除された際に，他の関係や集
団に移ることのできる可能性の大きさと関係している。ある社会に存在する多
くの集団が部外者に対して閉ざされており，従って現在属している集団から排
除された人を別の集団が受け入れてくれる可能性が小さい場合，集団からの排
除は大きなコストを伴うことになる。集団や関係が部外者に対しては閉じてい
る集団主義的社会では，現在属している集団や関係から排除された人が，次に
自分を受け入れてくれる他の集団を見つけることは困難である。そのため，排
除されることのコストは，集団主義的社会における方が，新たな関係性を築き
やすい個人主義的社会よりもずっと大きい（Greif, 1994; Yamagishi, Cook, &
Watabe, 1998; Yamagishi & Yamagishi, 1994）。従って，集団や関係からの排除可
能性を低めるための，他人から悪く思われることを避ける戦略（Not-Offend-
Others Strategy，以下 NOOS と略す）は，個人主義的社会よりも集団主義的社
会において適合度が高いと考えられる。（ここで，個人主義的「社会」，集団主義
的「社会」という言葉を用い，個人主義的「文化」，集団主義的「文化」という言葉
を用いていないことに注意していただきたい。人々が直面しているのは自分の行動

が生み出す他者の反応パターンとしての「制度」であり，個々人が持っている選好ではないからである。）

　人々が上述の意味でのゲーム・プレイヤーだという観点からすると，欧米と東アジアの間で見られた少数派のペンと多数派のペンの選択率の差は，その社会における生態的適合性に基づくデフォルト戦略の違いを反映していると考えることができるだろう。ペンを選択する機会を与えられた旅行者にとって，特定の戦略を用いる必要性はあまりはっきりしていないだろう。そして，彼らが直面している特定の状況（飛行場の待合室）ではペンの選択に際してどの戦略を用いるべきだという手がかりがない場合，人々はデフォルト戦略を用いると考えられる。集団主義的社会で暮らしている東アジアの人にとっては，個人主義的社会で暮らしているアメリカの人よりも，一般的に対人場面において NOOS がデフォルト戦略になりやすい。一方，アメリカ人にとっては「自分が好きなものを要求する」ことがデフォルト戦略である可能性が考えられる[10]。

6. ペン選択シナリオ実験 ………………………………………………………………

　筆者と共同研究者たち（Yamagishi, Hashimoto, & Schug, 2008）は，キムとマーカスが行ったペン選択実験での文化差が，欧米人と東アジア人が NOOS をデフォルト戦略として用いるかどうかの違いにより生み出されていることを示すために，アメリカ人参加者（51 名の学生，男性 14 名と女性 37 名）と日本人参加者（55 名の学生，男性 27 名と女性 28 名）を用いたシナリオ実験を実施した。この研究で筆者らは，いくつかのシナリオが書かれた冊子を参加者に読んでもらった。その中で参加者にはまず，「ある質問紙に答え，その謝礼としてペンが提供される」場面についてのシナリオを読んでもらった。その中では，シナリオの登場人物が，お礼として渡されるペンを 5 本のペンの中から選んだことが述べられていた。シナリオの登場人物は，4 本が同じ色で 1 本だけ色が異な

---

10)　ここでの議論は，東アジア人も欧米人も，同様に「ユニークなもの」を好む傾向があるという仮定に基づいている。なぜそのような好みを持っているのかについては，ここでは議論の対象とはしない。

る5本のペンを見せられ，その中から1本を選択する場面を想像するよう求められていた。このシナリオを読んだ後で，この実験の参加者は，自分ならどちらのペンを選択するかと尋ねられた。

　参加者に配布された冊子には，全部で4つのシナリオが書かれていた。最初のシナリオは上述のシナリオそのもので，質問紙に回答したお礼にペンを選ぶという場面を記述した後に，自分ならどちらのペンを選ぶかという質問が尋ねられていた。2つ目のシナリオでは，質問紙に回答したお礼にペンを選ぶという同じ場面についての記述の後に，この登場人物は5人の中で最初にペンを選ぶ人であるという文章が付け加えられ，自分が5人の中で最初にペンを選ぶ人の立場になったとしたらどちらのペンを選ぶかが尋ねられた。このシナリオで少数色ペンを選んだ場合，すき焼き鍋に残っている最後の肉を食べてしまう場合と同様に，他の4人には選択の余地が残されないことになる。従って，少数色ペンを選択することによって，他の人からの「勝手な人だ」という悪い評価を受ける可能性がある。この実験操作の目的は，自分の行動が周りに与える影響に注意を向けさせ，それによって，NOOSを用いる傾向を強化することにある。アメリカ人でも中華レストランで最後の一切れを食べるのに躊躇するのと同じように，自分が少数ペンをとってしまうと他の人に悪く思われるかもしれない状況なのだということをはっきりさせれば，アメリカ人でさえ多数派のペンをとるようになるだろうというのが，この条件での予測である。

　3つ目のシナリオでは，質問紙に回答してペンをもらうというシナリオの最後に，ペンを選ぶ順番は最後である旨が付け加えられていた。このシナリオでは，自分の選択によって他の人が影響を受けることはないため，他者に気兼ねする必要はなくなり，日本人の間でさえNOOSを用いる傾向は減少するだろうと予測される。自分がどの色のペンを選択しても，他人に影響を及ぼすことがないからである。最後の4つ目のシナリオでは，質問紙に回答してお礼にペンをもらうというシナリオではなく，文房具店にペンを買いに行ったら同じ色のペンが4本，違う色のペンが1本残っていたという場面で，その場合に購入するとしたらどちらの色のペンを購入するかが尋ねられた。ペンを購入する行動は個人が他人に気兼ねすることなく行って良い行動であり，他者への影響とは無関係であるため，このシナリオでは日本人でさえNOOSの使用は減少す

7. 自分は個人的には同調を望ましいとは思わないが，他人は望ましいと思っていると思う

るだろうと考えられる。

　実験では，上記の質問に加え，最初のデフォルト・シナリオで1本のペンを選ぶ少数色ペン選択者と，4本のペンを選ぶ多数色ペン選択者のそれぞれに対し，自分はどのような印象を持つかと，世間一般の人はどのような印象を持つと思うかについて，「あまり良くない」から「良い」の9点尺度で回答するよう求められていた。

7. 自分は個人的には同調を望ましいとは思わないが，他人は望ましいと思っていると思う ……………………………………………

　このシナリオ実験の結果は，興味深いものであった。まず少数色ペン選択者と多数色ペン選択者に対する印象評価の結果は，キムとマーカスが予想した，日本人はアメリカ人よりも，多数派のペンを選ぶ人のほうが少数派のペンを選ぶ人よりも好ましいと考える傾向を示していなかった。むしろ，この実験では，どちらかといえば，アメリカ人のほうが日本人よりも多数色ペン選択者（＝同調者）のほうが好ましいと思っていた。この結果は，日本人は多数色ペンを選ぶ同調行動を好ましいとは考えていないことを示しており，ペン選択の文化差を同調への選好の違いによって説明するキムとマーカスの議論に反する結果である。

　このように，日本人もアメリカ人も多数色ペン選択者よりも少数色ペン選択者のほうが好ましいと考えていたのに対し，他人の選好についての予想について尋ねた質問に対しては，他の人たちは少数色ペン選択者よりも多数色ペン選択者のほうを好むだろうと思うと回答していた。つまり，日本人もアメリカ人も，自分自身はユニークな選択を好ましいと思うが，他の人たちは同調的な行動を取る人たちを好ましいと思うだろうと考えていることが明らかにされた。さらに，他の人たちは同調的な人を好ましく思うだろうという予想は，アメリカ人よりも日本人のほうにより強く見られた。具体的には，多数色ペン選択者に対する他者一般からの評価の予想の平均は日本人では7.09，アメリカ人では6.63であったのに対して，少数色ペン選択者への他者一般からの評価の予想の平均は日本人では4.11，アメリカ人では4.80であった。この結果は，アメリ

第2章　最後の1つを取りますか？

カ人も日本人と同様に最後の一切れを取ろうとしないという中華レストランでの筆者の観察結果と一貫しており，自分で勝手に好きなペンを取ることで他人の選択の余地を狭める行動は，アメリカ人参加者からも日本人参加者からも，社会的に望ましくないものだと一般に考えられていると思われていること，そしてそのような他者からの否定的な判断の予想はアメリカ人よりも日本人により強いことを示している。

　ここで特に興味深いのは，日本人とアメリカ人のいずれの参加者も，個人的には少数色ペンの選択が好ましくないと思っているわけではないという点である。この結果は，日本人が多数色ペンを選ぶのは，多数色ペンの選択を好ましいと個人的に思っている（同調への選好を持っている）からではなく，他の人たちが同調行動を好ましく思っているだろうという，他人の選好に対する信念を持っているからであることが示唆されている。ただしこの二つの質問に対する回答の分析からだけでは，日本人と同じように，他の人たちは多数色ペン選択者をより好ましく思うだろうと考えたアメリカ人参加者たちが，なぜキムとマーカスの実験では少数色ペンを選んだのかを説明することはできない。

8. 状況のデフォルト性をなくすと，ペン選択の日米差は消え去った ......

　上の質問への回答の分析からは，日本人が多数色ペンの選択が好ましいと考えているわけではないこと，従ってキムとマーカスのフィールド実験で東アジア人が多数色ペンを選んだ理由が（日本人を含む）東アジア人の同調への選好にあるわけではない可能性を示唆している。さらに，二つ目の質問への回答は，日本人もアメリカ人も少数色ペンを選ぶと他の人たちから好ましくないと思われるだろうと予想していたことを示している。キムとマーカスの実験では，アジア人は他人からの評価の予想と一貫した行動をとっていたが，アメリカ人は（日本人ほど強くはないが）この予想を持っていたにもかかわらず，他人からの評価を下げてしまうと思う行動をとっていた。この違いは，戦略の違いとしてどう説明されるのだろう。

　この疑問への答えは，4つのシナリオでの実験参加者の選択（想像上での選

択）結果を比較することで明らかになってくる。

　まず最初のシナリオについて見てみよう。このシナリオでは，少数色ペンあるいは多数色ペンを選択したときに，どのような反応をまわりの人たちから引き出すかについての手がかりが与えられておらず，NOOSを用いるべきか用いる必要のない状況なのかを判断できない。そういった条件で用いられるのがデフォルト戦略である。言い換えれば，最初のシナリオは日本人参加者とアメリカ人参加者が，それぞれ自分が持っているデフォルト戦略に従って行動する可能性が大きい状況だと言える。この意味で，最初のシナリオを「デフォルト・シナリオ」と呼ぶことにする。このデフォルト・シナリオでのペン選択の結果は，少数色ペンを選択すると答えた参加者の割合がアメリカ人参加者（71％）の方が日本人参加者（53％）よりも有意に多くなっており，Kim & Markus（1999）の実験結果が再現された[11]。しかし，この日米差が見られたのは，予測通りデフォルト選択条件においてのみであった。少数色ペンの選択がまわりの人からの評価の対象となることが明白な，5人の中で自分が最初にペンを選択するという最初選択シナリオでは，アメリカ人も少数色ペンより多数色ペンを選択するようになり，多数色ペンの選択率が29％から51％へと上昇した。これに対して，日本人の多数色ペンの選択率はデフォルト条件での47％から55％へとほんの少し上昇したに過ぎず，日本人とアメリカ人との間にペン選択に差がみられなくなった。デフォルト・シナリオでの多数色ペンの選択率が最初選択シナリオでの多数色ペン選択率と大きく変わらないという日本人の結果は，ペン選択の意味が明確ではないデフォルト・シナリオ場面を，日本人参加者は自分の行動が他人から監視されている最初選択場面と同じようなものとして理解していたことを示唆している。

---

11)　男性の方が女性よりも少数色ペンを選択する傾向が高いという，性別についての有意な差もみられた。性別と国籍の交互作用は有意ではなかった。日本人参加者は，男女ともほぼ同数であったが，アメリカ人参加者では女性の方が多かったため，性別の効果をコントロールしないと国籍の効果は弱まることとなる。ここで報告しているのは，男女の人数の違いを調整していない，単純なパーセンテージである。これを調整した場合，国籍の効果はより強くみられた。また性差は日米差と同様，デフォルト・シナリオで大きく，最初選択シナリオにおいても，また最後選択シナリオや購買シナリオにおいてもほとんど存在していない。

第2章　最後の１つを取りますか？

　これに対して，他の人がすべて選択を済ませた後で自分がペンを選択する最後選択シナリオでは，自分の選択が他人に影響を与える可能性がゼロであり，従って他人に気兼ねなく好きなペンを選択できることが明白な状況である。この最後選択シナリオでは，日本人参加者による少数色ペン選択率は大幅に上昇し，日本人参加者（71％）とアメリカ人参加者（72％）の間に差が見られなくなった。自分の選択が他の人に及ぼす影響について考慮する必要がない購入状況でも同様な傾向がみられ，少数色選択者の割合は日本人で73％，アメリカ人で76％と，ここでもほとんど差が見られていない。日本人では，デフォルト・シナリオにおける少数色選択の割合（53％）が最初選択シナリオにおける少数色選択の割合（45％）とほぼ同様であったのに対し，アメリカ人の場合には，デフォルト・シナリオにおける少数色選択の割合（71％）は，最後選択シナリオ（72％）や購買シナリオでの割合（76％）とほぼ同様であった。このことは，アメリカ人はペン選択の意味が明確ではないデフォルト場面を最後選択場面やペン購入場面と同じような場面として理解していたことを意味している。つまり，デフォルト・シナリオにおける少数色ペンの選択率の日米差が，実はペン選択の意味が明確ではないデフォルト・シナリオ状況を，日米の参加者がどのような状況として理解したかの違いを反映している可能性が強く示唆されている。

　これらの結果は，次のようにまとめることができる。まず重要なのは，自分が直面している状況の社会的意味がはっきりしていないデフォルト状況においてのみ，文化差がみられた点である。最初選択場面では，少数色ペンの選択が他の人たちに影響を与えることが明確であるのだが（日本人参加者もアメリカ人参加者も，少数色ペン選択者への他の人からの評価は低くなるだろうと予測していたのを思い出して欲しい），ここでは文化差はみられなくなった。この状況では，アメリカ人参加者も日本人参加者も，大半が少数色のペンを選択しなかった。これに対して，自分の選択が他者に影響を与えないこと，すなわち他の人たちに気兼ねなく自分の好きなペンを選択できることが明白な最後選択状況や購買状況では，日本人参加者も，アメリカ人参加者と同じ程度に少数色のペンを選択していた。

　こうした結果は，デフォルト状況における「文化差」が，文脈的手がかりの

ない状況をどのように捉えるか，つまり最初選択的状況と捉えるのか，最後選択的状況と捉えるのかによって生じた可能性を強く示唆している。日本人参加者は，他人に気兼ねなく自由に選択できる場面では少数色ペンを選択するにも関わらず，デフォルト状況では，自分の選択が他の人に与える影響が明確である最初選択状況とほぼ同程度に，多数色ペンを選択する傾向を示していた。最後選択状況と購入状況では，日本人参加者もアメリカ人参加者と同程度に少数色ペンを選択したことから，日本人が少数色ペンを避ける傾向は，好みが反映された結果ではないと結論づけることができる。これに対して，状況における社会的制約の性質があいまいなデフォルト状況では，日本人参加者は，他人に悪く思われないようにする NOOS 戦略を用いていたものと考えられる。一方アメリカ人参加者は，デフォルト状況を NOOS が不必要な最後選択状況と同様のものとみなしていたものと考えられる。彼らも，NOOS の必要性が明確である場合，つまり最初選択状況においては NOOS を用いていたが，状況があいまいであるデフォルト状況ではこの戦略を用いなかった。

9. 実際のペン選択も他人の目により変化する ……………………………

　上に紹介した実験はシナリオ実験であり，日本人とアメリカ人の実際のペンの選択を調べたものではない。従って，こうした結果は現実の場面では違っているという批判は可能だろう。そこで著者らは，実際に 5 本のペンのうちから一本のペンを選んでもらう実験を行った（Yamagishi et al., 2008）。この研究では，北海道大学の社会心理学実験室で実施された様々な実験の参加者に，実験参加のお礼として，実験参加の謝礼金に加え，実験中に使うペンをそのまま持って帰ってもらうということで，5 本の中から 1 本のペンを選択してもらった。この研究では，ペンの選択を実験の前に行った場合と，実験終了後に行った場合の，両方のやり方が用いられた。

　まず，実験を開始する前にペンを選択してもらった場合に何が起こったかを紹介しよう。ペン選択には 2 つの条件があった。実験者の目の前でペンを選ぶ「実験者条件」では，実験者は参加者にコップに入った 5 本のペンを見せ，そこからペンを 1 本選ぶように求めた。シナリオ実験と同様，コップに入った 5

第 2 章　最後の 1 つを取りますか？

本のペンのうち，1 本のペンだけが他の 4 本とは外側の色が異なっていた。どの色のペンが多数色でどの色が少数色かは，被験者ごとにランダムに変えられていた。これに対して，実験者のいない状態でペンを選ぶ「実験者不在条件」では，実験者が 5 本のペンが入ったコップを机の上に置いて，実験用個室から出て行った後に，参加者が 1 人でペン選択を行った。この研究では，多数色ペンを選択した参加者の割合は，実験者のいない条件（48%）でよりも，実験者のいる条件（77%）で大幅に上昇していることから，他の人（実験者）から自分の行動が見られていることによって，他人から評価を受ける可能性がある対人場面でのデフォルト戦略である NOOS が使用されることで，多数色ペンの選択がなされることが示唆された。

　また，実験終了後にペン選択を行ってもらった場合には，その前に参加した実験の内容に応じて，多数色ペンの選択率が変化することが示されている。実験者が目の前にいる状態でペン選択を行うと，それだけで多数色ペンの選択率が高まることが上の結果で明らかにされているので，実験者不在条件での多数色ペンの選択率が，その前に参加した実験の内容に応じてどう異なっていたかを見てみることにしよう。そのために，実験の内容をまず，他参加者との相互依存関係を前提として意思決定を行う「ゲーム実験」と，他者の存在を前提としない「非ゲーム実験」に分け，次にゲーム実験を，他参加者からの監視にさらされている「監視ゲーム実験」と，他参加者からの監視が不可能な「匿名ゲーム実験」に分けた。その結果，多数色ペンの選択率は非ゲーム実験を経験した後では 43%，匿名ゲーム実験を経験した後では 51% であったのに対して，監視ゲーム実験を経験した後では 83% と極めて高くなることが明らかにされた。ちなみに，キムとマーカス（1999）のオリジナルの実験に対応するかたちで，非ゲーム実験後の実験者条件でアメリカ人の実験参加者にペン選択を行わせたところ，少数色ペン選択率は 63% であり，同じ条件での日本人参加者の 35% を大幅に上回っていた。

　これらの結果は，キムとマーカス（1999）が選好の文化差の結果として解釈したペン選択率の文化差が，実は異なるデフォルト戦略の違いによって生み出されたものである可能性を，きわめて強く示唆している。なお，本稿で紹介したペン選択実験では北海道大学の学生に「日本人参加者」として実験に参加し

てもらっていたので，選択行動の文化差が実験操作により消失したのは北海道人に特有の結果なのではないかという批判が寄せられている（北山，2010）。というのも，Kitayama, Ishii, Imada, Takemura, & Ramaswamy（2006）は，北海道大学の学生と京都大学の学生を比較し，これまでの研究で文化差がみられたいくつかの行動に関して北海道大学の学生がアメリカ人に近い反応を示すという知見を得ているからである。北山らはこの結果を，北海道には開拓時代からフロンティア精神が続いており，独立性を重視するアメリカ文化と共通の自己観が北海道の人々の間で受け入れられているからだと議論している。これに対してYamagishi, Hashimoto, & Schug（2012）は，北海道と京都に加え東京や大阪などの大都市圏と都市化率の低い地域からの参加者を対象にウェッブ上でペン選択のシナリオ実験を実施し，北海道の居住者は東京や大阪などの大都市圏の居住者と同様の反応を示すのに対して，京都の居住者はむしろ都市化率の低い地域の居住者に近い反応を得ている。北山（2010）の批判を受け入れれば，東京や大阪などの大都市圏に住む日本人の大多数が日本人的ではないことになってしまうという点を最後に補足しておきたい。

参考文献

Greif, A. (1994). Cultural beliefs and the organization of society: A historical and theoretical reflection on collectivist and individualist societies. *The Journal of Political Economy*, **102**, 912-950.

Markus, H. R., & Kitayama, S. (1991). Culture and the self: Implication for cognition, emotion, and motivation. *Psychological Review*, **98**, 224-253.

Kim, H., & Markus, H. R. (1999). Deviance or uniqueness, harmony or conformity? A cultural analysis. *Journal of Personality and Social Psychology*, **77**, 785-800.

北山忍（2010）．社会・行動科学のフロンティア：新たな開拓史にむけて．石黒広昭・亀田達也編　文化と実践：心の本質的社会性を問う　新曜社．

Kitayama, S., Ishii, K., Imada, T., Takemura, K., & Ramaswamy, J. (2006). Voluntary settlement and the spirit of independence: Evidence from Japan's "Northern Frontier." *Journal of Personality and Social Psychology*, **91**, 369-384.

Kitayama, S., & Markus, H.R. (1994). *Emotion and culture: Empirical studies of mutual influence*. Washington, DC: American Psychological Association.

Yamagishi, T., Cook, K. S., & Watabe, M. (1998). Uncertainty, trust and commitment formation in the United States and Japan. *American Journal of Sociology*, **104**, 165-194.

第 2 章　最後の 1 つを取りますか？

Yamagishi, T., Hashimoto, H., Li, Y., & Schug, J. (2012). Stadtluft macht frei (City air brings freedom). *Journal of Cross-cultural Psychology*, **43**, 38-45.

Yamagishi, T., Hashimoto, H., & Schug, J. (2008). Preference vs. strategies as explanations for culture-specific behavior. *Psychlogical Science*, **19**, 579-584.

Yamagishi, T., & Yamagishi, M. (1994). Trust and commitment in the United States and Japan. *Motivation and Emotion*, **18**, 129-166.

第3章	フレーミング効果
	——表現の仕方によって意思決定は変わる

1. はじめに

　意思決定を行う際に，一貫した意思決定をするということは形式的な意味で合理性を持つと考えられる。たとえば，選択肢のちょっとした言語表現の仕方を変えるだけで，意思決定結果を変えてしまうというようなことは，一貫性がないので合理的な意思決定者がとるとは考えられないかもしれない。たとえば，リンゴとミカンのどちらが好きかを答えるのに，「林檎と蜜柑」と表現するか「リンゴとミカン」と表現するかという表現の仕方を変えると，選好が逆転してしまうようなことは合理的な人間がとるとは考えられない。しかし，多くの人間は，選択肢に関する言語表現の仕方を変えるだけで意思決定の結果を変えてしまうことが知られている。これは，フレーミング効果（framing effect）と呼ばれる現象である。ここでは，フレーミング効果がどのような形の実験（あるいは調査）によって明らかにされてきたのか，フレーミング効果がどの程度安定的に観察されるのか，どのような要因に影響されるのか，どのような心理的メカニズムで生じるのかといった実証研究の知見を報告する。

2. フレーミング効果の心理実験

　フレーミング効果の例証をするために，以下のような状況を想定してみる。ある人が医師の診断により，内臓に悪性腫瘍が見つかり，外科的手術を受けることを担当医に勧められたとする。その担当医に，「これまで1000人の患者の手術をしていますが，950人が5年以上生存しています」と言われるときと，「これまで1000人の患者の手術をしていますが，50人が5年未満で死亡しています」と言われたときとでは，手術を受けようと思う気持ちは大幅に変化す

第3章　フレーミング効果

ると考えられる（竹村, 1996a）。前者の表現は, 生存に関するポジティブ（肯定的）な決定フレーム（decision frame）を強調していると考えられるのに対して, 後者の表現は死亡を強調したネガティブな（否定的な）決定フレームを強調していると考えられる。多くの人間は, 前者の言語表現による情報を与えられた方が後者よりも手術を受ける意思決定が促進されるだろうが, そのような決定結果の差異が認められる現象がフレーミング効果である。

　トゥベルスキーとカーネマン（Tversky & Kahneman, 1981）は, このフレーミング効果を最初に組織的に研究し, フレーミング効果研究の典型となるような以下のような意思決定問題を考えて, 実証研究を行った。

　問題：「アメリカで 600 人を死に至らしめると予想される特殊なアジアの病気が突発的に発生したとします。この病気を治すために 2 種類の対策が提案されました。これらの対策の正確な科学的推定値は以下のとおりです。あなたなら, どちらの対策を採用しますか」

　まず, 彼らは, 307 名の大学生を 2 群に分け, 生存を強調したフレームの条件（ポジティブ・フレーム条件）の 152 名には, 以下のような表現で選択肢を提示した。

　対策A：「もしこの対策を採用すれば 200 人が助かります」
　対策B：「もしこの対策を採用すれば 600 人が助かる確率は 3 分の 1 で, 誰も助からない確率は 3 分の 2 です」

その結果, 対策Aを 72 パーセントが選び, 対策Bを 28 パーセントが選んだ。
　一方, 彼らは, 残りの 155 名には, 同じ意思決定問題であるが, 死亡の側面から表現したフレームの条件（ネガティブ・フレーム条件）の以下のような対策を提示した。

　対策C：「もしこの対策を採用すれば 400 人が死亡します」
　対策D：「もしこの対策を採用すれば誰も死なない確率は 3 分の 1 であり, 600 人が死亡する確率は 3 分の 2 です」

ここで，対策Aと対策C，そして，対策Bと対策Dは言語表現を変えただけであることに注意していただきたい。表現は異なるが，同じ内容を指しており，その指し示す本質的意味は同じであると考えられる。すなわち，「助かる」は「死なない」ということであり，「助からない」は，「死ぬ」という意味である。それにもかかわらず，対策Cを選んだ学生は22パーセントで，対策Dを選んだのは78パーセントであった。この選択パターンの逆転は，フレーミング効果を示している。トゥベルスキーとカーネマンは，ポジティブ・フレーム条件のように，利得の側面が強調されて表現される時には，ほとんどの被験者は対策A（＝C：AとCは同じ）を採択するが，ネガティブ・フレーム条件のように，決定問題の損失の側面が強調されて表現される時には，ほとんどの被験者は対策D（＝B：DとBは同じ）を採択することを報告している。対策A（＝C）は，生存者数の期待値は対策Bと同じでも確実な選択肢であるので，これを選んだ人はリスク回避的であるとみなされる。一方，対策B（＝D）は，生存者数の期待値は対策Aと同じだが不確実性の高い選択肢であるので，これを選んだ人はリスク志向的であるとみなされる。

指し示す対象が全く同じなら同じ意味を持つとする外延的な意味の観点からみると，フレーミング効果は不可思議な現象である。フレーミング効果が存在することは，外延的には同一の意思決定問題であったとしても，異なる意思決定が行われることを意味しており，外延的に定義される対象であれば，その理論的帰結が同じになるとする記述不変性（description invariance）の原理（Arrow, 1982）を逸脱することになる（Takemura, 2014）。記述不変性というのは，言い方や記述の仕方によって結果が変わらないことを要請している。ほとんどの数理科学は，記述不変性を仮定しているので，フレーミング効果は，それらの理論から説明できないのである。

3. フレーミング効果と社会生活 ……………………………………………

フレーミング効果は，社会生活のさまざまな場面で観察される。この効果は，市場調査の世界では，質問するときの言語表現を少し変えるだけで回答結果が異なるワーディング効果として知られていたし，マーケティングの世界では，

第 3 章　フレーミング効果

同じ商品情報でも，広告における言語表現の仕方を変えるだけで販売効果が異なるプロモーション効果として古くから知られていた。

　フレーミング効果は，消費者の意思決定現象において広く認められる。トゥベルスキーとカーネマン（Tversky & Kahneman, 1981）は，仮想的な状況ではあるが，以下のような別の問題を考えて実験を行っている。

　　問題A：125 ドルのジャケットと 15 ドルの電卓を買おうとしたところ，店員から，自動車で 20 分かかる支店に行くと 15 ドルの計算機が 10 ドルで販売されていることを聞かされた。その支店まで買いに行くかどうか。
　　問題B：125 ドルの電卓と 15 ドルのジャケットを買おうとしたところ，店員から，自動車で 20 分かかる支店に行くと 125 ドルの計算機が 120 ドルで販売されていることを聞かされた。その支店まで買いに行くかどうか。

　ここで，問題Aも問題Bも，電卓とジャケットを買うという購買意思決定として共通しており，さらに，総額 140 ドルの買物をするか，5 ドルの利益を得るために 20 分間自動車を運転するというコストをかけて支店に買いに行くかという点についても全く同じである。彼らは，ある被験者集団に問題Aを与え，別の被験者集団に問題Bを与えたところ，前者の問題Aでは，68％の被験者が支店まで出かけると回答したのに対して，後者の問題Bでは 29％の被験者しか支店まで出かけると回答しなかったのである。

　この結果の理由として，被験者が，電卓の買物とジャケットの買物という 2 つの意思決定問題に分離してフレーミングを行なったことが考えられる。すなわち，問題Aでは，電卓の定価である 15 ドルが 10 ドルになるという部分が注目され，問題Bでは，電卓の定価である 125 ドルが 120 ドルになるという部分が注目されたのである。もし下に凸な負の効用関数を仮定するならば，図 3-1 に示したように，電卓の定価の 15 ドルが 10 ドルになるというコストの低下は，125 ドルが 120 ドルになるというコストの低下に比べて，大きく価値づけられる。しかし，総額 140 ドルの買物をするか，135 ドルの買物をするかという問題認識をすれば，問題AとBとの評価は同じになるはずである。したがって，スーパーマーケットなどの店頭マーケティングにおける価格政策の観点から言

3. フレーミング効果と社会生活

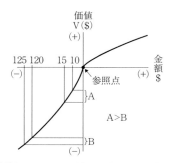

図3-1：フレーミング効果の下に凸な効用関数による説明（竹村，1996b, p. 50）

うと，消費者が複数の商品を購入しようとしている場合，価格が安い商品の方の値下げ額を大きくする方が，価格が高い商品の値下げ額を大きくするよりも，有効であることが予測される。このことは，スーパーの卵パックの大幅値引きをして集客し他の商品の売り上げを期待するという，プロモーション戦略でよく用いられていることでもある。

広告や販売などのコミュニケーション活動において，同じ意味のメッセージを消費者に伝えるにしても，その表現の微妙な相違によって，商品への評価判断や購買意思決定が変ってしまうことがわかっている。たとえば，挽肉は赤身部分と脂身部分に分けられるが，「脂身25％」と表示された挽肉よりも，「赤身75％」と表示された挽肉の方を消費者が好意的に評価することがわかっている（Levin & Gaeth, 1988）。また，自動車保険の購入意思決定でも，フレーミング効果は観察される。たとえば，1000ドルの加入料の保険で600ドル以下の損害支払いが免責になっている保険と，1600ドルの加入料のいる保険で600ドル以下の損害も支払ってくれて，事故のない場合は600ドルをキャッシュバックする保険とでは，両者は結果的には同じであるにもかかわらず，後者の方が人々に選好されることがわかっている（Johnson, Hershey, Meszaros, & Kunreuther, 1993）。フレーミング効果は，また，医師の医療判断においても（McNeil, Pauker, Sox, & Tversky, 1982），経営者の意思決定においても（Qualls & Puto, 1989），生じることが明らかになっている。

意思決定者のフレーミングの仕方は，実験ゲームにおいても，意思決定に大

第3章　フレーミング効果

きな影響を及ぼすことが見出されている（Colman, 1995）。たとえば、アイザー
とバハヴナニ（Eiser & Bhavnani, 1974）は、同じ構造の囚人のジレンマゲーム
の状況内容の教示を変えることによって、意思決定がどのようになるかを検討
している（囚人のジレンマについては第13章を参照）。彼らは、各条件の被験者
に、それぞれ、経済的交渉、国家間の交渉、人間関係の問題としての状況設定
を教示し、実験では、どの条件でもゲームの相手（サクラ）が一期前の相手の
選択をやり返す応報方略で臨んだ。結果は、経済的交渉の問題として教示され
た場合よりも、国家間交渉あるいは人間関係の問題として教示された場合の方
が、協力選択の率が高くなったことを報告している。この実験の場合、状況間
での利得の単位の相違により効用関数が状況間で異なっている可能性が高いが、
そのことを認めたとしても、囚人のジレンマゲームの場合、状況間で異なる結
果が出る事はゲーム理論からは予測できない。この実験の結果はフレーミング
効果を示していると考えることができる。

4. フレーミング効果はどのくらい安定して見出されるか ……………

　トゥベルスキーとカーネマン（Tversky & Kahneman, 1981, 1986）は、意思決
定におけるフレーミング効果は非常に安定してよく起こる現象であることを報
告している。彼らは、フレーミング効果が、知覚における錯視現象と同様に、
その矛盾に事後的に気付くことはあっても、その過程においては、矛盾した判
断をしてしまうことを説いている。彼らの主張するように、フレーミング効果
が安定してよく起こる現象であるとするならば、意思決定において、我々は、
矛盾した決定をすることをほとんど改善できないことになる。しかし、彼らの
主張とは反対に、フレーミング効果が観察されないことも見出されている
（Fagley & Miller, 1987; Rybash & Rodin, 1989）。また、竹村（Takemura, 1992,
1993, 1994）は、フレーミング効果が、意思決定に要する処理時間を長くしたり、
決定の正当化を決定前にさせるような操作によって、抑制されることを明らか
にしている。

　竹村（Takemura, 1994）は、実験1で、決定に要する処理時間（決定時間）
がフレーミング効果に及ぼす影響を検討した。この実験では、以下の仮説を検

4. フレーミング効果はどのくらい安定して見出されるか

表3-1：決定に要する時間とフレーミング効果（Takemura, 1994）

フレーム条件	短時間条件		長時間条件	
	ポジティブ	ネガティブ	ポジティブ	ネガティブ
リスクのない選択	29名	13名	24名	23名
リスクのある選択	12名	28名	17名	18名

討した。すなわち，決定に要する処理時間が短い場合（10秒間）はフレーミング効果が観察されるが，決定に要する処理時間が長い場合（3分間）はフレーミング効果が観察されない。実験の被験者は，大学生男女164名であり，意思決定課題は，トゥベルスキーとカーネマンのアジアの病気問題を用いた。被験者は，無作為に，2（決定時間：長時間（3分），短時間（10秒））×2（決定フレーム：ポジティブ，ネガティブ）の4条件のひとつに割り当てられた。結果は，表3-1に示したとおりであり，10秒で決定するように教示した条件では，フレーミング効果が認められた。すなわち，ポジティブ・フレーム条件では，70.7%の被験者がリスクのない選択を行ったが，逆に，ネガティブ・フレーム条件では68.3%の被験者がリスキーな選択を行った。一方，3分で決定をするように教示した条件では，有意なフレーミング効果が見出されなかった。すなわち，ポジティブ・フレーム条件では，58.5%の被験者がリスクのない選択を行い，また，ネガティブ・フレーム条件では43.9%の被験者がリスキーな選択を行った。この結果は，仮説を支持するものであった。

　竹村（Takemura, 1994）の実験2では，以下の仮説を検討した。仮説は，決定の正当化を意思決定の前に要請されない条件では，フレーミング効果が観察されるが，なぜこの決定をしたかを用紙に書かせる正当化の要請の条件では，フレーミング効果が観察されないことを予測するものである。被験者は，大学生男女180名であった。被験者は，無作為に，2（決定正当化の有無）×2（決定フレーム：ポジティブ，ネガティブ）のひとつの条件に割り当てられた。結果は，表3-2に示したとおりであり，仮説を支持するものであった。正当化手続きのない条件では，フレーミング効果が見出された。すなわち，ポジティブ・フレーム条件では，80.0%の被験者がリスクのない選択を行ったが，逆に，ネガティブ・フレーム条件では68.9%の被験者がリスキーな選択を行った。一方，正

第3章　フレーミング効果

表3-2：決定の正当化とフレーミング効果（Takemura, 1994）

フレーム条件	正当化を要請しない条件		正当化を要請する条件	
	ポジティブ	ネガティブ	ポジティブ	ネガティブ
リスクのない選択	36 名	14 名	21 名	28 名
リスクのある選択	9 名	31 名	24 名	17 名

当化手続きのある条件では，統計的に有意なフレーミング効果が見出されなかった。すなわち，ポジティブ・フレーム条件では，46.7％の被験者がリスクのない選択を行い，また，ネガティブ・フレーム条件では37.8％の被験者がリスキーな選択を行った。

　この竹村（1994）の実験結果は，フレーミング効果がそれほど安定して見出せないことを示唆しているものであり，フレーミング効果が認知的精緻化などの操作によって消失可能であることを示唆している。

5. フレーミング効果に及ぼす注意やその他の要因 …………………………

　藤井と竹村（2001）は，文字情報の大きさによる注意の操作によって，フレーミング効果を抑制させることができることを示している。この実験結果の予測は，意思決定時の結果と確率に対する注意の配分がリスク態度に影響を及ぼすことを示すと言う「焦点化仮説」に基づく状況依存的焦点モデル（竹村，1994；藤井・竹村，2001）を用いて行われた。そこで，藤井と竹村（2001）は，状況依存的焦点モデルの予測を検討するために，意思決定時の注意を実験的に操作し，被験者のリスク態度が焦点化仮説が予測する方向に変化するか否かを調べるための２つの実験を行った。

　実験１では，被験者は京都大学の学生および職員の180名であり，実験条件として２水準のフレーム条件（ポジティブ／ネガティブ）と３水準の強調条件（結果強調／強調なし／リスク強調）の計６条件を設けて，各条件に30名ずつ無作為に割り付けた。図3-2に被験者に提示した各実験条件において用いた意思決定問題の例を示した。結果強調条件では，結果の字のサイズを大きくする（非強調文字が10.5ポイント，強調文字が18ポイント）と共に太字とし，かつ，

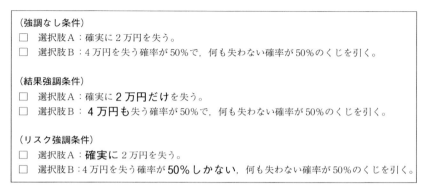

図 3-2：注意を操作したフレーミング効果の実験例（藤井・竹村，2001）

表 3-3：反射効果問題による実験結果（藤井・竹村，2001）

	ポジティブ条件		ネガティブ条件	
	リスク回避 % (N)	リスク受容 % (N)	リスク回避 % (N)	リスク受容 % (N)
リスク強調条件	90.0 (27)	10.0 (3)	50.0 (15)	50.0 (15)
強調なし条件	83.3 (25)	16.7 (5)	56.7 (17)	43.3 (13)
結果強調条件	63.3 (19)	36.7 (11)	30.0 (9)	70.0 (21)

それを強調するための助詞を加えた。同様に，リスク強調条件では確率についての字のサイズと太さを大きくすると共に，強調するための助詞を加えた。

　このような実験操作による結果強調条件では，リスク強調条件に比較して，結果に対する注意量が多くなるものと考えられる。注意量の概念を基礎にした計量モデルである状況依存的焦点モデルによると，ネガティブ条件においてもポジティブ条件においても，結果強調条件の方がリスク強調条件よりもリスク志向傾向が強いことが予測される。結果は，表3-3のようになった。この結果，リスク強調条件や強調なし条件におけるネガティブ条件では，明確なリスク回避受容傾向は現れていない。この結果は，焦点化仮説を支持している。また，ポジティブ条件においても，ネガティブ条件においても，リスク強調条件よりも結果強調条件の方がリスク志向傾向が強い結果となった。この結果は，結果

第 3 章　フレーミング効果

強調条件の方がリスク強調条件よりもリスク受容傾向が強くなることを意味しており，状況依存的焦点モデルの予測に一致したのである。

　実験 2 では，アジアの病気問題を用いた。被験者は，京都大学の学生および職員の 180 名であり，実験条件や問題の提示方法等は，実験 1 と同様である。結果は，実験 1 と同様に，フレーム条件に関わらず，リスク強調条件よりも結果強調条件の方がリスク志向傾向が強い結果となった。以上の結果は，状況依存的焦点モデルによる予測を支持している。

　この他に，焦点化仮説の検討を行った実験には，パソコンによる情報呈示による実験がある（竹村・胡・藤井，2001）。この実験においては，提示頻度を操作して，提示頻度が高い文字に対してはより多くの注意が向けられるという仮定のもとに，状況依存的焦点モデルによる予測を確認している。さらに，藤井と竹村は，眼球運動測定装置を用いることで，注意の焦点化を測定することを試みている（Fujii & Takemura, 2003）。

　フレーミング効果に及ぼす要因やその効果の安定性についての議論は，近年になっても続いている。キューバーガー（Kühberger, 1998）は，これまでのフレーミング効果の数多くの実験研究のメタ分析によって，決定の正当性や反応モードや意思決定問題の特徴などによって，フレーミング効果が抑制されることがあることを報告している。他方，フレーミング効果は，認知的欲求（need for cognition）の低い者と高い者にかかわりなく，決定の正当化の手続きなどをしても消失せず，トゥベルスキーとカーネマンが主張するようにかなり頻繁に生じるという実験報告が出ている（LeBoueuf & Shafir, 2003）。ひるがえって，この報告に対して，サイモン他（Simon, et. al., 2004）は，この安定性に疑問を呈する実験研究を行っている。彼らは，認知的欲求の低い者は正当化の手続きを行ってもフレーミング効果が消失しないが，分析的思考様式と関連のある認知的欲求の高い人間に関しては，決定の正当化の手続きによってフレーミング効果を消失させることができることを示している。このように，フレーミング効果の安定性については，明確な結論はでていないが，少なくともトゥベルスキーとカーネマンが当初考えたほど，改善できないようなものではないことがわかっていると言える。ただし，多くの人間が，通常の社会生活において，深く考えたり，熟慮するような認知的精緻化を行うことがあまりないこと（たと

えば，Langer, 1978）を考慮すると，フレーミング効果は，人間の社会生活において，かなりの程度生じることが予想される。その意味で，我々人間は，常に注意していないと，言語表現に影響を受けて，合理的で一貫した意思決定ができなくなると考えられる。

参考文献

Arrow, K. J. (1982). Risk perception in psychology and economics. *Economic Inquiry*, **20**, 1-9.

Colman, A.M. (1995). *Game theory and its applications in the social and biological sciences*. Oxford, U.K.: Butterworth-Heinemann.

Eiser, J.R., & Bhavnani, K.K. (1974). The effect of situational meaning on the behaviour of subjects in the Prisoner's Dilemma Game. *European Journal of Social Psychology*, **4**, 93-97.

Fagley, N.S., & Miller, P.M. (1987). The effects of decision framing on choice of risky vs. certain options. *Organizational Behavior and Human Decision Processes*, **39**, 264-277.

藤井聡・竹村和久（2001）．リスク態度と注意——状況依存焦点モデルによるフレーミング効果の計量分析　行動計量学，**54**, 9-17.

Fujii, S., & Takemura, K. (2003). Attention, frames condition and decision making under risk: An empirical test of contingent focus model using eye gaze recorder. Paper presented at the Society for Judgment and Decision Making. Vancouver, Canada.

Johnson, E.J., Hershey, J., Meszaros, J., & Kunreuther, H. (1993). Framing, Probability Distortions, and Insurance Decisions. *Journal of Risk and Uncertainty*, **7**, 35-51.

Kühberger, A. (1998). The influence of framing on risky decisions: a meta-analysis. *Organizational Behavior and Human Decision Processes*, **75**, 23-55.

Langer, E.J. (1978). Rethinking the role of thought in social interaction. In J.H. Harvey, W. Ickes, & R.F. Kidd (Eds.), *New directions in attribution research* Vol. 2. Hillsdale, NJ: Lawrence Erlbaum Associates. pp. 35-58.

LeBoueuf, R.A., & Shafir, E. (2003). Deep thoughts and shallow frames: On the susceptibility to framing effects. *Journal of Behavioral Decision Making*, **16**, 77-92.

Levin, I., & Gaeth, G.J. (1988). How consumers are affected by the framing of attribute information before and after consuming the product. *Journal of Consumer Research*, **15**, 374-378.

McNeil, B.J., Pauker, S.G., Sox, H.C., & Tversky, A. (1982). On the elicitation of preference for alternative therapies. *New England Journal of Medicine*, **27**, 1259-1262

Qualls, W.J. & Puto, C.P. (1989). Organizational climate and decision framing: An integrated approach to analyzing industrial buying decision. *Journal of Marketing Research*, **26**, 179-

192.

Rybash, J.M. & Rodin, P.A. (1989). The framing heuristic influences judgments about younger and older adult's decision to refuse medical treatment. *Applied Cognitive Psychology*, **3**, 171-180.

Simon, A.F., Fagley, N.S., & Halleran, J.G. (2004). Decision framing: Moderating effects of individual differences and cognitive processing. *Journal of Behavioral Decision Making*, **17**, 77-93.

Takemura, K. (1992). Effect of decision time on framing of decision: A case of risky choice behavior. *Psychologia*, **35**, 180-185.

Takemura, K. (1993). The effect of decision frame and decision justification on risky choice. *Japanese Psycholigical Research*, **35**, 36-40.

Takemura, K. (1994). Influence of elaboration on the framing effect. *Journal of Psychology*, **128**, 33-39.

Takemura, K. (2014). *Behavioral decision theory: Psychological and mathematical descriptions of human choice behavior*. Tokyo: Springer Verlag.

竹村和久 (1994). フレーミング効果の理論的説明——リスク下での意思決定の状況依存的焦点モデル 心理学評論, **37**, 270-293.

竹村和久 (1996a). 意思決定の心理——その過程の探究 福村出版.

竹村和久 (1996b). 消費者の問題認識と購買意思決定 杉本徹雄 (編) 消費者理解のための心理学 福村出版.

竹村和久・胡項農・藤井聡 (2001). 情報モニタリング法による状況依存的焦点化モデルの検討 日本感性工学会あいまいと感性研究部会研究発表講演論文集.

Tversky, A., & Kahneman, D. (1981). The framing of decisions and the psychology of choice. *Science*, **211**, 453-458.

Tversky, A., & Kahneman, D. (1986). Rational choice and the framing of decisions. *Journal of Business*, **59**, 251-278.

第4章	うぬぼれる欧米人？　謙虚な日本人？ ──自己高揚と自己卑下実験

1. はじめに

　日本人は外国人（たとえばアメリカ人，中国人等々）とこんなに違うんだよという話は，旅行記やテレビ番組をはじめ，さまざまな機会に耳にする。第2章で紹介したペン選択実験では，一見ユニークさや同調性に対するアメリカ人と日本人の好み（選好）を反映しているように見える違いが，実は好みではなくデフォルト戦略の違いなのだということを明らかにしている。ここでは同様の話として，アメリカ人は自分の価値を過大に見積もる（つまりうぬぼれる）傾向が強いのに対して，日本人は自分の欠点に目を向ける傾向が強く，そのために自分の能力を過小に見積もる傾向があるという，文化心理学で広く受け入れられている研究結果に対して，実はその違いは自己に対する評価の違いを意味するのではなく，自分の価値を他者に示す際の戦略の違いを意味するのだという実験例を紹介する。

　上に述べたように，文化心理学では，アメリカ人は自分の価値を高く見積もる自己高揚傾向を持っているのに対して，日本人をはじめとする東アジア人はそうした自己高揚傾向が弱く，逆に自分の価値を低く見積もる自己卑下傾向を持つとする研究が蓄積されている（レビュー論文として，たとえば Heine, Lehman, Markkus, & Kitayama, 1999 を参照）。またそうした傾向の文化差は，文化による人間観の違いに由来するとされている（Markus & Kitayama, 1991）。これに対して，ここで紹介する実験は，自分の能力を正しく推測した場合にはお金がもらえるという条件を設定すると，ただ自分の能力を推測してもらう通常の条件で見られた日本人の自己卑下傾向が見られなくなるだけではなく，逆に自己高揚を示すようになることを示している。このことは匿名性が保証された質問紙に対する回答に表れる東アジア人の自己卑下傾向が，彼らの自己価値の

第 4 章 うぬぼれる欧米人？ 謙虚な日本人？

評価をそのまま反映しているというよりは，対人関係で用いる自己呈示戦略を
匿名の質問紙に対する回答においてさえ用いる「デフォルトの適応戦略」を用
いていることを示すものである。

2. 自分の能力を正確に判断できたら報酬を差し上げます ……………

　ここでは，自己高揚と自己卑下について筆者らの研究グループが実施した実
験の例を紹介する。先に述べたように，自己高揚の文化差は多くの研究で報告
されており，欧米人は自己をポジティブに知覚する傾向が東アジア人よりも強
いのに対して，東アジア人ではむしろ，自分の良いところよりも悪いところに
目をむける自己卑下の傾向がみられることが示されている。文化心理学者によ
れば，この文化差は，先に述べた文化的自己観の違いにより，自分の優れた点
に着目するか自分の欠点に着目するかが文化により異なる結果だとされている
(Heine, et al., 1999; Markus & Kitayama, 1991)。

　これに対して，東アジア人，特に日本人にみられる自己卑下の傾向は，他者
から嫌われるのを避けるための意図的かつ操作的な行動（いわゆる，たてまえ）
だという解釈も議論されている (Bond, Leung, & Wan, 1982; Muramoto, 2003; 村
上・石黒，2005; 吉田・古城・加来，1982)。しかしこの解釈の難点は，完全な匿
名状況でなされる質問紙への回答においても，日本人には自己卑下の傾向がみ
られる点である。自分の回答は誰にも知られないものであるのに，自己卑下の
傾向が戦略の意識的適用（たてまえを使う）から生み出されたと考えるのは不
自然だからである。しかし，戦略が意識的に選択されたのではなく，デフォル
トで用いられたと考えれば，質問紙に対する匿名の回答に表れた自己卑下傾向
を戦略の結果であるとする解釈に不自然さはなくなるだろう。デフォルト戦略
とは，どのような戦略をとるべきかが状況の特徴により明確に示されていない
場合に，何も考えないでとる戦略である。つまり，デフォルト戦略を用いるの
が不適切であるとはっきりとわかるまでは，デフォルト戦略が用いられること
になる。まわりの人たちから嫌われないことを目標とする行動戦略（嫌われ回
避戦略）が多くの日本人にとって対人場面でのデフォルト戦略であるとすれば，
自己評価を他人に伝える場面では，それが誰かに直接的に答える場合であって

も質問紙に答える場合であっても，それが不適切であるという理由（たとえば就職面接で自分の優れた点を売り込む必要がある場合）が明示されない限り，自動的にこの戦略を用いるはずである。逆にいえば，嫌われ回避戦略を用いないことにより生じるコストが想定されない状態では，嫌われ回避戦略を用いない理由が存在しない。状況に応じて嫌われ回避戦略を用いるかどうかを判断していれば，状況判断を誤って，まわりの人たちから嫌われる結果が生まれる可能性があるからである。デフォルト戦略とは，このような判断間違いによるコストを最小化するために（その戦略の採用が生み出すコストが明白である場合を除いて）常に用いる戦略である。たとえば質問紙への回答の匿名性が保証されていても，嫌われ回避戦略を用いることで生じるコストはゼロであり，そのためデフォルト戦略を変更するには充分ではなかったものと考えられる。そこで，鈴木・山岸（2004）は，日本人が自己呈示場面において嫌われ回避戦略をデフォルト戦略として用いていることを明らかにするための実験を行った。

　この実験で鈴木と山岸は，まず，参加者に「統合的認知能力テスト」という，「新しく開発された認知能力を測定するためのテスト」という名目の，実は意味のないテストを受けてもらった。そして次に，自分の結果が同じ大学（北海道大学）の学生の平均よりも上だと思うか下だと思うかを，実験の参加者に質問紙を使って匿名で尋ねた。なぜそんなことを尋ねるのかについて一切説明のないコントロール条件（通常の匿名状態での質問紙への回答と同じ）では，参加者の3分の2を越える72％（110人中79人）が，自分の成績は大学の平均よりも下だと思うと回答するという自己卑下的傾向が示された。この結果は，アメリカ人において頻繁にみられる平均以上効果（Alicke, 1985; Alicke, Klotz, Breitenbecher, Yurak, & Vredenburg, 1995; Dunning, Meyerowitz, & Holzberg, 1989）と逆のものである。つまり，自分の結果を予測する際に完全な匿名状況が保証されていたにも関わらず，自己評価に際して自己卑下を示す傾向がはっきりとみられた。

　この結果は，この実験に参加した日本人が，本当に自分の知能を平均以下だと思っていることを意味するのだろうか？　すなわち，文化心理学者たちが考えるように，相互協調的自己観を持つ日本人たちは自分自身の劣った点に選択的に注意を払うために，自分は他人よりも劣った人間であるという自己定義を

第 4 章　うぬぼれる欧米人？　謙虚な日本人？

持つに至っていることを，この実験の結果は意味するのだろうか？

　実は，この文化心理学者による解釈は，もう一つの条件である「ボーナス条件」での結果によって否定されている。ボーナス条件では，参加者が自分の成績が平均以上だと思うか平均以下だと思うかを判断するに際して，彼らの判断が正しければ元々の謝礼の 300 円に加えて 100 円をボーナスとしてもらえる旨が教示された。このように，ボーナス条件では，何のために予測をするのかがはっきりしている。この条件操作の目的は，成績判断を実験者に伝える理由をはっきりとさせる（「正しい判断をしてお金をもらうため」）ことで，デフォルト戦略の使用が不適切であることを明確にし，デフォルト戦略の使用を抑制することにあった。もしデフォルト条件で見られた自己卑下傾向が，何のために自己評価を表明するかが不明確な場面でのデフォルトの自己呈示戦略の結果であるとすれば，このデフォルト戦略の使用が不適切であることが明確にされたボーナス条件では，自己卑下傾向は見られなくなるだろうと予測される。そして実際，ボーナス条件での結果はこの予測を見事に支持するものであり，実験参加者の 3 分の 2 以上の 69％（52 人中 36 人）が，自分の成績は大学の平均より上だと思うと答えるようになった。

　この研究では，ボーナス条件とコントロール条件とを比較することで，完全な匿名状況であるコントロール条件で観察された強い自己卑下の傾向が，実は参加者による能力の自己評価をそのまま反映したものではなかったことが明らかにされた。日本人の自己卑下の傾向は，自己評価を報告する理由が明確ではない場合においてのみ見られたからである。そして，自己評価を他人に呈示する理由が示され，その理由が，参加者がどのように自己呈示するかを評定するためではなく，お金を手に入れるためであるということが明確にされると，この自己卑下の傾向は消失してしまった。のみならず，自己高揚の傾向がはっきりとみられたのである。またこの実験結果は，北海道大学の学生が参加した実験に加えて，札幌在住の一般市民を対象とした実験においても再現されている（Yamagishi, Hashimoto, Cook, et al., 2012）。またこの研究では日本人（北海道大学生）とアメリカ人（スタンフォード大学生）の比較もされており，統制条件ではアメリカ人（特にアメリカ人男性）は自己高揚傾向を示すのに対して，日本人は自己卑下傾向を示すことが確認された。しかし同時に，ボーナス条件では日

本人参加者も自己高揚傾向を示すようになり，統制条件で見られた日米差が消失することが確認されている。

参考文献

Alicke, M. D. (1985). Global self-evaluation as determined by the desirability and controllability of trait adjectives. *Journal of Personality and Social Psychology*, **49**, 1621-1630.

Alicke, M. D., Klotz, M. L., Breitenbecher, D. L., Yurak, T. J., & Vredenburg, D. S. (1995). Personal contact, individuation, and the better-than-average effect. *Journal of Personality and Social Psychology*, **68**, 804-825.

Bond, M. H., Leung, K., & Wan, K. C. (1982). The social impact of self-effacing attributions: The Chinese case. *Journal of Social Psychology*, **118**, 157-166.

Dunning, D., Meyerowitz, J. A., & Holzberg, A. D. (1989). Ambiguity and self-evaluation: The role of idiosyncratic trait definitions in self-serving assessments of ability. *Journal of Personality and Social Psychology*, **57**, 1082-1090.

Heine, S. J., Lehman, D. R., Markus, H. R., & Kitayama, S. (1999). Is there a universal need for positive self-regard? *Psychological Review*, **106**, 766-794.

Markus, H. R., & Kitayama, S. (1991). Culture and the self: Implication for cognition, emotion, and motivation. *Psychological Review*, **98**, 224-253.

Muramoto, Y. (2003). An indirect self-enhancement in relationship among Japanese. *Journal of Cross-Cultural Psychology*, **34**, 552-566.

村上史朗・石黒格 (2005).　謙遜の生起に対するコミュニケーション・ターゲットの効果　社会心理学研究，**21**, 1-11.

鈴木直人・山岸俊男 (2004).　日本人の自己卑下と自己高揚に関する実験研究　社会心理学研究，**20**, 17-25.

吉田寿夫・古城和敬・加来秀俊 (1982).　児童の自己呈示の発達に関する研　教育心理学研究，**30**, 120-127.

Yamagishi, T., Hashimoto, H., Cook, K., Kiyonari, T., Shinada, M., Mifune, N., Inukai, K., Takagishi, H., Horita, Y., & Li, Y. (2012). Modesty in Self-Presentation: A Comparison between the U.S. and Japan. *Asian Journal of Social Psychology*, **15**, 60-68.

第5章 われわれの価値評価は信用できるのか？
──アンカリング効果の実験

1. はじめに

　こんな体験をしたことはないだろうか。アマゾンや楽天などネットショッピングのサイトで，ある商品を見ていたとき，その商品の定価に赤で二重線が引かれ，その下に50％オフという表示と半額の価格が書かれている。つい安さに心が惹かれてその商品を購入した。さて，ここでの疑問は，半額の価格が最初からその商品の定価であり，その商品が定価で売られていた場合，はたしてその商品を購入しただろうか，ということである。たとえば，1万円が50％オフになり5000円で売られていようと，最初から5000円という定価で売られていようと，その商品を5000円で購入することに変わりはない。しかし，実際には，1万円が50％オフになり5000円支払う方がはるかに購入する可能性が高くなるのではないだろうか。もしそうであるならば，その商品の品質や価値よりも，1万円だったものが5000円で売られているということの方が商品の購入にとって重要だったということになる。

　あなたが普段よく利用する店やカフェ，よく購入する物を想像してもらいたい。あなたは，あなたにとっての価値を考え，その値段を払うことは適正だと考えて代価を支払っているのだろうか。それとも，もっと違うものに引っ張られた結果，お金を払っているのだろうか。

　上述の問題について，次のような実験の結果が報告されている。アメリカのMIT スローン経営大学院の参加者にベルギーチョコレートやコードレスキーボード，ワインなどいろいろな品物について市場価格を伝えないように説明した後，参加者の社会保障番号下二桁の数字からなる金額（下二桁の数字が75なら75ドル，15なら15ドル）でそれぞれの品物を買うかどうかを尋ねた。社会保障番号は当然，全くの無作為的なものである。そして次に，具体的にそれぞ

第 5 章　われわれの価値評価は信用できるのか？

れの品物について支払ってもよいと思う最高支払価格を尋ねた。すると，全て
の品物に対して，社会保障番号の下二桁が大きかった学生の方が，それが小さ
かった学生よりも高い支払価格を答えた。たとえば，大きい保障番号の人と小
さい保障番号の人を比べると，同じワインに前者の人が後者の人よりも高い値
付けをしたのである。なんと最初に社会保障番号を思い浮かべたことが，参加
者の品物の価格決定に影響してしまったことになる。しかも，関連のある品物
をペアにして考えると（たとえば，普通のワインと貴重なワイン），いずれの品物
に対しても大きい保障番号の人が小さい保障番号の人よりも高い価格を付けた
ことに加え，それらの相対価格はもとのままであった。つまり，大きい保障番
号の人も小さい保障番号の人も普通のワインより貴重なワインに高い価格をつ
けた。

　このように最初に注目した値（学術用語でアンカーという）に判断が影響され
ることをアンカリングといい，それをもとに意思決定をしてしまうこの効果を
アンカリング効果（anchoring effect）という。また，たとえ最初に注目した値
が無作為的でも，それがいったん私たちの意識に定着すると，現在の値付けば
かりか未来の値付けにまで一貫して影響することを「恣意の一貫性」と呼ぶ
（Ariely, Loewenstein, & Prelec（2003）およびダン・アリエリ（2008）第 2 章を参照）。

　このアンカリング効果は，行動経済学だけでなく企業のマーケティングにも
関わりがある概念である。たとえば，企業が消費者にまったく新しい製品やサ
ービスを提供したとする。消費者は企業の提示した最初の価格にアンカリング
される。消費者がその価格を受け入れれば，それ以降もその価格を支払うだろ
う。また，価格を受け入れない場合は，最初の価格を値下げすれば，その新製
品やサービスの価値はどうであれ，「安い」と消費者に思わせることができる
のである。さて，あなたが普段購買しているものは，あなたにとって本当にそ
れだけの価値があるのだろうか。それとも最初に目にした価格を受け入れてし
まった結果によるものなのだろうか。また，アンカリング効果を克服するため
にはどうすればいいのだろうか。私たちの実験は，こんな疑問から始まった。

2. どうすればアンカリング効果を克服できるのか……………………

　実は，アンカリング効果を扱った実験や調査は多数存在している。おそらくその中でも最もよく知られている実験は，国連におけるアフリカ諸国の比率を尋ねたものだろう（Tversky & Kahneman, 1974）。この実験では，最初に，その比率が特定の比率（たとえば10％あるいは65％）よりも高いと思うか，低いと思うかを質問される。そして，それに答えた後，実際に何パーセントだと思うか，という質問に答える。すると，高いアンカーを提示された人は平均45％と答え，低いアンカーを提示された人は平均25％と答えたのである。他にも多数の研究（たとえば，Ariely, Loewenstein, & Prelec（2003）; Bergman, Ellingsen, Johannesson, & Svensson（2010）; Chapman & Johnson（1999）; Dodonova（2009）; Epley & Gilovich（2005）; McElroy & Dowd（2007）; Mussweiler（2001）など）が存在するが，中でも，いわゆる一般的な商品の値付けだけではなく，市場価格をもたない経験の価値評価にもアンカリング効果が働き，しかもその効果は長期的に持続するということを実証したのが Ariely, Loewenstein, & Prelec（2003）であった。

　この研究は６つの実験から成っている。１つ目の実験は，「はじめに」で紹介したチョコレートなどのいろいろな品物に対する価格を尋ねた実験である。ここでは，人が商品の価値を決定する際，最初のアンカーによって影響されること，また，その商品と質や量において明らかに比較できるものにもそのアンカーが影響し続けるという「恣意の一貫性」の存在が示された。次いで，不快な経験の価値評価にもアンカリング効果が存在することが他の５つの実験で示されている。これらの実験では，不快な経験として，いやな音を聞かせている。不快な音とは，たとえば，だれかが金切り声で叫んでいるように聞こえる音である。不快な音を使った理由は主に２つある。１つは，不快な音の市場は存在しないため，参加者にその価値を考えてもらう際，その価値評価が市場価格に影響されないことである。２つめは，このような不快な音を好む人はいないと考えられるので，実験参加者の好みをある程度コントロールできると思われるためである。

　この５つの実験の中の１つでは，「市場の力」がアンカリングの効果を弱め

第 5 章 われわれの価値評価は信用できるのか？

るかどうかも検討されている。その実験では，いやな音をもう一度聞いて報酬
を受け取れる人を，同じアンカーにさらされた多数の人間によるオークション
によって決めている（この時，参加者は同じアンカーを持つ他の参加者の付け値を
見ることができる）。すると，高いアンカーのグループと低いアンカーのグルー
プの付け値は一致せず，市場の力はアンカリング効果を弱めないことが分かっ
た。それどころか同じアンカーを持ったグループ内のそれぞれの個人の付け値
は収束していった。つまり，同じアンカーを持つ人々が交わることで，市場は，
アンカーの効果を強めたのである。

　このような研究がある中で，人々の意思決定がアンカーによって影響される
のかどうかを，われわれはもう一度確かめようと思った。これが私たちの最初
の研究動機である。しかしこれだけではない。私たちは，どうすればアンカリ
ング効果を克服できるのかということを考えたかった。本来，私たちは満足や
幸せ（効用）を高めるように意思決定をするはずである。しかし，意思決定が
アンカリング効果により左右されるのであれば，低いアンカーに出会ったため
に高い効用を与えてくれるものを過小評価する，逆に高いアンカーに出会った
ために低い効用しか与えないものを過大評価する恐れがある。つまり，アンカ
リング効果のせいで，私たちは効用を高める選択を結果的にできなくなるかも
しれない。言い換えると，個々の品物から得られる効用を必ずしも反映しない
決断を市場で行っている可能性が大きい。もし自分の効用を正確に計れず，無
作為的なアンカーに影響されがちであるのなら，売買のチャンスを利用できる
からといって，より幸せになるとは言い切れなくなる。したがって，私たちが
効用を高めようとする意思決定を行うために，アンカリング効果を克服するこ
とは重要となる。そして，先行研究が「同じアンカーをもつ人々が交わること
でアンカリング効果が強まった」ことを示したのをヒントに，その逆の効果を
考えた。すなわち同じ課題に対して，自分と全く違う意思決定をする人がいる
ことを知ると，アンカリング効果が弱くなるのではないか。何かに対して高い
アンカーを提示されたグループと低いアンカーを提示されたグループを比較す
ると，最初は両者の金額決定は前者のほうが高くなり後者のほうが低くなる。
しかし，両グループの人が付けた金額を公開すれば，それ以降の金額決定で，
両者の価値評価が収束するのではないか，と考えたのである。この予想を検討

することが私たちの2つ目の研究動機となった。

3. 漢字書き取り実験のデザイン ·······························

　私たちは，2011年11月に広島市立大学の37名の学生を対象に実験を行なった。アンカリング効果の実験をするにあたって，まず，「不快な音を聞かせる」実験が満たしている①市場価格がない，②人が嫌がる，という2つの条件を満たすタスクをみつける必要があった。私たちは，そのようなタスクとして漢字の書き取りを想定した。漢字といっても，ただの漢字ではなく，日常生活でまず目にすることがない，よく見なければ正しく書くことが難しいような漢字の書き取りである。漢字の書き取りに賃金をもらったことがある人は一般的にはいないであろうし，また，よほどの漢字マニアでもない限り書きたいとは思わないだろう。さらに，もし計算問題などであった場合は，能力次第でできない人もいるかもしれないが，漢字の書き取りは努力をすればだれでもすることができる。

　この実験では，実験参加者に合計6回，基本的に同じ作業をしてもらった。では，実験を前半部分（1回目～3回目）と後半部分（4回目～6回目）に分けてその詳細を説明しよう。

●実験の手順──前半部

　実験の前半部分の最大の目的は，私たちが選んだ漢字の書き取りというタスクに対し，参加者を異なったアンカーに関連付けることである。

　そのために，参加者を高いアンカーのグループと低いアンカーのグループに分け，グループごとに別々の部屋に入ってもらった。そして，最初に，参加者全員に10個の漢字の書き取りをしてもらった。漢字の書き取りは，表5-1のように上の表を見ながら，たとえば10個なら10個ある空欄を埋めて，下の表を完成させるようになっている。書き終えた後，もし○○円（低いアンカーのグループは35円，高いアンカーのグループは85円）もらえるなら，もう1度同じ作業をしたいかという質問に「はい」「いいえ」で答えてもらった。この作業を通じて，参加者にとって「35円」と「85円」がアンカーとなることを期

第5章　われわれの価値評価は信用できるのか？

表5-1：漢字書き取り実験の一例

轞	籲	髵	鑑	鴬	顙	喩	魖	戀	饉
鴬	奋	麤	彇	庚	嘟	膏	點	鑿	嚚
鑫	贊	讖	饕	澇	驣	葉	讒	嗉	勸
劇	靈	魕	鸚	鏊	鬱	燕	藁	蠶	皺
確	竈	騨	蠚	耇	澹	罷	潴	瓷	絲

漢字手本

轞	籲	髵		鴬	顙	喩		戀	饉
鴬		麤	彇	庚		膏	點	鑿	嚚
鑫	贊	讖	饕	澇	驣		讒	嗉	
劇	靈		鸚		鬱	燕	藁		皺
確		騨	蠚	耇	澹	罷	潴	瓷	絲

空欄の中に漢字を書いて，上の手本と同じ表を完成させてください

待したのである。ちなみに，このアンカーとなるお金は漢字１文字に対してではなく，１回の作業全体に対してということである。

　次にこれからの作業のルールを説明した。実験者が各回に書くべき漢字の手本を渡すと，参加者は「最低限○○円支払ってもらえれば書いてもよい」と思う金額（最低報酬金額）を考えて回答する。もし，参加者の回答した金額が，パソコンでランダムに生成された数字よりも低かった場合，参加者は実際に漢字の書き取りを行い参加者自身が提示した最低報酬金額を受け取る。一方，もし参加者の記入した金額がランダムに生成された数字よりも高かった場合，漢字の書き取りを行うことはなく報酬もない。つまり，自分が書いてもよいと思う最低の金額を正直に記入しておかなければ，参加者は漢字の書き取りをして報酬を受け取る機会を失うおそれが高くなるのである。実際のところ，参加者の中には，最低報酬金額がランダムに生成された数字より低く，書き取りをして報酬を手に入れた者もいれば，そうでない者もいた。このような作業を３回繰り返し，埋めるべき空欄の数は１回目は10個，２回目は25個，３回目は40個と変化していった。以上が前半部分の説明である。

●実験の手順——後半部

　後半部分の目的は，別のアンカーを提示された者が交わることによって参加者のアンカーが変化するかどうかを確かめることにある。前半部の3回目が終わったところで，高いアンカーグループと低いアンカーグループを同じ部屋に移動させ，個人が特定できないようにしたうえで，全員が前半部で提示したそれぞれの最低報酬金額を公開した。つまり，参加者は，自分と同じ価格でアンカリングされた人の最低報酬金額だけでなく，違うアンカーでアンカリングされた人が提示した最低報酬金額も見たのである。その上で，1回目から3回目までと同様の作業をしてもらった。つまり，4回目は10個，5回目は25個，6回目は40個の漢字の空欄を埋めることに対する最低報酬金額を記入してもらい，ランダムに生成された数字より低ければ書き取りをして報酬を受けとり，高ければ何もしないし報酬もない，という手順を繰り返した。

　なお，漢字の書き取りをしたか否かにもかかわらず，各参加者には実験参加費（700円）を支給し，この参加費を含めた参加者の平均報酬は932円であった。37名の参加者の中に，漢字の書き取りを1回もしなかった者は2人いた。

4. アンカリング効果は弱まったのか ……………………………………

　さて，結果はどうなったであろうか。

　まずは，前半部分についてである。前半部の目的は，漢字の書き取りに対しアンカリング効果が表れるかどうかを調べることであった。結果は，漢字の書き取りにもアンカリング効果は現れたことを示している。図5-1のように，低いアンカーの人の最低報酬金額は，1回目から3回目までを通じて，高いアンカーの人の最低報酬金額と比べて統計的に有意に低い金額を示している[12]。また，最低報酬価格は，漢字の書きとり10個（1回目，4回目）が一番低く，25個（2回目，5回目），40個（3回目，6回目）となるに連れて高くなっている。このことは，無作為的なアンカーに影響されたとしても，同じカテゴリーのも

---

12)　Wilcoxon の順位和検定の結果は，1回目 $z=-3.010$, $p=0.003$；2回目 $z=-2.283$, $p=0.021$；3回目 $z=-2.527$, $p=0.012$ であった。

第5章 われわれの価値評価は信用できるのか？

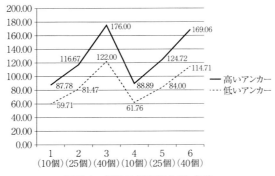

図5-1：平均最低報酬金額（円）

の——この場合は難しい漢字の書き取りという作業——の価値評価には「一貫性」があるということを示している。これらの結果は，先行研究での結果と一致するものであって，アンカリング効果の安定性を裏付けている。

次に後半部分の結果を見ていこう。前半部との違いは，後半部では他の参加者の前半の最低報酬金額が公開されているという点である。この違うアンカーを持つ人の交わりにより，高いアンカーのグループと低いアンカーのグループの最低報酬金額は収束するのだろうか。言い換えると，最初に植えつけられたアンカリング効果は薄まるのだろうか。前半の結果が公開され，それを見た直後の4回目は，両グループの最低報酬金額に統計的に差がなかった。つまり，アンカリング効果は弱まったのである[13]。しかし，5回目および6回目には，また両グループの最低報酬金額に統計的に有意な差が見られた[14]。つまり，5回目からはすぐにアンカリング効果が復活し，高いアンカーの人と低いアンカーの人の最低報酬金額は収束しなくなったのである。後半部分での実験による結果を整理すると，「異なるアンカーをもつ人々の最低報酬金額を公開したことでアンカリング効果は薄まった。しかし，それは一時的なものだった」ということになる。

---

13) Wilcoxonの順位和検定の結果は，4回目 $z=-0.386$，$p=0.699$ であった。
14) Wilcoxonの順位和検定の結果は，5回目 $z=-2.959$，$p=0.003$；6回目 $z=-2.416$，$p=0.016$ であった。

5. おわりに

　さて，ここまで漢字の書き取り実験について目的から実験のデザイン，結果までを述べてきた。先行研究から予想されるように，参加者が漢字の書き取りに対し提示する最低報酬金額もアンカーによって影響されていた。このことはアンカリング効果の安定性を補強する結果である。それに加えて，我々の研究はその安定性が一時的にせよ危うくなることも示している。つまり，別のアンカーを持つ者同士の最低報酬金額を公開することにより，両者のそれが一時的にせよ収束したという結果である。

　一定の情報に長くさらされる状態が続けばアンカーの影響が薄まることは，経験からも想像できる。たとえば，周辺の飲食店で値上げが行われたとしよう。あなたは以前の価格がアンカーとなっているので，高い値段を不当に思い外食を控える。しかし，だんだんとその値段に慣れて以前と同じように外食をするようになるだろう。また，消費税の導入やガソリン価格の上昇も最初は不満であっても，だんだんとその値段に慣れ，逆に当時の値段が信じられないと思うことがある。人は変化した環境に慣れ，順応するので，そのような状況になれば，最初のアンカーの効果は薄まって当然であると考えられる。

　それに対して，今回の実験結果は，異なるアンカーに関する情報を短期間与えるだけで，強力なアンカリング効果を一時的にせよ緩和できる可能性があることを示唆している。しかしながら，なぜこの効果は一時的にすぎなかったのか。どうすれば効果的にアンカーの影響は薄まるのか。ひいては，アンカーの影響をうけずに最初から意思決定することはできるのか。アンカーに関する疑問は尽きない。

参考文献

ダン・アリエリ　熊谷淳子（訳）（2008）．予想どおりに不合理　早川書房.

Ariely, D., Loewenstein, G., & Prelec, D. (2003). Coherent arbitrariness: Stable demand curves without stable preferences. *The Quarterly Journal of Economics*, **118**, 73-105.

Bergman, O., Ellingsen, T., Johannesson, M., & Svensson, C. (2010). Anchoring and cognitive ability. *Economics Letters*, **107**, 66-68.

Chapman, G.B., & Johnson, E.J. (1999). Anchoring, activation, and the construction of values. *Organizational Behavior and Human Decision Processes*, **79**, 1-39.

Dodonova, A. (2009). An experimental test of anchoring effect. *Applied Economics Letters*, **16**, 677-678.

Epley, N., & Gilovich, T. (2005). When effortful thinking influences judgmental anchoring: differential effects of forewarning and incentives on self-generated and externally provided anchors. *Journal of Behavioral Decision Making*, **18**, 199-212.

McElroy, T., & Dowd, K. (2007). Susceptibility to anchoring effects: how openness-to-experience influences responses to anchoring cues. *Judgment and Decision Making*, **2**, 48-53.

Mussweiler, T. (2001). The durability of anchoring effects. European *Journal of Social Psychology*, **31**, 431-442.

Tversky, A., & Kahneman, D. (1974). *Judgment under uncertainty: heuristics and biases. Science*, **185**, 1124-1131.

第6章 | 自分が引いたクジは当たっている
——制御幻想実験

1. はじめに

　あなたは次のような経験をしたことはないだろうか。スゴロクで遊んでいて，あと１つ進めばゴールにたどり着き，あがりとなる。サイコロを振るのに，１が出ろよと念じながらそっとサイコロを転がす。一方，あと６つであがる場合には，６出ろとばかりにサイコロを大ぶりに振る。そっと転がそうが，大きく振ろうがサイコロの目を制御できるわけではないが，私たちはしばしば，自分たちの思い通りの目を出そうと，サイコロに対して特有のふるまいをすることがある。

　こうした事例は，スゴロクのようなサイコロを使った遊びに限られてはいない。スポーツ選手は，それによって勝敗が左右されるわけではないのに，独特のジンクスを信じている。たとえばホームランを打った時の手袋をずっと洗わずに手にはめている，といったように。

2. 迷信行動

　こうした様々のふるまいは，そのふるまいによってその後の結果が制御されるわけではないのに，安定して維持される点で共通している。スキナーは，何羽ものハトが同様のふるまいを示すことを実験で示した（Skinner, 1948）。実験箱に入れられたハトに，その行動に全く関係なく，15秒おきに餌を提示する。するとそれぞれのハトは，餌をあたかも自分の行動で出現させようとするかのように，くるくると回ったり，首をのばしたり，特有の行動のつながりを示すようになる。スキナーはこの現象を「迷信行動」と呼び，偶然に餌に伴われた行動が次第に定着して，固有の行動のつながりが生まれたと解釈した。そして

63

第6章　自分が引いたクジは当たっている

人々の間に見られる迷信の成立も，ハトの迷信行動と同様なメカニズムに基づいていると考えた（この研究の詳細は，Hock（2002）でも取り扱われている）。バイス（Vyse, 1997）は，その著書の中で，こうした迷信行動のさまざまな研究を紹介している。

　ヴァンラルトら（Van-Raalte et al., 1991）の実験は比較的手軽なものでありながら，興味深い結果を示している。実験対象となった人は，最初に自分自身の運を制御できる程度を尋ねられた後，ゴルフのパットを50試行行った。ゴルフのパットは，慣れている人でないとなかなか決められないものである。この実験では，対象となった人はパットをする前に，複数の色から一色のゴルフボールを選ぶ。それからパットを行うわけであるが，運を制御できる程度が高いと答えた人ほど，うまくホールに沈められた時と同じ色のゴルフボールを選ぶ傾向があったという。この研究は，迷信行動が選択にも影響を及ぼしていることを示している。

┌ 実験のヒント：コンピュータでの迷信行動の実験 ┐

　迷信行動の実験を，反応の記録を取りながら比較的精密に行うには，コンピュータを用いて簡単なプログラムを書く必要がある。たとえば実験に参加してくれる対象者に，「キーボードへの反応の仕方を工夫することで，ブザーを鳴らすことができます。ブザーの鳴った回数に応じて賞品を差し上げます」と説明して，実験を始める。実際には，実験プログラムは，押されたキーや押し方には全く関係なく，たとえば30秒おきにブザー音が鳴るようにしてある。プログラムにはそのほかにいつ，どんなキーが押されたのかが記録されるようになっている。その記録を使えば，どんな種類の迷信行動が形成されたのかを分析できる（これとよく似た実験はマチュート（Matute, 1994, 1995）によって行われている。彼女たちのグループはウェッブ上でも同じような実験ができるようなシステムを作っている。http://www.labpsico.deusto.es/en）。

　このような簡単な実験の場合には，ブザー音を実験者が時計を見ながら提示してもいいし，反応の方はビデオカメラで記録して，後でそれを読みとってもよいだろう。こうすることでも，たしかに実験結果を得ることはできる。しかし，コンピュータを利用した方が，正確にブザー音を出すこともできるし，後でビデオ映像から反応の記録をおこす手間がない。ことにビデオ映像を見ながらの記録は

結構な労力で，その大変さから実験をすることのハードルが高くなってしまう原因の１つである。

　実験をプログラムする上で使いやすい言語にはいろいろなものがある。Visual Basic，Processing，HSP の３つは，筆者がおすすめの，フリーで手に入る初心者向けプログラム言語である。特に後ろの２つの言語は，画面の操作や反応の測定がとても簡単にできるような工夫がなされているので，ぜひ試してみて欲しい。これらよりも，もっと高い精度で刺激や反応を扱いたいならば Visual C++，またネットワークを使って実験を進めたいならば Java を勉強すればよいだろう。

3. 制御幻想

　古くから，実際よりも事象をコントロールできると人が誤って認識していることは知られていたが，人為的には制御できない確率的事象について，いくつかの条件がそろうと人はその事象の生起確率を高く見積もるという現象を，ランガー（Langer, 1975）は制御幻想（illusion of control，コントロールの錯誤とも呼ばれる）と名づけた（厳密には「客観的確率が保証しているよりも，不適切に高く成功確率を期待すること」（Langer, 1975, p. 313）をいう）。そうした確率のより高い見積もりを行う場面として，ランガーは以下のような６つの実験を行った（Langer, 1975; 増田・坂上・広田，2002a）。

1. トランプのカードを引くというゲームを２人で行う。相手が自信を持ち，身なりもしっかりしているように見える場合と，おどおどしてだらしなく見える場合とで，賭ける金額を聞くと，後者の場合でより高い金額を賭けた。

2. 無料のくじではあるのだが，自分がくじを選んだ場合と，誰かが選んだくじを渡された場合とがある。もしも，一度手に入れたそのくじを，他の人に売るようなことが起こったらどうするかを見たところ，自分がくじを選んだ場合の方が，くじを売りたがらないだけでなく，売値も４倍以上高くつけた。

3. ２種類のくじがあり，第１のくじにはアルファベットが，第２のくじに

第6章　自分が引いたクジは当たっている

は難解なシンボルが書かれている。それを売るような場面やくじを選ぶチャンスがあると，第1のくじを得た人のほうが，第2のくじを得た人よりもくじを保持したがった。

4．3つの線の中から，途中で途切れていないものを選んで最後までたどりきると正解というゲームがある。練習をしてからこのゲームをするのかしないのか，自分で線をたどるのか自分以外の人がたどるのか，で比べたところ，練習をしてからゲームをし，自分で線をたどった者が，自分が正解を選ぶという自信をより高く評定した。

5．くじを渡された実験参加者は，3つの異なる時点でくじが当たるかどうかの評定をする。評定までの時間が長いほど，当たりの自信についての評定値が高かった。

6．3つの数字からなるくじで，その数字が一時に与えられた人よりも，3日に分けて与えられた人の方が，くじを保持したがった割合が高く，また，当たりの自信の評定が高かった。

　自分の技能が発揮される場面では，その技能によって生じた事態に自信を持つというのは，いわば当然である。しかし，くじが当たるか当たらないかという不確実な事態は，そうした自分の技能が役にたつ場面とは言えない。それにもかかわらず，制御幻想が示す結果は，あたかも技能が発揮されているかのように，特定の条件で高い成功確率を見積もっていたのである。ランガーは，これら研究の結果から，制御幻想が生じるのは，技能が役にたつ場面で観察されるいくつかの要素が，確率的な場面にも導入されているのではないかと考え，その要素として，競争（competition），選択機会（choice），親近性（familiarity），関与（involvement）の4つをあげた。

　競争という要素は，競争相手がいるかいないか，その相手の様子はどうであるかであり，ランガーの実験1にあたる。また，選択機会とは，自分で対象を選択する機会があるかないかであり，実験2にあたる。親近性とは，確率的な出来事を起こす対象がよく見慣れたものであるか，そのような場面に慣れているかなどを意味し，実験3，4などがその例となる。最後の関与とは，自分でその確率的な出来事に参加できるかどうかであり，実験4や一番初めに挙げた

サイコロ遊びでの「迷信」行動の例が近い。

　確かにこうした要素が含まれていればいるほど，制御幻想は強く表れると考えられるし，その後行われた様々な実験はそれを支持している。しかし制御幻想を生み出す別の要素や，制御幻想を減少させる要素，制御幻想と他の領域の研究との関係などが，現在までの多くの研究によって検討されてきた（その一部については増田・坂上・広田（2002a）を参考にされたい）。

4. 制御幻想と曖昧性についての実験から ……………………………

●実験の考え方

　最後に筆者がかかわった実験（増田・坂上・広田，2002b）を紹介しよう。この実験は，1つの仮説を出発点にしている。それは制御幻想は，曖昧性をいやがるという傾向を弱めるという仮説である。次のような2つの壺から玉を引くことを考えてみよう。

　　共に100個の玉が入っている壺から玉を取り出すとします。赤玉を取り出せば1万円獲得できます。以下の2つの壺のうち，どちらから取り出すのを好みますか。
　　壺（a）：　赤玉50個と白玉50個からなる100個の玉が入っている。
　　壺（b）：　赤白の個数はわからず合わせて100個の玉が入っている。

（広田・増田・坂上，2006, p. 243 より）

　このような場面で壺を選んでもらうと，壺（a）でも（b）でも，赤，白を引く確率はどちらも2分の1にもかかわらず，（a）を多くの人が選ぶことが分かっている。壺（a）と（b）を比べると後者の方がより曖昧となっていることから，（a）をリスク性選択肢（確率の分布が分かっている場合の不確実性をリスク性という）と呼ぶのに対して，（b）は曖昧性選択肢とよばれる。そしてこのような曖昧性選択肢がリスク性選択肢に比べて避けられる傾向を曖昧性忌避（ambiguity aversion）と呼んでいる（広田・増田・坂上，2006, p. 134）。

　私たちは，制御幻想がこの曖昧性忌避の現象をより緩和させる方向に働くと

第6章　自分が引いたクジは当たっている

考えた。なぜなら運を制御する技能を持つと信じることは，曖昧性での低い確率の見積もりを改善すると考えられるからである。もちろん，制御幻想は，リスク性での見積もりも改善する可能性がある。その効果が曖昧性での改善と同じ程度ならば，曖昧性忌避は緩和されないだろう。したがって，もし曖昧性での改善が見られれば，制御幻想は「より」不確実な現象に対して，相対的に大きく影響するという事も言えるかもしれない。

● **実験の方法**

　まず実験室で，実験の対象となる大学生（参加者）と，実験を手伝ってもらう大学生（相手）の２人を隣り合わせに着席させる。参加者は男性24名，女性24名の48名である（平均21.5歳）。２人には，この実験がある種の賭けをするということ，賭けに勝てば賞品が得られること，実験はいつでもやめることができることが説明された（実際にはやめた人はいなかった）。

　参加者は，不確実性の高い場面（曖昧性場面）で賭けをするか，低い場面（リスク性場面）で賭けをするかの選択を求められる。まずJ，Q，Kのカードを取り除いた，裏面の模様の色だけが異なっている２組のトランプセットを用意する。各組のカードは40枚ずつ，マークごとに1から10までの順に並べられていた。

　２人の目の前で実験者はうち１組を取りあげ，赤，黒のカードが20枚ずつ合計40枚あることを示した。つづいてその１組を裏返しにしてきって，そこから20枚を取り出し，つづいて10枚ずつ２つの束に分けて，参加者から見て上の方に置く（曖昧性場面）。

　次に実験者はもう１組のトランプの束から，赤黒5枚ずつからなる10枚のカードの束を２つ作成し，２人に見せた。そして，それぞれ裏返しにしてよくきってから，曖昧性場面の束の下に置いた（リスク性場面）。２人には黒のカードを引けば当たりであると伝える。こうして，上段の曖昧性場面の２つの束では，当たりが1枚もない可能性もあれば，10枚全部が当たりである可能性もあるような状況を作る一方で，下段のリスク性場面では，各束での当たりの確率は確実に2分の1となっている。

　すでに述べたように，制御幻想を生み出す要因にはいくつか考えられるが，

68

4. 制御幻想と曖昧性についての実験から

この研究では競争と選択機会を取り上げた。競争要因では次の2つの異なった条件を用意して，参加者を半数ずつそれらの条件に割り当てた。競争あり条件は，「相手と競争し，より多くの当たりを引いた方に賞品が与えられる」と告げられるが，競争なし条件では「相手が同席するが，実験は個々に行い，カードを引いて，当たりならば賞品が与えられる」と告げられる。そして全員が選択機会要因として設けられた制約条件と自由条件の両方で，それぞれ1度ずつカードを引いた。各条件は以下の通りである。

1．自由条件：競争なし条件に割り振られた参加者は，机上に2×2段で並べられたカードの束から，まず左右どちらかの列を選ぶように求められる。次に，選んだ列の上段と下段のどちらかの束からカードを1枚引く。競争あり条件の参加者は相手より先にこの選択を行い，続いて相手が残った列における上下段の2つの束から選択を行う。つまり自由条件では選択機会が与えられる。

2．制約条件：競争なし条件の参加者は，左右どちらの列から選ぶかを実験者に指定され，その列で上／下段のどちらかの束を選ぶ。競争あり条件の参加者では，相手が先に一方の列を選び，参加者は残された列で上下の選択を行う。つまり制約条件では選択機会が与えられない。

参加者の半数は制約条件を先，自由条件を後という順番で選択を行い，残りの半数は逆の順で行った。参加者が引いたカードは表を見ないで実験者に渡すよう言い，結果は実験の終了後に教えると告げた。実験者はカードの当たりはずれを確認し，記録した後，カードを元の束にもどした。1条件での選択が終わると，4つの束をよくきり，同様の場面を再びセットして，次の条件での選択を同じ参加者に求めた。こうして参加者は合計2回カードを引いた。

制御幻想と抑うつ傾向が関連するとの知見があったため，参加者はこの傾向のあるなしを見る質問紙をまず受けた後に，実験の目的と意義について説明を受け，引いたカードが当たりだったかどうかが教えられた。ただし当たりはずれの結果に関わらず，参加者に数種類のお菓子（どれも50円程度）の中から1つを選んでもらい，それをお礼として渡した。

第6章　自分が引いたクジは当たっている

　この実験では制御幻想にプラスに働く要因として競争と選択機会を操作しているので，競争あり条件に割り振られた参加者が，自由条件で示すリスク性選択肢に対する曖昧性選択肢の割合がもっとも高い（曖昧性忌避がもっとも少ない）と予測できる。逆に競争なし条件に割り振られた参加者が制約条件で示す曖昧性選択肢の割合がもっとも低い（曖昧性忌避がもっとも多い）と予測できる。

●実験の結果

　詳しい説明は，元になった論文を読んでいただくこととして，結果を簡単にまとめると次のようになる。

1．全参加者における曖昧性場面の選択率（曖昧選択率）は約45％で，リスク性場面の方がやや好まれる傾向が見られた。条件別に見ると，競争あり条件では自由選択のときの曖昧選択率が約58％，制約選択のときでは約54％であった。一方，競争なし条件では，自由選択のときの曖昧選択率が約46％，制約選択のときは約21％となり，予想通りの結果が得られた。

2．競争あり条件の参加者では，自由条件・制約条件のどちらでも曖昧性選択肢を選んだ参加者が，リスク性選択肢を選択した参加者よりも多かった。

3．競争なし条件の参加者では，曖昧性忌避の傾向が見られた。さらにその制約条件では，特に曖昧性忌避の傾向が示された。

4．統計的な分析から，競争なし条件でかつ制約のある条件だけが曖昧選択率が低いことが明らかになった。

　さて読者の方々も，同じような結果を観察することができただろうか。人を対象とするときには，その個々人の生きてきた履歴を問題にしないわけにはいかない。しかし多くの実験心理学では，それらがあたかも一種のノイズのように取り扱われていることに私たちは注意しなくてはならない。人々の行動を確実に変えうる，行動の制御変数を求めることが大切である。

┌─ 実験のヒント：実験を行う上での倫理 ─┐

　人を対象に実験をするうえで，注意が必要なことがいくつかある。その1つは，

4. 制御幻想と曖昧性についての実験から

実験の参加についての倫理的な配慮の問題である。制御幻想についての実験は，ここまで見てきたように，比較的よく見かける日常的な場面をシンプルにして，実験場面に仕立てているので，それほど倫理的な問題が発生するとは考えにくい。しかし，参加してくれた人たちの個人情報が特定されないように，個人の名前はすべて番号に置き換えたり，年齢と性別だけを伺ったりして，そのほかの個人情報をこちらが受け取らないようにするという工夫が必要である。もちろん，第三者に自分の研究結果を見せるときも，個人が特定されないように注意しなくてはならない。

　また，労力を必要としたり，疲労がたまるような実験の場合は，いくつかに実験を分けたり，本人が途中でやめたいといった時にすぐにやめられるように配慮する。参加者を危険にさらすようなことは，絶対にしてはならない。

　実験に参加してくれる人を集める際に，自分のサークルの後輩に声をかけたり，アルバイト先の目下の人に声をかけたりすることがあるが，暗黙の強制とならないように注意しなくてはいけない。本格的な実験の場合には，いつでも実験をやめることができることを保証し，不愉快なことがあった場合の連絡先を教えたうえで，実験の参加の同意書に署名してもらうのが，いまや心理学実験の常識となっている。

　ここで最後に紹介した実験のように，心理学ではよく，実験の意図を最初に説明してしまうと，実験自体が成り立たなくなるような種類の実験がある。このような場合，実験の意図を隠して説明するわけであるが，ある種の消極的な「だまし」を行っていることになる。こうした場合，実験の対象者には，必ず実験終了後すぐに，実験の本当の意図と，なぜ意図を説明できなかったかをわかりやすく説明することが求められる。

　以上述べてきた実験を行う上での倫理については，日本心理学会，日本基礎心理学会などのホームページで見ることができる。また，いくつかの書物（たとえば河原・坂上（2010））によっても学ぶことができる。

謝辞：本稿をまとめるにあたって増田真也氏（慶應義塾大学看護医療学部准教授）の協力を得た。ここに記して謝意を表したい。

参考文献

広田すみれ・増田真也・坂上貴之（編著）（2006）．心理学が描くリスクの世界──行動的意思決定入門（改訂版）．慶應義塾大学出版会．

Hock, R. R. (2002). *Forty studies that changed psychology (3$_{rd}$ ed.)*. Upper Saddle River, NJ: Pearson Education, Inc. （梶川達也監訳・花村珠美訳（2007）．心理学を変えた 40 の研究　ピアソンエデュケーション）

河原純一郎・坂上貴之（編）（2010）．心理学の実験倫理──「被験者」実験の現状と展望　勁草書房．

Langer, E. J. (1975). The illusion of control. *Journal of Personality & Social Psychology*, **32**, 311-328.

増田真也・坂上貴之・広田すみれ（2002a）．制御幻想とは何か？：実験操作と測定方法の検討　心理学評論，**45**, 125-140.

増田真也・坂上貴之・広田すみれ（2002b）．選択の機会が曖昧性忌避に与える影響：異なる種類の曖昧性での検討　心理学研究，**73**, 34-41.

Matute, H. (1994). Learned helplessness and superstitious behaviors as opposite effects of uncontrollable behavior reinforcement in humans. *Learning and Motivation*, **25**, 216-232.

Matute, H. (1995). Human reaction to uncontrollable outcomes: Further evidence for superstitions rather than helplessness. *Quarterly Journal of Experimental Psychology, Section B*, **48**, 142-157.

Skinner, B. F. (1948). Superstition in the pigeon. *Journal of Experimental Psychology*, **38**, 168-172.

Van Raalte, J. L., Brewer, B. W., Nemeroff, C. J., & Linder, D. E. (1991). Chance orientation and superstitious behavior on the putting green. *Journal of Sport Behavior*, **14**, 41-50.

Vyse, S. A. (1997). Believing in Magic: The Psychology of Superstition. New York: Oxford University Press. （藤井留美訳（1999），人はなぜ迷信を信じるのか──思いこみの心理学　朝日新聞社）

第7章　他者の目が気になりますか？

1. はじめに

　ロビンソン・クルーソーでもない限り，人間は誰しも1人で生きているわけではなく，他の人々と何らかの関係を形成して生きている。他者との関係には様々な種類があるが，他の種と比較した人間社会の顕著な特徴は，大規模な相互協力の実現である。2者の間での相互協力はチンパンジーの毛繕いなど，他の種でも見られることがある。しかし，多数の個体が関わる相互協力は，アリやハチなどの真社会性昆虫（これらは女王とワーカーが血縁関係にあることにより説明される）を除いて，類例がない。たとえば，道路や灌漑設備の建設は多くの人々の協力なしでは不可能であるし，近年のWikipediaの充実ぶりは，一度も顔を合わせることのない大勢の人々の協力行動なしでは成り立たない。このような相互協力はなぜ可能なのだろうか。

　この点を考えるに当たり，立脚すべき理論的立場は二つある。一つは伝統的な経済学で考えられている期待効用を最大化する人間像であり，もう一つは生物学における進化理論で考えられている適応度を最大化する人間像である。これらの立場は，人間社会で実現されている大規模な相互協力は不思議で魅惑的な謎であるという点で一致する。なぜなら，このような状況では多くの場合，協力するには自分がコストを負わなければならないため，他の人の協力の上に自分がただ乗りをすることが最も自己利益を大きくする行動となってしまうからである。したがって，自己利益を最大化しようとする人々は放っておけば非協力行動をとるはずであり，そのようなことを最初は考えない人々もただ乗りをした時の方が結果的に利益が大きいので次第にただ乗りするようになると考えられる。しかし，全員がそのように行動するならば，道路も灌漑設備も決してできないであろう。では，なぜそれが可能となっているのだろうか。それを

第7章　他者の目が気になりますか？

可能とするメカニズムは何なのだろうか。

2. サンクション

　これは，「協力問題」，「利他行動問題」，あるいは「秩序問題」として社会科学の様々な領域や生物学で問題とされてきたことである。これまでの研究によりこの問題を解決可能な様々なメカニズムが提唱されてきたが，本章ではその中の一つである「サンクション」を取り上げる。サンクションとは，簡単に言うと「アメとムチ」であり，協力者に報酬を与えることと非協力者に罰を与えることを指す。このようなサンクションが存在すれば，他者に協力することが自己利益に適うようになるため，どんな人でも自然に協力するようになるはずである。このようなサンクションがいかにして成立・維持されうるのかを巡っては，いまだに理論的な統一見解が得られていないが，人々が自発的にサンクションを行使することを示す実験結果は数多くある（e.g., Fehr & Gächter, 2002; Kiyonari & Barclay, 2008; Rand, Dreber, Ellingsen, Fudenberg, & Nowak, 2009; Yamagishi, 1986）。

　現実社会にしばしば見られるサンクションは，非協力者に極めて大きな損害をもたらす。伝統的な村社会で見られる村八分などはその典型例であり，一つ一つは積極的に相手にダメージを与えるような罰ではないが，単に助けないということを村人全員が行うことで，対象者が生きていくのは非常に困難になるだろう。このようにサンクションが非協力者に大きな不利益をもたらすものであれば，人々は自分の行動が他者に知られてしまうかどうかを示す手掛かりに敏感に反応すると考えられる。自分の行動が他者に知られてしまう場面ではサンクションの対象となるので協力すべきであるが，知られない場合はサンクションの対象とはならないため協力しない方が自己利益を最大化できるからである。この判断を誤り，実際には露見するのに露見しないと思って非協力行動をとると，それにより評判が悪くなり，他者から罰を受けたり，その後の社会活動から排除されたりする可能性がある。したがって，そのような事態に陥ることを避けるため，他者の目に「過敏」に反応するという心の仕組みを人間は備えていると考えられる。このことのデモンストレーションとして，以下では二

3. 目の効果

つの実験を紹介する。

3. 目の効果 ···

　一つ目に紹介する実験は，実験室におけるゲーム実験において他者に見られていることを示す手掛かりに敏感に反応するという Haley & Fessler（2005）である。実験参加者は 248 人（19-36 歳，平均年齢は 22.32 歳，48.2％が女性）の UCLA の学生である。各参加者は参加するだけで 5 ドルの報酬を受け取り，実験での行動によりさらに追加で報酬を得ることになっていた。

　各セッションでは，約 20 人の参加者がコンピュータルームの机にランダムに坐った。各机の間にはパーティションがあり，他の参加者から自分の決定が見えないようになっていた。全ての決定は各机の PC を通じて行われ，他の実験参加者に対しても実験者に対しても，完全な匿名性が保証されていた。実験中は参加者間での対面相互作用はなかった。この実験では独裁者ゲーム（通常は相手に対してどの程度利他的に振る舞うかを測定するために用いられる）が用いられ，各参加者はランダムにもう 1 人の参加者とペアになり，第 1 プレイヤーか第 2 プレイヤーかに割り振られた。独裁者ゲームは一回限りであった。第 1 プレイヤーは元手として 10 ドルを受け取り，10 ドルの中からいくらを第 2 プレイヤーに渡し，いくらを自分でキープするかを決定した。独裁者ゲーム終了後，参加者は質問紙に回答し，実験室から退席し，匿名性が保証された状況で実験で獲得した金額を受け取った。

　実験で操作された要因は二つある。一つは他者の音で，耳栓をするかどうかで操作した。もう一つは目で，目あり条件では PC のデスクトップの壁紙として目の図案が表示されていたが，目なし条件では実験室のロゴであった（図7-1）。これで条件は 4 つになるが，5 つめの条件として目の図案が歪んでいて顔に見えないものが表示されている条件を設けた（耳栓はなかった）。

　全体的な結果は以下の通りであった。第 1 プレイヤーが第 2 プレイヤーに渡した金額の平均は 2.85 ドル，つまり元手の 28.5％であった。第 2 プレイヤーに全く何も渡さないわけではなく，何がしかの金額を渡した第 1 プレイヤーは69.4％であった。次に条件差を検討する。目あり条件の 3 つ（耳栓なし条件，耳

第7章　他者の目が気になりますか？

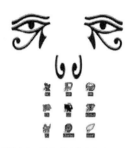

図7-1：PCのデスクトップに表示された目の図案（左）と実験室のロゴ（右）

栓あり条件，歪んだ目条件）と目なし条件の2つ（耳栓なし条件と耳栓あり条件）をまとめて平均値を算出したところ，目あり条件で第2プレイヤーへ渡した平均額は3.14ドル（31.4％）であり，2.38ドル（23.8％）であった目なし条件よりも多かった。また，通常の独裁者ゲーム実験と同様の耳栓なし目なし条件（統制条件）と耳栓なし目あり条件とを比較すると，前者が2.45ドル（24.5％）だったのに対し，後者は3.79ドル（37.9％）であり，やはり目の効果は大きいことが分かった。次に，金額ではなく第2プレイヤーにお金を渡した人数を見てみると，目あり3条件の79.2％の参加者が何かしらのお金を第2プレイヤーに渡したのに対し，目なし2条件では同様のことをしたのは53.2％に過ぎなかった。また，耳栓なし目なし条件（統制条件）では第2プレイヤーにお金を渡したのは52％の参加者だったのに対し，耳栓なし目あり条件では87.5％もの参加者が何らかのお金を第2プレイヤーに渡した。

　これらの結果は，他者の目の存在を連想させる刺激は，たとえそれが本当に見られていることを意味しておらず，そのことが明らかな場合であってさえ，行動に大きな影響を持つことを示している。他者の音は効果を持たなかったが，PCのデスクトップ画面に目の図案が表示されている場合，独裁者ゲームの第1プレイヤーは相手により多くの資源を分配したのである。ここでのポイントは，他者に実際に見られているかどうかではなく，単なる図案の有無にさえ影響されるという点，そして参加者は自分の行動がデスクトップ画面に影響されていたということに，自分自身では気づいていない点である。これまで，人々が協力行動を行うのは，それを見ていた他者から良い評判を獲得することによ

って後で自分が協力してもらえるためになされるのだ，と説明されてきた（e.g., Milinski, Semmann, & Krambeck, 2002）。この説明に従うと，その時の行動によって将来における他者からの扱いが左右される場合に協力行動が促されるはずである。当然ながら，デスクトップ上に目が描かれていることは，将来の他者からの扱いが変わることを意味するものではない。にもかかわらず，協力行動が促進されたというこの実験結果は，評判の効果は明示的な操作ならずとも，意識に上らないレベルで生じることを示しており，人間社会で相互協力が維持されるメカニズムとして評判およびそれから派生するサンクションの重要性を示すものである。

4. 壁に目あり ⋯⋯⋯⋯⋯⋯⋯⋯⋯⋯⋯⋯⋯⋯⋯⋯⋯⋯⋯⋯⋯⋯⋯⋯

　このように，Haley & Fessler（2005）は自分の行動が観察されていることを連想させる刺激があるだけで，評判悪化とそれに伴う罰を避けるために協力行動が増加することを示したが，この結果は実験室という非日常場面での行動であり，参加者は元手を実験者から受け取っており，かつ実験参加者は当然ながら実験に参加していることを知っていた。したがって，この結果は一般化可能性という点では一定の留保がつく。では，日常生活の中に存在する実際の場面においても，やはり他者の目は同様の効果を示すのだろうか。このことを検討したのがBateson, Nettle, & Roberts（2006）である。彼らは，壁のポスターの内容を操作することで「代金はご自由にお入れ下さい」と表示された箱に入れられるお金の額が異なるかどうかを検討した。

　参加者はニューカッスル大学の心理学部門の48人（25人が女性）である（が，参加者は自分ではそのことを知らず，実験に参加しているとは思っていなかった）。数年前から心理学部門のある一室にはお茶を飲む部屋があり，紅茶のティーバッグやコーヒーメーカー，冷蔵庫（牛乳などが入っている）などが置いてあった。しかし，売店ではないので飲み物を売って料金を徴収する役割の人はおらず，「飲み物の代金はご自由にお入れ下さい」と書いた箱が置かれているだけであった。飲み物を飲む人がそこに自分でお金を入れるようになっていたので，1人でその部屋にいる時は，お金を箱に入れなくても絶対に露見しない状況であ

第 7 章　他者の目が気になりますか？

 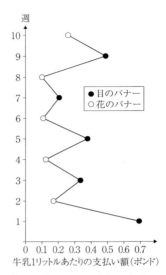

図 7-2：各週で用いられたバナー　　図 7-3：各週に集められた金額／牛乳 1 リットル

った。飲み物の代金（紅茶は 30 ペンス，コーヒーは 50 ペンス，牛乳は 10 ペンス）は印刷されて壁に貼られており，著者たちはその料金表示の上部に印刷されているバナーを操作した。バナーは目のものと花のものがあり，毎週異なるものが貼られた（図 7-2）。

　この実験は 10 週にわたって行われた。各週で箱の中に入っていた金額と牛乳の消費量を記録し，牛乳 1 リットルあたりに支払われた金額（ポンド）を計算した結果が図 7-3 に示されている。この結果は明らかに，目のバナーの週の方が花のバナーの週よりも箱に入れられた金額が多かったことを示している。平均して目のバナーの週には 1 リットルあたり 0.417 ポンド，花のバナーの週は 0.151 ポンドが箱に入っており，この差は統計的に有意であった。

　この結果は，人々が自然に行動し，実験に参加していると主観的には思っていない場合でさえ，目は協力行動を引き出したことを示している。ここでのポイントはやはり，人々は自分の行動が観察されているということを主観的には意識していなかった点である。そもそも，この実験においては誰も行動を観察しておらず，箱に飲み物の料金を入れなくてもそれが露見することはなかった

し，それを人々は意識の上ではよく理解していた。それにもかかわらず，壁の
バナーがこれほどまでに行動を変化させたのは，人々が他者により観察されて
いることを示す手掛かりによほど敏感に反応するような心のメカニズムを備え
ていたからであると考えられる。このメカニズムは自動的に発動し，自分自身
も気づかないうちに人々の行動に大きな影響を与えるのである。

5. 目の効果の意味 ……………………………………………………………………

　以上，紹介した二つの実験の結果は以下のような意味を持つ。これまで，匿
名性のある一回限りのゲームで自己利益を犠牲にしたり他者利益を増加させた
りする行動が見られるのは，人間が自己利益を追求しない利他的な心を持って
いるためであり，そのような心は集団選択により進化したという主張が一部で
なされてきた（Gintis, Bowles, Boyd, & Fehr, 2003）。しかし，そのような説明を
持ち出す必要性はない。本人が意識していなくとも，人間は他人の目を気にし
て行動してしまうのであり，実験室における一回限りであることや匿名性があ
ることなどの明示的な教示は，参加者自身も意識していない様々な手掛かりに
より簡単に上書きされてしまうのである。したがって，これらの結果は人間社
会における相互協力は評判，およびそれから派生するサンクションにより維持
されていることを強く示唆するものである。
　これら2つの研究の後，さらに後続の研究が行われ，目の効果が存在するこ
とはほぼ確実となった。ただし，目の効果は2者間の関係を扱う実験では生じ
ないと考えられる（Ernest-Jones, Nettle, & Bateson, 2011）。それは，2者間の関
係においては，自分の相手は当然自分の過去の行動について知っているためそ
れに応じた反応を示すはずであり，このことは相手が自分に対してサンクショ
ンを行使しうることに事実上等しいからである。したがって，2者関係におい
ては目の有無にかかわらず，サンクションの存在は確実視される。それに対し，
3人以上の間の関係においては，直接の相互作用相手以外の第三者が存在する
など，自分の行動について知らない人が存在する可能性があり，サンクション
も受けるかどうか分からない。だからこそ，それらの人々の目を気にすること
に意味があるのである。

第7章　他者の目が気になりますか？

　最後に，これらの研究で見られる目の効果の本質を巡る最新の研究成果を紹介して本章を終えることにする。当初，目は人間の利他心を高める効果があると考えられてきた。しかし，そうではない可能性もある。Nettle, Harper, Kidson, Stone, Penton-Woak, & Bateson（2013）は実験室実験と先行研究を通じたメタ分析を行い，自分の資源を他者にどれだけ提供したかを表す平均提供額には目の効果は表れないこと，そのかわり提供するかどうか（たとえば最低1円でも提供するか，それとも全く提供しないか）に関しては目の効果が表れることを示した。このことは，目の効果の本質が，人々をより利他的にするということではなく，極端な行動をとらせないようにするということにあることを示唆している。他者により自分の行動が観察されている時は，一切提供せずに悪い評判をつけられるのも自己利益に反するし，多額の提供を行うのもバカなカモだと見なされるので自己利益に反する。このような場合に最も適応的な行動は，少しだけ提供することである。なぜなら，提供しているので評判は悪化しないが，提供しすぎでもないので自己利益も守ることができるからである。ただし，彼らの解釈には合致しない研究も複数あるため，目が人々の利他心を高めるのか，それとも規範（集団内での一般的な行動パターン）からの逸脱を抑制するのかについては，今後さらなる検討が必要であろう。

参考文献

Bateson, N., Nettle, D., & Roberts, G. (2006). Cues of being watched enhance cooperation in a real-world setting. *Biology Letters*, **2**, 412-414.

Ernest-Jones, M., Nettle, D., & Bateson, M. (2011). Effects of eye images on everyday cooperative behavior: A field experiment. *Evolution and Human Behavior*, **32**, 172-178.

Fehr, E., & Gächter, S. (2002). *Altruistic punishment in humans. Nature*, **415**, 137-140.

Gintis, H., Bowles, S., Boyd, R., & Fehr, E. (2003). Explaining altruistic behavior in humans. *Evolution and Human Behavior*, **24**, 153-172.

Haley, K.J., & Fessler, D.M.T. (2005). Nobody's watching? Subtle cues affect generosity in an anonymous economic game. *Evolution and Human Behavior*, **26**, 245-256.

Kiyonari, T., & Barclay, P. (2008). Cooperation in social dilemmas: Free riding may be thwarted by second-order reward rather than by punishment. *Journal of Personality and Social Psychology*, **95**, 826-842.

Milinski, M., Semmann, D., & Krambeck, H. J. (2002). Reputation helps solve the 'tragedy of the commons'. *Nature*, **415** (**6870**), 424-426.

Nettle, D., Harper, Z., Kidson, A., Stone, R., Penton-Woak, I.S., & Bateson, M. (2013). The watching eyes effect in the Dictator Game: It's not how much you give, it's being seen to give something. *Evolution and Human Behavior*, **34**, 35-40.

Rand, D. G., Dreber, A., Ellingsen, T., Fudenberg, D., & Nowak, M. (2009). *Positive interactions promote public cooperation. Science*, **325**, 1272-1275.

Yamagishi, T. (1986) The provision of a sanctioning system as a public good. *Journal of Personality and Social Psychology*, **51**, 110-116.

| 第 8 章 | 遅延割引と確率割引 |

1. はじめに

　生物である限りヒトは報酬と深くかかわっている。報酬とその価値に敏感なことを戒める宗教や倫理の教えは数多くあるが，報酬にある程度敏感でなければ自然界の生存競争に勝ち残ることは難しかったであろう。心理学や経済学では，そういった報酬の価値がヒトの内部で何らかの形で計算され，その大小に基づいて行動が起こるという視点から，選択行動や意思決定のメカニズムが調べられてきた。

　この価値の計算において注目されている要因に遅延と確率がある。たとえばすぐに得られる 100 万円と 1 年後に得られる 100 万円の選択，あるいは確実に得られる 100 万円と 50% の確率で得られる 100 万円の選択を迫られたとしよう。宗教，倫理，見栄，満足感といった理由がないならば，いったい誰が後者の，1 年間という遅延を伴う，あるいは 50% の確率でしか得られない 100 万円を選ぶだろうか。選択行動や意思決定研究では，これは 100 万円という報酬の価値が遅延や確率によって「割り引かれた」からだと考える。

　では遅延と確率による価値の割引は具体的にはどのようなものだろうか。まず遅延で考えてみよう。前述のように 100 万円が得られ，その価値は 30 年の遅延によりほとんどなくなってしまうとする。この場合，中間の 15 年時点での価値割引は，30 年の遅延による価値割引の単純な 2 分の 1 だろうか（仮説 1）。それとも 15 年ぐらいまで価値は維持されるが，それ以上の遅延により急激な割引が起こるだろうか（仮説 2）。あるいは 1，2 年の遅延でもその価値は大きく割り引かれ，15 年以上の年数の影響はほとんどなくなっているだろうか（仮説 3）。

　この 3 つの仮説は具体的には図 8-1 のように示される。図 8-1 の横軸は 100

83

第 8 章　遅延割引と確率割引

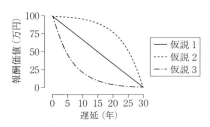

図 8-1：遅延による価値割引の 3 つの仮説

万円獲得の遅延年数を，そして縦軸はそれと等価となる即時報酬の値を示している。仮説 1 に対応するのは右下がりの直線で，15 年の遅延を伴う 100 万円の価値は，その 2 分の 1 の 50 万円を即時に得られることと等価となっている。仮説 2 に対応するのは右上に凸の曲線で，15 年遅延の時点での価値はなお即時の 90 万円程度に維持されているが，それ以後は急激に割り引かれている。仮説 3 に対応するのは左下に凸の曲線で，15 年の遅延によりその価値は 10 万円程度まで大きく割り引かれ，それ以上の遅延による価値割引がほとんどなくなっている。

　このうちのどの仮説が正解だろうか。いずれもそれなりにありえそうで，考えているだけでは分からないだろう。そこで心理学者や経済学者は，実験によってこれを確かめようとしてきた。ここではヒトを対象とした初期の研究であるラックリンら（Rachlin, Raineri, & Cross, 1991）の実験を紹介する。

2. 遅延割引

　実験の対象者は 40 名の大学生であった。試行ごとに 2 枚のカードが呈示され，それぞれすぐにもらえる報酬金額（即時報酬）と遅延後にもらえる報酬金額（遅延報酬）が書かれていた。対象者は，仮にそれらの報酬が本当に得られるとして，どちらが好ましいかを選択した。表 8-1 は実験条件と結果の例を示したものである。まず各列に示された遅延報酬の遅延時間が設定され，その後，各行に示された即時報酬の金額が上からもしくは下から順に操作された。たとえば第 1 列では，まず遅延時間が 1 カ月と設定され，上から順に，まずはすぐ

2. 遅延割引

表8-1：ラックリンら（Rachlin et al., 1991）の遅延割引の実験手続きと仮想的なデータ　IとDはそれぞれ即時報酬と遅延報酬が選択された場合を意味している。選択が変化した前後の試行を灰色で示している。

即時報酬の金額（ドル）	遅延報酬（1000ドル）の遅延時間（月）						
	1	6	12	60	120	300	600
1000	I	I	I	I	I	I	I
990	I	I	I	I	I	I	I
980	I	I	I	I	I	I	I
960	I	I	I	I	I	I	I
940	D	D	I	I	I	I	I
920	D	D	I	I	I	I	I
900	D	I	I	I	I	I	I
850	D	D	I	I	I	I	I
800	D	D	I	I	I	I	I
750	D	D	D	I	I	I	I
700	D	D	D	I	I	I	I
650	D	D	D	D	I	I	I
600	D	D	D	D	I	I	I
550	D	D	D	D	I	I	I
500	D	D	D	D	I	I	I
450	D	D	D	D	I	I	I
400	D	D	D	D	I	I	I
350	D	D	D	D	D	I	I
300	D	D	D	D	D	I	I
250	D	D	D	D	D	I	I
200	D	D	D	D	D	D	I
150	D	D	D	D	D	D	D
100	D	D	D	D	D	D	D
80	D	D	D	D	D	D	D
60	D	D	D	D	D	D	D
40	D	D	D	D	D	D	D
20	D	D	D	D	D	D	D
10	D	D	D	D	D	D	D
5	D	D	D	D	D	D	D
1	D	D	D	D	D	D	D

第8章　遅延割引と確率割引

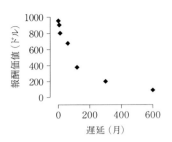

図8-2：ラックリンら（Rachlin et al., 1991）の遅延割引の実験結果

に得られる1000ドルと1カ月後に得られる1000ドルの選択が求められた。これは当然ながら前者が選択される（Iと表記）。その後即時報酬の金額が段階的に減少していき，表8-1の例ではそれが940ドルになった時点で選択が逆転している（Dと表記）。この選択が変化したポイントの前後の報酬金額の平均，つまり即時の950ドルが，1カ月の遅延をもつ1000ドルと等価ということになる。このような質問が，遅延時間を1カ月から600カ月（50年）の間で操作し繰り返されることで，図8-1のように横軸を遅延時間，縦軸を等価な即時報酬価値としたプロットが得られる。

図8-2はラックリンらの実験結果を示したものである。遅延による価値割引は図8-1の仮説3が支持され，報酬価値は少しの遅延によって急激に割引かれるが，遅延が長くなるほどそれ以上の遅延の影響は少なくなることが明らかとなった。

　実験のヒント：データを得るためのテクニック

　遅延割引の実験を行う際に注意が必要なのは，呈示する報酬金額や遅延時間の操作順序である。ラックリンらの実験では，即時報酬が確実に選択されるところから始める条件と，逆に確実に遅延報酬が選択されるところから始める条件の両方が実施され，その影響が相殺されている。実際に遅延を長くしていった場合と短くしていった場合とで，異なる割引関数が得られてしまうことが報告されている（Robles, Vargas, & Bejarano, 2009）。心理学の実験では，素人目にはどうでも良さそうなところにも注意が払われ，そしてそこを変えると異なる結果がでてしまうことが多々ある。実験に馴染みの無い者が追試をしてみようという場合には，まず手続きをそっくり再現してコツを掴むのが良いだろう。なおラックリン

らが用いたもの以外の手続きもいくつか考案されており、それらについては佐伯・高橋（2009）や佐伯（2011）に詳しくまとめられている。

3. 確率割引

では確率はどのような割引をもたらすだろうか。ラックリンらは表8-1の枠組みにおいて、「即時報酬」を「確実報酬」へ、そして「遅延報酬の遅延時間」を「確率報酬の確率値」へと変えた実験も行っている。ここでの実験対象者の役割は、確率的にしか得られない1000ドルの選択肢と、確実に得られるが大抵は1000ドルより少ない選択肢の間で、そのどちらが好ましいかを選ぶというものであった。詳細は前述の遅延割引の実験と同じであり、確率的な1000ドルのその確率値が設定されたうえで（具体的な確率値は95・90・70・50・30・10・5％であった）、この選択肢と等しい価値をもつ確実な報酬はいくらになるのかが、1000ドルから1ドルの範囲で徐々に下降もしくは上昇させて調べられた。

図8-3左パネルはその結果を示したものである。ヒトの価値割引が報酬金額×確率で計算される期待値に従うならば、データ点は実線と重なるはずである。しかし実際にはそれ以上の割引が起こり、ヒトは確率的な報酬をその期待値以

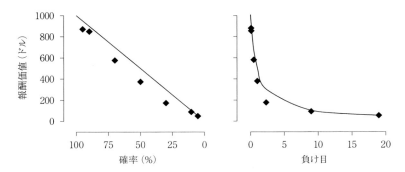

図8-3：ラックリンら（Rachlin et al., 1991）の確率割引の実験結果　左パネルの横軸は報酬の確率で、右下がりの直線は報酬価値×確率で計算される期待値を示している。右パネルは、左パネルと同じデータを、横軸を負け目に変換したものである。

第 8 章　遅延割引と確率割引

上に嫌悪する傾向があることを示している。

4. 遅延割引と確率割引は等価か ……………………………………………

　ラックリンらは，選択機会が繰り返し訪れるような場面では，確率と遅延は
同義ではないかと考えた。たとえば確率 10% で報酬が得られるとして，その選
択機会が毎年 10 回存在するならば，平均すれば 1 年に 1 回の報酬となり，それ
は 1 年の遅延を伴うということと同義ではないかというアイデアである。ラッ
クリンらはこの考えに基づき，図 8-3 左パネルの横軸を $(1-p)/p$（p は報酬の
確率）に変換し，図 8-3 右パネルの結果を得た。この横軸は負け目（odds
against）とよばれるもので，確率 p で勝ちならば 1 回勝つまでに必要な平均
選択回数は $1/p$ であり（たとえば確率 0.2 ならば 5 回の選択），ここから勝ちで
あった選択分の 1 回を引いた $(1/p)-1 = (1-p)/p$ により，1 回の勝ちを引く
までに平均して何回の選択（負け）が必要かを示したものである。この変換に
より，図 8-3 右パネルの横軸は，図 8-2 と同様に報酬を得るまでに必要な遅延
時間を示すことになる。そして図 8-3 右パネルの結果は，図 8-2 とその形状が
類似している。すなわち負け目が 2 回ないし 3 回までは報酬価値は急激に割り
引かれるが，それ以上ではほとんど割引が起こらない。ラックリンらはこの類
似性から，遅延割引と確率割引の根底には共通の割引メカニズムが存在すると
いう主張を展開した（この主張の詳しい理論的背景については Rachlin, Logue,
Gibbon & Frankel（1986）や佐伯（2011）を参照）。

　この主張は正しいのだろうか。2 つの現象が類似しているからといって，安
易にそれらを同一視するのは危険である。本当に同じものなのかを調べる 1 つ
の方法は，割引曲線の形状に変化をもたらす何らかの変数を見つけだし，それ
が遅延割引と確率割引とで同じように働くかどうかを見てみることである。報
酬量はそういった変数の 1 つである。いくつもの研究により，報酬量が大きく
なるほど，より長い遅延を待てるようになることが明らかとなっている。これ
は図 8-2 の遅延割引関数が上側にずれるということである。一方で確率割引で
は，得られる報酬量が大きくなると低い確率をより嫌悪することが報告されて
いる。これは図 8-3 右パネルの確率割引関数が下側にずれることを意味してい

る。このように報酬量による効果は，遅延割引と確率割引とで逆方向に作用する。グリーンとマイヤーソン（Green & Myerson, 2004）は報酬量効果を調べた諸研究を整理し，遅延割引と確率割引は異なるものであると結論している。

5. 仮想的な報酬で問題は無いのか ……………………………………………

　ラックリンらの実験では「報酬が仮に得られるとして」という問い方がされており，実験中に呈示された金銭が実際に支払われている訳ではない。これは実際上の制約のためである。仮に本当に報酬を与えるとすると，ラックリンらの実験では一回の選択で最大 1000 ドルという金額が必要となるが，もちろんそのような実験を行うのは大変に難しい。

　幾人かの読者は，仮想的な報酬を用いて得られた結果が，我々の日常場面での選択を本当に反映できているのかどうかに疑問をもったかも知れない。現在までのところ，報酬が仮想的な場合とそうでない場合とで割引曲線の形状は変わらないものの（図 8-2 や図 8-3 右パネルのようになる），その傾きに違いがでる可能性が示されている。たとえばジョンソンとビッケル（Johnson & Bickel, 2002）は，遅延割引の実験において，実験中に被験者が選んだ選択肢の中からランダムにピックアップされた 1 つの結果が，実験終了後に実際に与えられる場合とそうでない場合とを比較した。その結果，少なくも報酬金額が 10 ドルから 250 ドルの範囲では，両者の結果に差が無いことが示された。しかし実光・大河内（2007）は確率割引の実験において，報酬金額を選択の直後に与えるようにしたところ，割引曲線の傾きが緩やかになったことを報告している。どのような条件が揃えば仮想報酬と実際の報酬とで同じ結果が得られるようになるのか，それ自体も検討すべき問題の 1 つなのである。

> **実験のヒント：動物実験の意義**
>
> 　実験心理学は科学的な方法論に基づいて研究を進める。そしてそのためにまず必要なのは，誰がやっても何回やっても同じ結果が得られるような測定方法を用いることである。しかし自分で実際に実験を行ってみると，この段階からすでに難しいことが分かると思う。たとえば心理学の実験は実験対象者にとって退屈な

第 8 章　遅延割引と確率割引

作業となることが多いため，疲労の影響から実験の最初と最後で反応が一貫しなくなる場合がある。実験者が知り合いや魅力的な異性である場合，見栄を張って本来とは異なる回答をするかも知れない。遅延や確率への感度には，個人の収入状況や年齢が影響することも分かっている（Green, Myerson, Lichtman, Rosen, & Fry, 1996）。実験心理学は，このような複雑な状況の中でもできるだけ正確な測定値が得られるような方法を考案してきた。

　動物（ラットやハト）を用いた実験が重視される理由の1つがここにある。動物は実験者の気持ちを忖度して行動するなどということはしない。またある程度の絶食状態に置いたうえで食物を報酬とするからには，そうした報酬と結びつくような行動が期待できる。個体差は確かにあるが，遺伝や生育歴，絶食時間等が比較的統一されているため，ヒトと比べると個体差ははるかに小さい。動物実験はここで紹介したような基本的な問いに答えるための絶好の材料なのである。歴史的に見れば，ここで紹介したラックリンらの実験（Rachlin et al., 1991）は，動物で行われたもの（たとえば Rachlin & Green, 1972）をヒトで追試した形となっている。ヒトで実験を行うにあたり，類似の動物実験がすでに存在するならばその方法や結果にも十分な注意を払って欲しい。

6. 価値割引研究の歴史と今日的意義

　価値割引研究の歴史と今日的意義をここで簡単に紹介しておこう。まず遅延割引について，経済学ではすでに 20 世紀前半にフィッシャーやサミュエルソンによって理論的研究が行われ，指数関数型の割引曲線が提案された。しかし20 世紀後半に入ると，ヒトの実際の遅延割引は指数関数には従わない可能性が指摘され始めた（依田，2010）。一方心理学では，1960 年代より行動分析学とよばれる領域において，ヒトを含む動物の選択行動の実験的研究が開始された。そして 1970 年代に入り，報酬量と報酬遅延の両方が異なる選択場面の研究から，双曲線関数型の割引曲線が提案された（伊藤，2009; Rachlin & Green, 1972）。指数関数と双曲線関数はともに図 8-1 の仮説 3 のような左下に凸の関数となるが，双曲線関数では遅延が短いところでの価値割引がより大きく，これより報酬の即時性が特別な意味を有することになる。たとえば，1 年後の小報酬と 5 年後の大報酬では後者が選好されたとしても，そこから 1 年が経過し

90

6. 価値割引研究の歴史と今日的意義

即時の小報酬と4年後の大報酬となった場合には，選好は前者に逆転するかもしれない。こうした選好逆転を指数関数は予測できないが双曲線関数は予測できる。このような流れを経て1970年代中盤以降，経済学と心理学の両分野は互いに影響を及ぼしあいつつ，遅延割引曲線を適切に表現する関数型の検討や，割引の大きさを左右する要因（たとえば前述した報酬量）の探究が行われてきた（Ainslie, 1975; 佐伯, 2001, 2011）。

　確率割引については，1940年代にフォン・ノイマンとモルゲンシュテルンによって，確率を含む場面での意思決定を扱う期待効用理論が創始された。この期待効用理論では，たとえば50％の確率はそのまま50％として扱われる。しかし1950年代以降，ヒトの実際の行動がこの期待効用理論に合致しない（期待効用理論の公理を侵犯する）例が報告され始めた（たとえばアレの反例）。このような中でカーネマンとトゥベルスキー（たとえばKahneman & Tversky, 1979）は，ヒトは低い確率と高い確率をそれぞれ過大・過小評価するという主張を含んだプロスペクト理論により，そういった反例の説明に成功した（期待効用理論の経済学的な意味合いについては依田（2010），期待効用理論からプロスペクト理論までの詳しい流れについては広田・増田・坂上（2006）や竹村（2009）を参照）。確率に関する研究はその後，ラックリンら（Rachlin et al., 1986; Rachlin et al., 1991）による確率と遅延の変換可能性の主張などを経て，遅延割引とある程度共通した枠組みからも研究されるようになっていった。

　そして21世紀に入ると，価値割引の研究は神経科学や薬理学の分野でも盛んに行われるようになり，その研究数は飛躍的な増大を見せている（Madden & Johnson, 2010）。これにはfMRIといった脳機能測定装置の普及に加え，ドーパミンニューロンの活動が価値の学習と深く関わっていること（Schultz, Dayan, & Montague, 1997），心理学や神経科学での重要領域である視覚研究において，視覚対象のもつ価値という観点が示されたこと（Platt & Glimcher, 1999），そして価値割引の個人差が薬物依存といった問題と密接に関連すること（たとえばMadden, Petry, Badger, & Bickel, 1997）などの報告が20世紀最後の10年に集中したことが大きい。最近ではこれらの研究全体を総称して神経経済学（neuro-economics）という用語も用いられている。そしてそういった研究の中から，たとえばなぜ遅延割引曲線が双曲線関数型になるのかという疑問に対し，即時報

第 8 章　遅延割引と確率割引

酬の場合のみ活性化する脳部位の存在に基づき，報酬が即時的な場合には付加
的な価値の上乗せがあるからだという新たな仮説も提案されている（McClure,
Laibson, Loewenstein, & Cohen, 2004; 他のモデルは Redish & Kurth-Nelson（2010）
に詳しくまとめられている）。そして同様の仮説は確率割引にも適用できるかも
しれない。すなわち，図 8-3 右において負け目が 2 回ないし 3 回の場合に観察
される期待値以上の大きな割引について，これにはその範囲の負け目（確率値）
に特異的に関与する神経基盤の存在があるのかもしれない。このように遅延割
引と確率割引の研究は，価値に基づく意思決定のメカニズムとその神経基盤の
解明という，科学の最先端領域の一つを構成しているのである。

7.　おわりに

　本章では遅延と確率の割引に注目したが，ここで紹介した実験枠組みを用い
れば，他の割引要因も同じように調べることができる。これまで，動物におい
て報酬を得るために必要な労力による割引（Salamone, Cousins, & Bucher, 1994）
や，ヒトにおいて報酬を他人と共有する場合のその人との社会的距離による社
会割引（Jones & Rachlin, 2006）などが調べられている。そしてこれを少し発展
させれば，たとえば共有の相手が動物であった場合にも同じ結果が得られるの
か（あなたはイヌとヘビとで飼育代にかけても良いと思える金額が異なるだろうか）
など，価値が割り引かれるような要因は他にもいくらでも思いつく。読者はぜ
ひ，そういった要因を思いついたならば，それは本当に割引要因となるのか，
そしてどのような割引曲線を描くのか調べてみて欲しい。

参考文献

Ainslie, G.W. (1975). Specious reward: A behavioral theory of impulsiveness and impulse control. *Psychological Bulletin*, **82**, 463-496.

Green, L., & Myerson, J. (2004). A discounting framework for choice with delayed and probabilistic rewards. *Psychological Bulletin*, **130**, 769-792.

Green, L., Myerson, J., Lichtman, D., Rosen, S., & Fry, A. (1996). Temporal discounting in choice between delayed rewards: The role of age and income. *Psychology and Aging*,

11, 79-84.

実光由里子・大河内浩人（2007）．確率による報酬の価値割引──現実場面と仮想場面の比較
　　──心理学研究，**78**, 269-276.

広田すみれ・増田真也・坂上貴之（編）（2006）．心理学が描くリスクの世界──行動的意思
　　決定入門（改訂版）慶應義塾大学出版会．

依田高典（2010）．行動経済学　中央公論社．

伊藤正人（2009）．マッチング関数を使う　坂上貴之（編）朝倉実践心理学講座1　意思決定
　　と経済の心理学　朝倉書店　pp. 9-29.

Johnson, M. W., & Bickel, W. K. (2002). Within-subject comparison of real and hypothetical
　　money rewards in delay discounting. *Journal of the Experimental Analysis of Behavior*,
　　77, 129-146.

Jones, B., & Rachlin, H. (2006) . Social discounting. *Psychological Science*, **17**, 283-286.

Kahneman, D., & Tversky, A. (1979). Prospect theory: An analysis of decision under risk.
　　Econometrica, **47**, 263-292.

Madden, G. J., & Bickel, W. K. (2010). Introduction. In G. J. Madden & W. K. Bickel (Eds.),
　　Impulsivity: The behavioral and neurological science of discounting. Washington, DC:
　　American Psychological Association. pp. 3-8.

Madden, G. J., Petry, N. M., Badger, G. J., & Bickel, W. K. (1997). Impulsive and self-control
　　choices in opioid-dependent patients and non-drug-using control participants: Drug and
　　monetary rewards. *Experimental and Clinical Psychologypharmacology*, **5**, 256-262.

McClure, S. M., Laibson, D. I., Loewenstein, G., & Cohen, J. D. (2004). Separate neural
　　systems value immediate and delayed monetary rewards. *Science*, **306**, 503-507.

Platt, M. L., & Glimcher, P. W. (1999). Neural correlates of decision variables in parietal
　　cortex. *Nature*, **400**, 233-238.

Rachlin, H., & Green, L. (1972). Commitment, choice and self-control. *Journal of the
　　Experimental Analysis of Behavior*, **17**, 15-22.

Rachlin, H., Logue, A. W., Gibbon, J., & Frankel, M. (1986). Cognition and behavior in
　　studies of choice. *Psychological Review*, **93**, 33-55.

Rachlin, H., Raineri, A., & Cross, D. (1991). Subjective probability and delay. *Journal of the
　　Experimental Analysis of Behavior*, **55**, 233-244.

Redish, A. D., & Kurth-Nelson, Z. (2010). Nneural models of delay discounting. In G. J.
　　Madden & W. K. Bickel (Eds.), *Impulsivity: The behavioral and neurological science of
　　discounting*. Washington, DC: American Psychological Association. pp. 123-158.

佐伯大輔（2001）．遅延報酬の価値割引と時間選好　行動分析学研究，**16**, 154-169.

佐伯大輔（2011）．価値割引の心理学──動物行動から経済現象まで　昭和堂．

佐伯大輔・高橋雅治（2009）．遅延割引関数を使う　坂上貴之（編）朝倉実践心理学講座1
　　意思決定と経済の心理学　朝倉書店　pp. 53-68.

Salamone, J. D., Cousins, M. S., & Bucher, S. (1994). Anhedonia or anergia? Efects of
　　haloperidol and nucleus accumbens dopamine depletion on instrumental response

selection in a T-maze cost/benefit procedure. *Behavioural Brain Research*, **65**, 221-229.

Schultz, W., Dayan, P., & Montague, P. R. (1997). A neural substrate of prediction and reward. *Science*, **275**, 1593-1599.

竹村和久 (2009). 行動的意思決定論――経済行動の心理学　日本評論社.

Robles, E., Vargas, A., & Bejarano, R. (2009). Within-subject differences in degree of delay discounting as a function of order of presentation of hypothetical cash rewards. *Behavioural Processes*, **81**, 260-263.

第9章	ビジネス・ゲームへの招待
	——会社経営の模擬体験を通じて経営を学ぶ

1. はじめに

　ここは丸の内にあるオフィスビルの会議室。今，まさに社運を賭けた重大な意思決定が行われようとしている。テーブルを囲んでいるのは，社長をはじめ，専務，生産担当，営業担当，財務担当など，重役8名。この会社は業界上位の化粧品会社だが，ここ数年の消費低迷に加え，原材料や生産費の上昇，ライバル会社による新製品の投入や他業界からの参入などもあって，業績が著しく低下している。そこで起死回生となる次の一手を打つべく，毎日のように激しい議論をしているのだ。

　わが社はまったく新しい製品を開発すべきか，そうだとすれば開発にどのくらいの投資や時間が必要なのか，そもそもどのような製品が売れるだろうか，どうやって売るのか，いくらなら売れそうなのか，生産計画や販売計画はどのようにするべきか，人員の増強や配置はどうすべきか，資金繰りは大丈夫か，ターゲットはどのような消費者にすべきか，広告宣伝にどのくらの費用をかけるのか，テレビにするのか，新聞にするのか，あるいはインターネット広告にするのか。

　経営上の意思決定は，やり直しがきかない真剣勝負であり，企業経営は普通，練習することはできない。そこで，もし経営を仮想体験しながらその本質を学び，現実的な運営を考え「試す」ことができたら，どんなに心強いだろうか。企業経営を考えたり組織行動を考えたりする上で貴重な考察の場を提供してくれるもの。それがビジネス・ゲームである。

95

2. ビジネス・ゲームとは ………………………………………………………

　ビジネス・ゲーム（あるいは，ビジネスシミュレーションと呼ばれることもある）
は，架空の会社を経営し，その中で役割を分担し，与えられた環境条件や経営
資源において経営に関する意思決定を行うものである。経営環境は刻々と変化
する。企業人には，経営の転換点を的確に把握し，営業，製造，研究開発，資
金調達，人員配置，財務などについて，総合的判断，的確な経営計画の策定，
そしてその実行など，多岐にわたる経営行動が求められる。参加者は，それぞれ
れが担当する経営活動や，活動間の協力・調整を考えながら，総合経営の要諦
について認識を深めることを迫られる。数年におよぶ経営を数日に縮めたビジ
ネス・ゲーム，つまり模擬経営は，戦略を策定する場であり，組織生成プロセ
スを体験する場であり，経営管理制度を構築する場である。さらに，組織にお
ける人間行動の本質を見る機会も提供する。

　ゲームという言葉からは，「遊び」や「競技」を連想しがちだが，実際には
個人の経営管理能力の評価だったり，生産や営業といった職能の適正評価だっ
たり，集団による意思決定なのでそれを束ねるリーダーとしての資質発掘だっ
たりする。ビジネス・ゲームは娯楽としてのゲームではなく，学習効果を考え
て設計され運用されている学習ツールである。もちろん，現実の経営上の意思
決定と違って，とても簡素化された模型のようなものである。しかも，数年単
位で行うような意思決定を，わずか一日で何度も繰り返す。ビジネス・ゲーム
は現実と比較すればとても単純だが，そこから得られる教訓はとても大きなも
のになる。

　実際に参加すると学生たちは面倒臭いとか，苦しく大変だと当初は思うこと
が多い。難し過ぎると感じることもある。しかし他では味わえない緊張感，臨
場感を含めて，「苦しくて，難しかったけれど面白かった」とか，「ためになっ
た」という声が必ず聞かれる。教員からのねぎらいとアドバイスとともに，参
加者個々人のレベルに応じて，何か違った見方，考え方を身につけ，グレー
ド・アップした自分が見えてくる。

　次節から，具体的な事例を通じて，ビジネス・ゲームの本質を説明していき

3. 慶應ビジネススクールのビジネス・ゲーム

たい。

3. 慶應ビジネススクールのビジネス・ゲーム ……………………………

　現在，慶應ビジネススクール（正式名称は慶應義塾大学大学院経営管理研究科）では，特定の目的をもった様々なビジネス・ゲームが提供されている。たとえば，企業家育成のために経営マインドを高めようとするもの，企業会計や財務の学習，コミュニケーション能力や意思決定能力の向上を目的としたものがある。そこでは，生産管理，組織管理，マーケティング，財務管理，会計管理など，すべての経営基礎科目を学んだ後にゲームが実施される。ゲームの目的は，「経営とは何か」といった基礎的なものではなく，「意思決定のダイナミズムを体験すること」にある。

●ビジネス・ゲームの内容
　ゲームは各チームと審判（通常，ゲームの担当教員）とによって進行する。審判は，各社の利害関係者，たとえば顧客，銀行，新聞社，証券会社，監査人，構成取引員会の役割を果たす。各社は同一の事業（慶應ビジネススクールの場合は，鉄鋼業界）で事業業績の向上を目指して，熾烈な競争を展開する。なお，各社のさまざまな活動や意思決定は，所定の用紙に記入され，それを審判に提出する形式をとる。したがって，「人生ゲーム」のような擬似的な金銭や製品，建物などを使用することはない。
　ゲームでは，一つのチームが一つの会社とされる。各社は8人から10人のメンバーによって構成され，およそ10チームが参加する。ゲームは次のようなプロセスで進行する。

1．ゲームの開始にあたって，各社は役員会を構成して，役割分担を行う。通常，意思決定における最高責任者である社長を選び，その後，生産，営業，財務会計など，経営職能の責任者を決め，組織図にまとめる。
2．設立から1年間（4期）は，審判の用意した各社同一の決定に従って行動する。その後，2年目の第1四半期から，各社はそれぞれの部屋に分か

第9章　ビジネス・ゲームへの招待

れてゲームが開始される。

3．各社の毎期の意思決定は，1枚の総合経営計画表にまとめて審判に提出される。総合経営計画表には，生産計画，販売計画，人員配置，設備投資，マーケティング投資，部材調達など，ゲームに必要なすべての意思決定が記入される。

4．審判は所定の方法により，各社の意思決定から競争関係を計算し，販売業績を算出して総合経営計画表にその結果を記入して，各社に返却する。審判の判定は，各社の決定が出揃わないと行えないため，総合経営計画表の提出時刻が示される。

5．各社は総合経営計画表を提出し，審判の判定を待っている間に，次期の自社の生産活動や販売活動を決め，競合や市場を分析する。

6．審判の判定を受けた後，各社の担当者（主に，会計担当）は，売上原価計算書，損益計算書，貸借対照表を作成して1つのサイクルを終わらせ，次の期の意思決定に移る。

ゲームで行う意思決定には，次のようなものがある。

1．製品と市場：各社は2種類の製品を訪問販売する。市場は各製品とも3つの地域に分かれている（また，市場はそれぞれ8つの地区に分かれている）。なお，各地域の市場規模は異なっていて，景気や競合他社の動向により需要が変動する。

2．マーケティング活動：販売員の数，広告宣伝，価格を決める。ただし，販売員の採用費や給与は決められていて，退職した場合には退職金を支払う必要がある（退職数は審判が決める）。また，販売員が一人前になるまでに2期の訓練期間が必要とされ，即戦力を雇うには通常の3倍以上の採用費を支払わなければならない。広告は地域別製品別に行われ，価格については，製品別に6種類の価格から決められるようになっている。ただし，これらのマーケティング活動の効果は，市場の動向や競合他社の活動によって大きく影響を受ける。さらに，所定の金額を払って調査依頼票を審判に提出すれば，市場の情報が入手できる。

3. 慶應ビジネススクールのビジネス・ゲーム

3．開発投資：品質が高い製品を開発できれば，競争上有利になる。ゲームでは，継続的に開発費を支出したときに効果があるように設計されている。また，調査を審判に依頼することで，業界全体の製品別開発額を知ることができる。

4．工場設備と生産：製品を生産するために工場設備投資（単位は基である）が必要とされる。1基あたりの生産量は決まっていて，生産量が増えれば増設する必要がある。製品を生産するには部材を発注・購入する必要がある。価格は景気によって変動する。なお，期末の製品在庫が生産能力よりも大きいときは，外部の倉庫を借りる必要があると判断され，保管費用がかかる。

5．財務・資金：利用可能な資金は5種類ある。第1は，開業時の現金（元入資本）。第2は，銀行からの短期借入金で元入資本と同額まで，利子1％で借り入れることができる。第3は，長期借入金で設備投資の時期に限って，利子2％で一定額まで借り入れることができる。第4は，売上によって入手した受取手形を現金化することによる。ただし，一定の割引が求められる。第5は，製品や部材品，あるいは設備の売却による現金である。

6．その他：

会計処理：固定資産や棚卸資産の評価方法は，2年ごとに申請可能である。

配当・増資：繰越損失がなくなれば配当が可能である。

税金：税引前当期純利益が黒字のときは40％の法人税を支払う必要がある。

倒産：資金繰りに行き詰まった会社には倒産が宣告される。会社更正や清算の手続きをとる場合もあれば，他社に身売りすることもできる。

7．企業評価：会社経営は永続するものだが，ゲームという性格上，いつかの時点で終了せざるを得ない。企業評価としては，企業規模，競争力，生産性，財務の安全性，利益，配当などが，重要な指標とされる。

8．最後に，各社は役員会を開催していくつかのテーマについて議論する。たとえば，経営戦略の転換点，その時点でどういう代替案を検討し，どの案を選択したか，意思決定の結果はどうだったか，その教訓をいかして経営の改善を行ったか，などである。

99

第9章　ビジネス・ゲームへの招待

●既成概念を打破する

　ゲームに熱中する中で，参加者は多くのことを学ぶ。たとえば，企業経営は，経済や市場といった環境の状況や変化に大きく影響されること，自分たちの意思決定の結果は競合他社の意思決定にも左右されること，企業経営にはコミュニケーションやチームワークが必要になること，そして生産，営業，財務といった複数の活動のバランスが必要になることなどである。それ以上に重要なのが，個人や組織がもつ既成概念の打破である。

　私たち個人の考え方や行動のパターンは，これまでに経験したことや学習したことによって，大きな制約を受けることが知られている。ただし，これは個人だけでなく，組織や企業にも同じことが言える。たとえば，組織風土，企業文化，企業体質，社風と呼ばれるものは，特定の企業や組織がもっている独特の価値観や意思決定の規範のことで，「やり方の善し悪し」を決める役割を果たす。「これは業界のやり方ではない」とか，「当社の規範から逸脱している」というように，ものごとの決め方ややり方が，正当かどうかを決める基準になる。

　このように，既成概念とは，何も考えず意識をしなくても，当然と思って行動に移してしまうような組織や個人にとっての規範である。知らず知らずのうちに培われた経験則ともいえよう。経営学では，このような制約のことを「組織慣性」と呼ぶことがある。組織慣性とは，組織が「今のままでいようとする性質」のことである。環境が変わっても，現在の状態を継続しようとするため，環境変化に対応できないといった組織の硬直性の原因にもなる。

　このような既成概念はビジネスゲームを通して観察できる。代表的なものには，下記のような既成概念のパターンがあげられる。

拡大志向

　日本が高度成長期やバブル経済期を経験した頃の，とくに団塊の世代にみられるパターンだが，ともかく拡大志向，市場シェア至上主義に走る。このようなメンバーから構成されたチームでは，需要予測を無視した過剰な設備投資や猛烈な売り込みが行われる。いわゆる「それゆけどんどん」的なやり方である。結果は言うまでもない。このようなチームでは，過剰投資や過剰生産，採算を

度外視した価格設定，設備投資のために調達した多額の借入金の発生などの傾向が見られる。需要にストップがかかった瞬間に供給過剰となり，過剰在庫の発生，在庫を売り払うための採算を度外視した価格設定，競争の激化による販売経費の増加，多額の借入金に伴って発生する借入利子などに陥ってしまう。行き着く先は設備や在庫の廃棄などである。業界全体が不況となり，業界の再編が行われるようになる。

生産志向

　販売や需要のことを考えずに，とにかく生産体制の整備に大半の資金を使ってしまうことがある。このようなゲームを展開するのは，生産財のメーカーや部品メーカーの管理者に多く見受けられる。その大きな理由は，顧客である納入業者が何も言わずに，過剰に生産された製品を引き取ってくれるからである。しかも，数量や価格，仕様，納期は納入業者が教えてくれるので，納入する製品や部品が最終顧客のニーズにあっているかどうかなど，ほとんど無関心である。始末が悪いことに，このようなメーカーの管理者は，自社の製品や部品の知名度が高いと勘違いしていることが多いために，マーケティング活動やブランドの構築，顧客満足にはほとんど関心がない。結局，このようなメンバーによって構成されているチームは，過剰在庫と資金繰りの悪化に陥ることが多い。

借金経営

　言うまでもなく，生産や営業などと同じように，会社経営でもっとも大事な活動に財務管理がある。たとえば，資金がなくなった瞬間に会社経営は立ちゆかなくなる。そうならないために会社は銀行から融資を受けている。さて，どのような業界の管理者にも見られる傾向だが，財務の健全性よりも，設備の増強や販売競争に重点がおかれるケースが多い。市場が成長しているときには，それほど問題にならないが，市場の伸びが止まったときには，資金繰りの問題が表面化する。逆に，資金繰りのことだけを考えると，今度は事業での競争に負けてしまうリスクがある。このように競争より資金に重点を移しすぎるのは，会計や財務の経験者，銀行業界の人に見られる。健全な経営には，競争と資金のバランスが重要になる。

第9章　ビジネス・ゲームへの招待

無謀な意思決定

　ゲームが進行するにつれて，各チームの業績に差がでてくる。着実に業績を伸ばすチーム，市場を支配するために拡大路線にこだわるチームなどがある。その中で共通して観察できるのは，業績が悪化しているチームの多くが，一気に業績回復を狙って大勝負に打って出ることだ。逆に，業績が良いチームは，リスクを冒すことなく現状を維持しようとする傾向が強く見られる。

　こうした個人や組織の価値観や既成概念を打破するためには，たとえば外部の人など，第三者的な指摘やアドバイスが必要である。ただし，このような外部者による指摘があっても，誰でも自分の欠点を指摘され，注意されたくない。それが本人にとって貴重な忠告やアドバイスだとしても，それを無視したり，自分で気づいていたとしても，故意に聞く耳をもたなかったりすることがある。
　面白いことに，ビジネスゲームに参加すると，多くの参加者がいつの間にか真剣にゲームにのめり込む。そして，ゲームに熱中するほど，日頃の既成概念や意思決定の癖が頻繁に再現される。企業経営には，既成概念にとらわれず，柔軟に環境状況やその変化に対処することが求められる。とくに，経営者のようなトップ・マネジメントには，環境変化に対処する能力が決定的に重要である。

4. 流通科学大学商学部のビジネス・ゲーム ……………………………………

　流通科学大学商学部ではビジネス・ゲーム演習（仮想企業経営演習）を学部専門選択科目の一つとして始めた。週一日2コマ連続開講で15週間，合計4単位の科目である。この演習は，「普通の人が普通の感覚で普通に仕事ができて利益をあげ，社会に貢献する方法を一生懸命考えて実践できる術を学ぶ」ことを目指している。特別な事業や組織ではなく，普通の事業経営を行う術を学ぶことを目標としている。同じような名前の講座はいくつかの大学でも開講されているが，これだけ長い時間をかけて，さまざまなゲームなどの多様な教材を応用して運営される講座は，各大学のホームページや，関連学会での発表などをサーベイしても，経営大学院（ビジネススクール）レベルを除き，見当たら

102

ない。

　実際にゲーム自体，またそれを使用している様々な演習講座について見てみよう。製品サービス，業種，業態といった事業の分類の仕方は多様であり，それらを様々なかたち，考え方でゲーム化したものは，娯楽のためのものも含めて多様である。モノでもサービスでも，それらを生産し，流通し，収益をあげていく仕組みも様々である。したがって，娯楽であれ，教育ツールであれ，ゲームといわれるものが多種多様に存在するのは当然である。ビジネス・ゲームに話を絞れば，総合的な経営管理能力の習得と理解，そして実践応用力の醸成ということが，全てのゲーム演習の教育目的に入っている。

　本学での演習では，リーダーシップ教育という視点とからめ，意思決定能力，判断力，洞察力の向上を学習することを，演習目的に挙げている。その目的を最優先に考えて，様々な市販および指向開発されたゲーム・プログラム（エンジンと呼ぶ場合が多い）を演習で長年使用してきたが，教育効果の点で物足りないものばかりであった。ゲーム・エンジン自体が原因ではなく，要は演習での使い方なのである。

　なお，本ゲーム演習でもいえることだが，ビジネス・ゲーム演習において，共通的に最低限身につくと期待されることがある。それは簿記会計のノウハウである。いわゆる損益計算書，貸借対象法，キャッシュ・フロー計算書といった主要財務表の仕組みと成り立ちを，概略ながら，実際の模擬数字をもとに経営データの構築という作業を通じて習得ができるということである。しかし良くできたゲームの場合，そのあたりはプログラムが自動的に計算して，学習者にかかる余計なワークロードが軽減されるようにできているものも多く，そういった場合は身につかないこともある。主に，マーケティング・ミックスという，簡単に言えば販売促進策のパッケージの策定と，その効果分析に重点が置かれているゲームが多いのが現状である。

　我々がゲーム教材として使用する「BG-21」は，パソコン販売店を運営し，売上を競うものである。このゲームの所収解説本である野々村（2002）のエピローグ部分にて，一般的なビジネス・ゲームの定義と分類が説明されているので，歴史などに興味のある向きは参考になるだろう[15]。しかし一番重要なのは，ビジネス・ゲームそのものというよりも，それを使った演習授業というものの

第9章　ビジネス・ゲームへの招待

もつ特性と現状，そしてその方向性に関する認識と考察であるといえる。

　次節以降では，ゲーム「ワンケークレイン社」を使った演習の中身および実際の演習実例での興味深い点を説明する（受講生に配布する教材は小笠原（2009）に資料として載せてあるので興味のある方は，そちらを参照されたい）。

●ワンケークレイン社を使ったビジネス・ゲームの仕組みと特色

　世の中の多くの人は，できれば他人に役立ち，他人を喜ばす商売や事業をしたいと思っていても，特殊な技能や才能があるというよりも，むしろそれらにはあまり縁のない場合が多い。筆者はいろいろ試行と考察を重ねる中で，千羽鶴を作るという作業に注目した。日本では平和祈願や病気快癒を願って鶴を折ることがある。千羽まで折って「千羽鶴」を作り上げるのである。動機はいくらでもあり，誰もが作れるということから馴染みが深い。起業とは新サービスや新製品を考案し，それを武器に市場開拓をして，収益を上げていく術を学ぶことであり，経営管理を学ぶことの一つの目的である。千羽鶴を一生懸命作りそれで商売にすることは不可能か，荒唐無稽か。本当はどうなのかを考えてみようということであった（現実にネット上には，存続しているかどうかは別に，千羽鶴の製造販売事業者がいる）。

　「ワンケークレイン社」と命名された千羽鶴製造販売業の会社を営み，収益を上げ，まず会社を存続させていくことが目標である。学生は，自ら製造者となり，鶴を折り続ける。同時に学生は従業員であり，役員でもある。何より事業として一本立ちさせねばならないが，もちろん宣伝などの販促活動をしなくては売れるわけはない。顧客は誰なのか，いくらなら売れるのか，会社として存続できるのか。こうした多くの当たり前の問題が山積みの状態がスタートである。

　配布された「ワンケークレイン社」配付資料と教員からの補足説明を聞きながら，参加学生は自らの状況を確認し，行動目的を認識しつつ，個々人レベルで自分なりの事業計画を考えてきて，最初の授業に臨む。予習をしてきて臨む

---

15)　そのほかに関連学会として，ISAGA（国際シミュレーション＆ゲーム学会）や，日本シミュレーション学会（略称 JASAG）といったシミュレーション関係学会が示されている。シミュレーション自体に興味がある場合はそちらを参照されたい。

104

その授業の冒頭で，複数の人間が集まって個別にチームとしての会社を作り，自分たちの組織の名前を協議して付ける。第一の会議，討議の場がここである。奇抜な名前をおもしろおかしく付ける会社もあるが，全て自由である。後々そのこと自体が，販売や事業展開の際にプラスにもマイナスにもなるが，真剣に考えるもの考えてもいないもの様々である。教員側からは事業コンサルタントという視点から適宜アドバイスを与える。コンサルタントに限らず，本ゲーム演習では，教員が多くの役割を現実にこなしていく。教員はスーパーバイザー（SV）と位置づけられ，多くの面に目配りすることが必要である。つまり投資家，顧客，銀行といった利害関係者としての役割を多様に担い，行動する。それぞれの立場の意思決定プロセスや，考え方などを事前に想定し，それに従って演じ行動する。そこにはSVの教員としての研究，研鑽および実務経験などが反映されている。

　授業では履修者全体を，基本的には5，6名ずつ，状況に応じて上限10名程度までとして割り振る（受講生は概ね50名〜100名を想定し，そこで組織される企業数は10社前後が上限と設定している。今までの最大人数は130名で企業数は12社。この人数ではSVが3人以上必要であると感じた）。そして構成メンバー全員での経営会議の開始である。会議で実際の販売計画と販促策など含めた経営目標なり方針なりの確認と，具体的な経営戦略の構築が話し合われ決定される。会議では自分たちの給料も決めさせる（その際には大卒初任給程度が一つの目安であるとのアドバイスを与えている。またアルバイト等の雇用なども出てくるので，時給800円のガイドラインを与えている）。

　この合議時間の前に，商品の供給能力の把握という重要な作業がある。実際に折り鶴を折れること，折れない者には折り方を教えること，そしてどれくらいで折れるかを現実に計測して把握させることが必要である。個々人の能力を正確に把握して，実現性の高い供給計画をたてるためである。一斉に紙を渡して折り鶴を折らせ，時間を計測して記録させる。5分以上は計測しない。折れない者は1羽あたり，5分とみなしている。余談だが，折り鶴を売り物になるようにきれいに折るのは思ったほど容易ではないなど，供給能力の重要な課題がここで理解される。

　話を元の経営会議に戻すと，そこで経営目標の設定と，目的達成のための行

第9章　ビジネス・ゲームへの招待

動実践計画の策定を議論して決める。机上の空論的な現実味のない販売計画や販促奇策なども出てきて収拾がつかないことも多い。初回1時間ほどの会議時間を取ったあとは，いよいよ現実の製造活動である。おおむね20分の時間を計って一斉に鶴を折る。そこで製造された折り鶴総数を，各社が決めた年間総労働時間（基本は一人が一日8時間，週5日労働で52週労働とする。これがベース・データ）に換算する。労働時間については必要であれば残業なども認めている。そうして換算した製造折り鶴を1000で割れば，商品としての千羽鶴が何セットできるかが把握可能である。

　この作業の前後に，各会社には宣伝プロモーションの機会が与えられる。各社5分程度で，自社の宣伝，製品の特徴，セールスポイントなどを，主に顧客向けに順番にプレゼンテーションをする。その後に質疑応答の時間を設定している。全体で最大10分程度までを見込んでいるが，超過する場合が多い。どのような情報がこの宣伝活動に必要か，SVからアドバイスも与えられるが，まず何より自社の商品特性と値段が必要な情報であり，それは必ず入れることは指示される。それ以外は基本的に自由である。この活動の効果測定は，後のSVによる購買行動において示されることになる。この準備の時間も先の経営会議とは別に設定することが多い。プレゼンテーション（宣伝に相当）の機会は基本的にこの1回のみである。事業展開する期間が長くなる場合には，希望に応じて，所定の費用を徴収の上で追加的な宣伝活動を認めることがある（必要に応じて全グループに諮って了解を取るなど運用ルールも適宜設定して運用している）。しかし基本的には5期間程度の連続経営という設定が多いため，戦略・戦術の継続性という観点から，プレゼンテーションの機会は一度きりとして学生には準備させる。つまり販促活動全般が，ゲーム期間通期にわたって継続的に繰り返されるという設定である。事実，その方がゲーム演習自体での教育効果が高いというのが運営側の所感である。

　次に，所定時間内の製造作業が終わったところで，陳列販売となる。SVすなわち教員が担う顧客筋が，様々な需要者を想定しながら，目の前の商品を検分しながら購入する。場合によっては，将来の需要として，SVは予約注文を出す。予約を受けた会社は，それを組み入れた生産計画の再構築が必要になる。当然，不良製品と思しきものを売れないし，仮に販売しても後で露見したりし

たら，その会社の信用は一気に崩壊するということも現実同様である。ちなみに，材料となる紙は普通の大きさ一枚が，基本的に4円程度で売られている。これを四等分するので，原価は一枚1円，千枚だから合計1000円となる。この辺りから，「ほんとうにその計算は正しいか？」という熱い議論となり，経営会議でも大いにもめるところが多い。その結果，労働費などを勘案して，多くのチームが出してくる千羽鶴の値段は，2万5000円から10万円であり，一律ではない。

　売上高，生産高，諸費用などが出そろった段階で，それぞれが損益はじめ決算作業を進め，財務経営データとして蓄積していく。そして次期に向けての経営会議を行うという流れが数期にわたり続く。所定時間（40〜50分程度を適宜設定）の経営会議の後に，再び合同生産作業時間が始まり，一斉に折り鶴を折る（同様に20分程度）。そして陳列販売へと進む，こうしたサイクルが5連続して行われ，その成果を競うということになる。この成果も，当初に企業として設定した目標との比較で測られる。売上，シェア，利益，株価，雇用拡大など，それぞれの企業によってその基準は異なっている。最後に学生達は総括として，結果に至る過程や流れを自ら分析し，「株主総会」になぞらえての全員の前での報告が求められる。こうした一連の流れが，ワンケークレイン社を使った，本ビジネス・ゲーム演習の一般的な姿である。

●過去のゲーム演習の実践結果と組織行動研究との関連

　本ゲームにおいて最も重視されるのは，現実において「思い通りに行かない」場面に遭遇したときに，どう乗り越えるかを考え実践する能力の向上である。そういった想定をしていようがいまいが，多様な困難や限界に直面したときに，個人は，そしてその集まりとしての組織（会社，経営陣）は，回避も含めてどのように行動するかという点において，様々な組織行動の事例を見せてくれる。それらを，たとえば組織（企業）の醸し出す印象などをもとに，カテゴリー別に分類することによって，その行動パターンの特徴などを説明することは可能であろうが，それが役に立つとはあまり思えない。なぜなら，こうしたら妥当な組織行動が現出したとか意思決定がされたとかいう，モデル式があるような画一的な展開が起きるとは限らないからである。事前情報として個人

第9章　ビジネス・ゲームへの招待

の準備の程度，個人の情緒，性格，対人関係の程度など，個性や特性を分類して類型化したり把握することは可能であるが，むしろそういったデータから把握できない部分としての，総合力，持続力，判断力のようなものが組織の中で醸成され，発揮される場合が多々見られた。その総合力の発揮の仕組みや出方にも，通説，定説のようなものはあるのだろうが，あてはまらない場合も多いのである。

　参考までに，過去のビジネス・ゲーム演習で出てきた印象深い観察事例や提案などをいくつか示す。まともに見えて実は奇妙，逆に，荒唐無稽ながら実は含蓄ある提案など，正に玉石混交な面があるのが興味深い。

グループ分けの効果

　グループ分け（会社設立）の割り振りは，学生に任せる（友人同士）場合と，教員側が割り振る場合があるが，結果的に，事業としての成功・失敗にはほとんど関係がない。成功する場合もあれば失敗する場合もある。議論が盛り上がるか盛り上がらないかには影響があるが，むしろ緊張感を持たせるという効果からすると，教員差配による方が機能するようである。

人員の増員と入れ替えの効果

　上記に関連するが，2期目，3期目において人員の増員や入れ替え（トレード）を提案してみた事例があるが，友人関係などが明確にある場合，ほとんど機能しない。組織内の人的関係と人的資源管理のマネジメントの間の関連の一端が見えるが，トレードした方が良いか，しない方が良いかという，後からの業績比較を見た場合，顕著な違いはなかった。変化のプレッシャーという意味での心理的効果が良い方向に働いた事例と悪い方向に働いた事例がそれぞれ共にあったからであろう。

異なった事業モデルの発生

　千羽鶴の製造販売が基本であるが，リースやレンタルという高度かつ異なった事業モデルの提案を行う会社が出てきた。結果的に事業ドメインが異なるところでの，別の議論が必要な展開となるわけだが，非常に複雑な市場および対

象顧客の混在する場となり，当初想定外の複合的な展開が起きた。支離滅裂な議論，荒唐無稽な議論なども飛び出し，収拾できないとの懸念もでてきたが，結果的には非常に刺激的なゲーム展開となった。

新商品の発生

千羽鶴の新商品として，一羽の折り鶴を使ったキーホルダー，根付けといった商品を提案する会社がでてきて，これも上記同様，従来の議論とは異質の議論を喚起して非常に刺激的であった。

文化の相違

商品という観点ではなく，千羽鶴というもののもつ特性についての文化的理解がない外国人留学生がゲーム演習を履修したことがある。千羽鶴の特殊的位置づけのようなものが感覚的に分かっていないだけのことだが，知識や感覚を学び理解しようと努めながらも，千羽鶴製造販売業の経営戦略，とりわけマーケティング戦略の構築の議論において苦労していた。商品コンセプトが容易に理解できなかったためだが，男性が考える女性向け商品（その逆も同様）の例などと同様とも言え，これも興味深い議論になった。

5. おわりに

実際の会社経営は，さまざまな要因がからみあって成り立っているので，意思決定の善し悪しを簡単に判断できるものではない。たとえば，間違って過大な設備投資を行っても，環境の変化によって救われることもある。たまたま，需要が急増したときや，競争相手が経営に失敗したときなどである。つまり，意思決定（原因）と業績（結果）の関係を明確に知ることは難しい。しかし，単純化されたビジネス・ゲームは，個人や組織による意思決定と結果の因果関係をフィードバックできるという利点がある。

ビジネス・ゲームの代表的な教育効果として，次のようなものがある。

1．ゲームに熱中するにつれて，無意識のうちに既成概念や価値観が再現さ

れるという特徴がある。客観的な観察によって，個人やチームに固有の既成概念を知ることができる。しかも，ゲームは繰り返して行われるため，結果を分析することで学習効果が期待される。

2．いわゆるゲームや意思決定は個人で行うことが基本になるが，ビジネス・ゲームの場合には，組織，つまり集団による意思決定が行われる。したがって，メンバーによる良好な人間関係の構築や活発なコミュニケーションが求められる。

ビジネス・ゲームにはこのような特徴があるために，過去の実績や経験にとらわれることなく，新しい競争環境を提供することで，各個人がどのような能力に優れていて，逆にどのような短所をもっているのかを客観的に発見，確認することができる。とくに，ビジネス・ゲームの場合は，複数のメンバーから多面的に評価することができるので，それが個人にフィードバックできれば，どんな説教よりも説得性をもつことになる。

繰り返しになるが，ゲームは現実の企業経営や競争をとても簡略化したものである。しかも仮想の事業設定なので，当初，ゲームに参加する人の多くは半信半疑である。たとえば，「現実のビジネスはこんなに単純なものではない」とか，「もっと人間関係がドロドロしている」などという声が多く聞かれる。しかし，面白いことに，ゲームが始まると多くの参加者は徐々にゲームのダイナミックさに巻き込まれ，熱中してゆく。これほどまでに熱中する理由の一つは，意思決定した結果が数字にあらわれることにある。そして，このような緊迫した空気の中から，参加者は多くのスキルを身につけてゆくことができる。加えて，社内の従業員でゲームを行えば，誰が，どのような能力に秀でているのかを評価することができるし，現実の会社経営において適材適所の人員配置にも貢献ができるのである。

参考文献
ケース「ビジネスゲーム　そのねらいと進め方」慶應義塾大学大学院経営管理研究科.
ケース「ビジネスゲーム　ルール解説」慶應義塾大学大学院経営管理研究科.

参考文献

野々村隆幸（編著）（2002）．ビジネスゲーム演習　ピアソン・エデュケーション．

小笠原宏（2009）．実学経営教育としてのビジネス・ゲーム演習　流通科学大学教育高度化推進センター紀要，5, 25-38.（http://www.umds.ac.jp/facility/cshe/edu/documents/kiyo_ogasawara.pdf）

| 第 10 章 | 最小条件集団における内集団ひいき実験 |

1. はじめに

　最小条件集団とは，社会心理学の実験でよく使われる，実験参加者を些細な基準で二つに分けた集団である。参加者はそれまでに会ったことのない人たちで，集団に分類する基準も，あまり知られていない画家の絵に対する好みの違いなどといった，本人にとってあまり積極的な意味のない基準である。そして，一定のお金を自分と同じ集団の一人と，もう一つの集団の一人との間で分配するように言われる。自分と絵の好みが似ているからといって，自分の集団の人を別の集団の人よりも金銭的に優遇する理由は全くない。しかし最小条件集団を作って実験をしてみると，多くの参加者は自分の集団の人に多くの金額を分配するという結果が繰り返し得られている（Tajfel, Billig, Bundy, & Flament, 1971; Karp, Jin, Yamagishi & Shinotsuka, 1993）。こうした結果は内集団バイアスと呼ばれ，人々は自分の集団と心理的に一体化する傾向があるため，全く意味のない集団であってもその集団に好意的になるのだとされてきた。こうした解釈は，社会心理学では社会的アイデンティティー理論と呼ばれている。社会的アイデンティティー理論では，人々は自分自身のアイデンティティー（つまり自分はどういう人間かという自己定義）を，部分的に自分が属する集団に帰属させている。そのため，自分の集団が他の集団に対して勝っていれば，それだけで自尊心が上がるとされている。

2. 集団との一体化か自己利益の確保か

　筆者らの研究グループは，こうした社会的アイデンティティー理論による最小条件集団実験の結果の解釈に疑問を呈し，最小条件集団における内集団ひい

第 10 章　最小条件集団における内集団ひいき実験

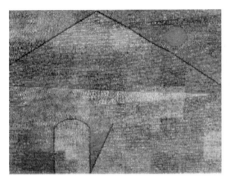 

図 10-1：最小条件集団実験で集団分類のために用いられる絵の例。左：Klee, P.（1932）
Ad Parnassum. 右：Kandinsky, W.（1912）*Picture with a black arch*. 最小
条件集団実験の参加者は，たとえば 2 枚の抽象画の組み合わせを見せられ，
どちらの絵が好きかをたずねられる。その後，クレー好きとカンディンスキ
ー好きの二つの最小条件集団に分けられる。

きが集団との心理的一体化ではなく，集団内に存在するとデフォルトで想定さ
れる一般交換システムへの適応により生みだされることを示す一連の実験研究
を行ってきた（Foddy, Yamagishi, & Platow, 2009; 神・山岸，1997; 神・山岸・清成，
1996; Karp, et al., 1993; 清成，2002; Kiyonari, Tanida, & Yamagishi, 2000; Mifune,
Hashimoto, & Yamagishi, 2010; Yamagishi & Kiyonari, 2000; Yamagishi, et. al., 2005;
Yamagishi & Mifune, 2009; Yamagishi, et. al., 2008; Yamagishi, et. al., 2006; Yamagishi
& Mifune, 2009 など）

　このような問題意識からまず最初に行われたのは，Karp ら（1993）による
実験である。Karp らは"真の最小条件集団"を作って，そこでは内集団バイ
アスが生じないことを示す実験を行った。そして，通常の最小集団で内集団バ
イアスが生じるのは（社会的アイデンティティー理論によれば真の最小条件集団に
おいても生まれるはずの）集団への心理的一体化のせいではなく，通常の集団
において自己利益を確保するためのデフォルトの戦略（つまり，自己利益の確
保を意識的に目的としているわけではないが，結果として自己利益の確保につなが
る戦略）として自集団のメンバーを優遇するのだということを明らかにした。
次々節ではこの Karp ら（1993）の実験を紹介するが，その前にまず，最小条
件集団においても自己利益をめぐる相互依存関係が存在しているという筆者ら

の考え方を紹介する。

3. 最小条件集団と間接互恵性 ……………………………………………………

　Tajfel ら（1971）が実施した報酬分配実験においては，それぞれの参加者は自集団の1人と他集団の1人にお金を分配する。そのとき，誰がどの二人に報酬を分配したかは分からないようになっている。したがって，自分が同じ集団の仲間を優遇したからといって，仲間からお返しを期待することはできない。このことをもって Tajfel らは，最小条件集団には利益の相互依存関係が存在しないとしたのである。しかし実際には，彼らの実験で用いられた最小条件集団においてさえ，参加者たちが下で紹介する間接互恵性に対する期待を持っている限り，集団内で互いに利益を与えあう関係が成立する。従って最小条件集団実験の参加者たちは，間接互恵性が存在する場合にとるべき適切な行動として自集団の成員を優遇したのだというのが筆者らの解釈である。この解釈の妥当性を証明するために，筆者らは一連の実験研究を実施した。

　たとえば図 10-2 の二つの集団（灰色グループと白グループ）を，実験室で作られた最小条件集団と想定してみよう。それぞれの☺はひとりの実験参加者を表しているが，ここでは大きな丸で示されている参加者の観点から説明する。この参加者は自集団の1人と他集団の1人とに報酬を分配する。太い矢印は報酬総額の半分以上を分配する相手を示しており，細い矢印は報酬の分配額が半分以下であることを示している。この参加者は，自集団の相手に対して半分以上，外集団の相手に対しては半分以下の報酬分配を行っている。この参加者以外の参加者も，おおむねこの参加者と同じ原理で報酬分配を行う場合に生まれる結果を示したのがこの図である。その結果何が起こったか？　それぞれの参加者は自集団の仲間から半分以上の報酬を受け取り，外集団の人たちからは半分以下の報酬しか受け取らない。つまり，それぞれの集団内部に間接互恵性のシステム，すなわち集団内の誰かを優遇し，集団内の誰かから優遇される関係が成立するのである。

　こうした集団内で仲間を優遇し合う関係は，現実の多くの集団に見られる。進化的に見ても，ホモサピエンスは集団を作りその中で助け合うことで進化し

第 10 章　最小条件集団における内集団ひいき実験

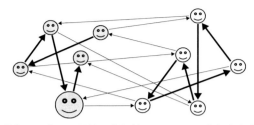

図 10-2：最小条件集団で生じる間接互恵関係　それぞれの参加者が自分の集団を優遇
　　　　すると，結局は自分の集団の仲間から優遇してもらえることになり，それぞ
　　　　れの集団の中で間接互恵関係が生まれる。

てきた。その結果，現代人である我々も，助け合いの場として集団を理解する傾向が強い。さらに重要なのは，他の人たちも集団を助け合いの場として理解しているだろうという期待ないし信念を多くの人たちがいだいている点である。そしてこの期待は，最小条件集団のような些細な基準により作り出された集団においても，現実の行動として自己実現的に成立することになる。すなわち，人々が直感的に集団は相互協力の場だと考え，自分の仲間に有利になるように行動すれば，その集団の中では実際に，自分も仲間の誰かから優遇してもらえるという間接互恵関係が成立することになる。デフォルトとして（つまり，それ以外の行動を取る積極的な理由が存在しない状態で）自分の仲間を優遇する人たちは，結果として図 10-2 に示される間接互恵システムを集団内に生み出すことになる。かくして期待は現実を生み出す。

　このように，最小条件集団における報酬分配は集団内部から直接の互恵関係を排除しているが，だからといって，間接互恵という形での相互依存関係を集団内部から排除するのに成功しているわけではない。要するに，最小条件集団は実は Tajfel ら（1971）が想定した，相互依存関係が存在しない集団という意味での"最小条件"を満たしていないのである。そして以下の実験の結果は，最小条件集団に残された間接互恵性という形での相互依存関係が，報酬分配をめぐる内集団ひいきを生み出していることを示している。

4. 自分の受け取る利益を集団から切り離す ……………………………………

　最小条件集団での報酬分配における内集団ひいきが集団との心理的一体化の結果ではなく，最小条件集団に残された相互依存関係に由来するものであることを，Karp ら（1993）は間接互恵性までも取り去った"真の最小条件集団"を作り出し，そこでは内集団ひいきが生まれないことを示すことで証明した[16]。真の最小条件集団とは，Tajfel 型の最小条件集団に伴う間接互恵性の可能性を取り去った最小条件集団である。具体的には，報酬分配を行う参加者は他の参加者による報酬分配の対象とはならず，一定の報酬を実験者から直接に与えられる。これに対して Tajfel ら（1971）の実験では，全員が報酬分配を行っていることになっているので，図 10-2 のように，それぞれの参加者が別の参加者から報酬を分配される可能性が成立している。Karp らの実験ではそれぞれの参加者は 500 円を自集団の 1 人と他集団の 1 人とに分配するが，その際に二つの条件が設定されていた。一つの条件では Tajfel 型の分配方法が用いられ，それぞれの参加者は他の参加者からの報酬分配の対象となっていた。もう一つの条件では，参加者は実験参加の報酬として 300 円を与えられており，自集団の一人と外集団の一人との間で 500 円を一方的に分配した。

　この実験の結果は Karp ら（1993）の予測通りであり，Tajfel 型の最小条件集団では明確な内集団ひいきが見られた。参加者は平均して自集団に対しては 500 円中 283.4 円を分配し，外集団に対しては 216.6 円しか分配しなかった。これに対して真の最小条件集団条件では，自集団への分配額は 250.1 円で外集団への分配額 249.9 円とほとんど差が見られていない。同様の結果は神・山岸・清成（1996）による追試実験においても確認されている。この追試実験でも，Tajfel 型の条件では自集団への分配額 282.3 円は，外集団への分配額 217.7 円を大幅に上回っているのに対して，真の最小条件集団では自集団への分配額

16）　この実験では，スクリーンに提示された黒点の数を繰り返し推定させ，黒点の数を本物の数よりも多めに推定する"過剰推定者集団"と，少なめに推定する"過少推定者集団"という二つの集団が作られた。

第 10 章　最小条件集団における内集団ひいき実験

247.8 円と外集団への分配額 252.2 円の間に有意な差が見られていない。また
この追試実験では，実験後に参加者に対して「自分の集団のメンバーに多く報
酬を分配すれば，自分の集団のメンバーもあなたに多く分配してくれるだろう
と思いましたか[17]」という質問をして，自集団の内部に間接互恵システムが
存在する（自集団のメンバーを優遇すれば，自分も自集団のメンバーから優遇され
る）と思っているかどうかを尋ねた。その結果，内集団ひいきが見られたのは
そう思っている参加者のみであって（自集団へ 314.6 円，外集団へ 185.4 円），集
団内に間接互恵システムの存在を想定しなかった参加者の平均分配額には，自
集団 246.4 円と外集団 253.6 円との間に差が存在しなかった。これらの結果は，
Tajfel 型最小条件集団での報酬分配における内集団ひいきは，集団への心理的
同一化により生み出されるのではなく，間接互恵性という相互依存関係により
生み出されたものであることを示している。

5.　囚人のジレンマ実験における内集団協力 ⋯⋯⋯⋯⋯⋯⋯⋯⋯⋯⋯⋯⋯⋯⋯

　上述の真の最小条件集団実験の結果は，内集団ひいきを間接互恵システムへ
の適応行動として捉える筆者らの考え方を明確に支持していると思われるが，
一つだけ疑問点が残されている。それは，参加者の役割を他の参加者とは異な
る"分配者"とすることで，自集団との心理的同一化が低下してしまったため，
"真の最小条件集団"条件では内集団ひいきが生まれなかった可能性である。
この可能性を消し去るために，筆者らは一連の囚人のジレンマゲーム実験を実
施した。ここではこれらの実験のいくつかを紹介する。
　最初に最小条件集団を用いて行った囚人のジレンマ実験では，絵の好みに基

---

17)　この問いは論理的には誤りである。すなわち，Tajfel 型の最小条件集団においても分
　　配は同時に行われるため，参加者が自集団の仲間を優遇するかどうかは，自集団の分配者
　　が自分を優遇してくれるかどうかとは独立である。ただし，この問いに肯定的に答えた参
　　加者たちは，必ずしも因果関係としてこの問いを解釈していたわけではなく，「集団内で
　　は互いに優遇し合うものだから自分は仲間を優遇するが，他の仲間も同じように自分を優
　　遇してくれるだろう」という集団内間接互恵性についての信念を表しているのだと考えら
　　れる。

118

づき二つの最小条件集団を作成し，各参加者に内集団のメンバー，および外集団のメンバーとの間で囚人のジレンマゲームを行ってもらった（神・山岸，1997）。同様の実験はこれまで社会的アイデンティティー理論の立場から実施されており，それらの実験では，参加者は自集団のメンバーが相手の時に，他集団のメンバーが相手の場合よりも協力的な手を選びやすいという結果が得られている（Brewer & Kramer, 1986; Kramer & Brewer, 1984; Wit & Wilke, 1992）。こうした実験結果は社会的アイデンティティー理論の立場からは，自集団との心理的一体化の結果として解釈されてきた。神と山岸はこの解釈に対して，一般交換ないし間接互恵性の観点からの異なる解釈を提示し，その解釈の妥当性を示すために以下の実験を行った。この実験で用いられた囚人のジレンマは交換型のゲームであり，二人のプレイヤーはそれぞれに与えられた元手の100円のうちのいくらかを相手に提供する。提供された金額は2倍となり相手に渡る。従って2人がともに100円を全額提供し合えばそれぞれが200円を得ることができるが，提供しないで手元に残しておいた分は自分のものになるので，それぞれのプレイヤーにとっては提供額をゼロとするのが最も利益が大きい。それぞれのプレイヤーは，5回にわたり毎回異なる相手との間でこのゲームをプレイする。それぞれのゲームの結果は，5回のゲームがすべて終わるまで参加者には知らされない。5回のゲームはすべて相手が異なっており，相手の集団がわからない相手不明条件に加え，自集団のメンバーを相手に2回，他集団のメンバーを相手に2回プレイする。それぞれの相手ごとの2回のプレイのうちの1回は，互いに相手の集団を知っている共有知識条件であり，残りの1回はプレイヤー本人は相手の集団を知っているが，相手はプレイヤーの集団を知らないプライベート知識条件である。

　神と山岸は，最小条件集団において自集団への協力が増えるのは，集団内では互いに協力し合うものだという理解を人々が持っているからだと考えた。すなわち，集団とは間接互恵システムを含む，互いに助け合う関係の場であるという一般的な理解である。この理解に基づき，囚人のジレンマゲームのプレイヤーは，自集団の相手は自分に対して協力してくれるだろうという期待を抱くことになる。囚人のジレンマゲームでは相手が協力するという期待を持てる場合に協力度が増大することが知られており（Pruitt & Kimmel, 1977; Yamagishi,

第10章　最小条件集団における内集団ひいき実験

1986)，そのため高い協力度を期待できる自集団の相手に対して，そうした期待が持てない他集団の相手に対するよりも協力的にふるまうのだというのが，神と山岸による内集団協力の説明である。

　この説明によれば，自集団相手の囚人のジレンマゲームで協力度が増大するのは，相手が自分を同じ集団のメンバーだと認識している場合に限られる。いくら自集団メンバーを相手にしていても，相手が自分を同じ集団のメンバーだと思っていない場合には，相手からの協力を期待することができないからである。従って，最小条件集団で内集団協力が生まれるのは共有知識条件のみであり，相手が自分の集団を知らないプライベート知識条件では内集団協力は生じないと予測される。実験の結果はこの予測を支持するものであり，自集団への協力度が他集団への協力度を上回ったのは共有知識条件のみで（自集団へ平均30.7円を提供，他集団へ20.5円を提供），プライベート知識条件での集団差は有意とはならなかった（23.7円対19.0円）。同様の結果は，日本とニュージーランドで実施した追試実験においても，確認されている（Yamagishi et al., 2008）。

6. 独裁者ゲームでの内集団ひいきと集団内での評判維持戦略 ………

　最小条件集団では，囚人のジレンマゲームだけではなく独裁者ゲームでも，自集団に対する利他行動が他集団に対するよりも強いことが知られている。そしてその理由も，自集団との心理的一体化ではなく，集団内に存在する相互依存関係への適応戦略として理解することができる。先に述べたように，集団内には多くの場合，間接互恵システムが組み込まれている。逆に言えば，間接互恵システムが存在する範囲を，人々は集団として理解しているということもできるだろう。要するに，自集団のメンバーに対して利他的に行動する人間は集団内で良い評判を獲得し，別のメンバーから好意的な扱いを受ける可能性が増大するという関係が，多くの現実の集団の内部に存在している。そうした場で自集団のメンバーを優遇するのは，将来の自己利益につながる可能性が大きい適応的行動だと言える（Nowak & Sigmund, 1998）。ただし，自集団メンバーに対する利他行動が集団内での良い評判につながるためには，自分が利他行動の相手あるいは利他行動を観察している第三者から同じ集団のメンバーだと認知

されている必要がある。従って、囚人のジレンマゲームの場合と同様に、自分が相手から自集団の人間であることが知られている共有知識条件では自集団に対する利他行動が増大するが、自分だけが相手の集団を知っているプライベート知識条件では利他行動の集団差が生じないだろうという予測が引き出される。この予測を検証するために、Yamagishi & Mifune (2008) は、相手の集団と集団所属性についての知識を独立に操作した独裁者ゲーム実験を実施した[18]。実験の結果はこの予測を支持するものであり、相手の集団によって独裁者ゲームでの相手への提供額に差が生まれるのは共有知識条件のみで、プライベート知識条件では集団差が見られなかった。具体的には、共有知識条件では参加者の65.8％が自集団の相手に対して元手の半分の450円以上を相手に提供し、他集団の相手に対する半分以上の提供率40％を有意に超えていたが、プライベート知識条件では自集団相手に47.5％、他集団相手に54.1％と、集団差が見られなかった。

7. おわりに

　以上の実験は、ささいな基準に基づいて集団に分けられただけでも、人々は自集団のメンバーを優遇する内集団ひいき行動をとるという衝撃的な最小条件集団実験の結果が、これまで信じられてきた集団との心理的一体化に基づく現象ではなく、集団は間接互恵性を含む助け合いの場であるという直観的理解をもとにしたデフォルトの（つまりそれ以外の戦略を取る積極的な理由が存在しないときに取る）適応戦略により生み出された現象であることを示している。Tajfel ら (1971) により開始された最小条件集団実験の結果は、アカロフとクラントンによる『アイデンティティ経済学』(Akerof & Kranton, 2010) においても紹介されているように、心理学の枠を超えて社会科学全般に対して大きな影響力を持つに至っている。集団との心理的一体化を強調する社会的アイデンティティーの考え方は、われわれが日常的に感じている直観的な集団理解と一

---

18)　この実験では決定は自集団ないし他集団のメンバーの受け手を相手に、いずれかの知識条件で1回のみ実施された。すなわち、実験操作は個人間で行われた。

第 10 章　最小条件集団における内集団ひいき実験

貫しているため，多くの人々に簡単に受け入れられてしまう。しかし，うまく
実験操作をデザインすることで，直観的にもっともらしい現象の説明が場合に
よっては間違ったものであることを示すことができる例として，先に紹介した
文化差を消し去る実験（第2章と第4章を参照）と同様，ここでは筆者らが行
った一連の最小条件集団実験を紹介した。

参考文献

Akerof, G. A., & Kranton, R. E. (2010). *Identity economics: How our identities shape our work, wages, and well-being.* Princeton University Press.（山形浩生・守岡桜訳（2011）．アイデンティティ経済学　東洋経済新報社）

Brewer, M. B., & Kramer, R. M. (1986). Choice behavior in social dilemmas: Effect of social identity, group size, and decision framing. *Journal of Personality and Social Psychology,* **50,** 593-604.

Foddy, M., Platow, M., & Yamagishi, T. (2009). Group-based trust in strangers: The roles of stereotypes and expectations. *Psychological Science,* **20,** 419-422.

神信人・山岸俊男（1997）．社会的ジレンマにおける集団協力ヒューリスティクスの効果　社会心理学研究，**12,** 190-198.

神信人・山岸俊男・清成透子（1996）．双方向依存性と"最小条件集団パラダイム"　心理学研究，**67,** 77-85.

堀田結孝・山岸俊男（2010）．集団を基盤とした互恵性の適応基盤　心理学研究，**81,** 114-122.

Karp, D., Jin, N., Shinotsuka, H., & Yamagishi, T. (1993). Raising the minimum in the minimal group paradigm. 実験社会心理学研究，**32,** 231-240.

清成透子（2002）．一般交換システムに対する期待——閉ざされた互酬性の期待に関する実験研究 心理学研究，**73,** 1-9.

清成透子・Foddy, M.・山岸俊男（2007）．直接交換と間接交換が内集団信頼行動へ及ぼす影響　心理学研究，**77,** 519-527.

Kiyonari, T., Tanida, S., & Yamagishi, T. (2000) Social exchange and reciprocity: Confusion or a heuristic. *Evolution and Human Behavior,* **21,** 411-427.

Mifune, N., Hashimoto, H., & Yamagishi, T. (2010). Altruism toward in-group members as a reputation mechanism. *Evolution and Human Behavior,* **31,** 109-117.

Kramer, R. M., & Brewer, M. B. (1984). Effect of group identity on resource use in a simulated commons dilemma. *Journal of Personality and Social Psychology,* **46,** 1044-1057.

Nowak, M. A., & Sigmund, K. (1998). Evolution of indirect reciprocity by image scoring. *Nature,* **393,** 573-577.

Pruitt, D. G., & Kimmel, M. J. (1977). Twenty years of experimental gaming: Critique, synthesis and suggestions for future. *Annual Review of Psychology,* **28,** 363-392.

Tajfel, H., Billig, M., Bundy, R., & Flament, C. (1971). Social categorization in intergroup behavior. *European Journal of Social Psychology*, **1**, 149-178.

Wit, A. P., & Wilke, H. A. (1992). The effect of social categorization on cooperation in three types of social dilemmas. *Journal of Economic Psychology*, **13**, 135-151.

Yamagishi, T. (1986). The structural goal/expectation theory of cooperation in social dilemmas. *Advances in Group Processes*, **3**, 51-87.

Yamagishi, T. & Kiyonari, T. (2000). The group as the container of generalized reciprocity. *Social Psychology Quarterly*, **63**, 116-132.

Yamagishi, T., Makimura, Y., Foddy, M., Matsuda, M., Kiyonari, T., & Platow, M. (2005). Comparisons of Australians and Japanese on group-based cooperation. *Asian Journal of Social Psychology*, **8**, 173-190.

Yamagishi, T., & Mifune, N. (2008). Does shared group membership promote atruism? *Rationality and Society*, **20**, 5-30.

Yamagishi, T., & Mifune, N. (2009) Socail exchange and solidarity: in-group love or out-group hate? *Evolution and Human Behavior*, **30**, 229-237.

Yamagishi, T., Mifune, N., Liu, J.L., & Pauling, J. (2008). Exchanges of group-based favors: Ingroup bias in the prisoner's dilemma game with minimal groups in Japan and New Zealand. *Asian Journal of Social Psychology*, **11**, 196-207.

Yamagishi, T., Terai, S., Kiyonari, T., Mifune, N., & Kanazawa, S. (2007). The social exchange heuristic: Managing errors in social exchange. *Rationality and Society*, **19**, 259-291.

<table>
<tr><td>第 11 章</td><td>コンピュータシミュレーションで社会を
捉える</td></tr>
</table>

1. はじめに

　人の行動が知りたい，社会が知りたいというのは世の常，人の常である。人の行動の法則性やその根底にある意思決定，そして最終的にはその基盤である脳のメカニズムを知りたく，そのような動機によって社会科学実験は始まった。人は 1 人でいる時，2 人の時，3 人，あるいはそれ以上の集団に分かれている時や，集団の構造によっても行動をかえる。そしてこれらは実験によって検証をされている。では，もっと人数が多くなった時に集団全体としてはどのような挙動になるのだろうか。たとえば球場に一万人の被験者を集めて実験をしたいところだが，実行するのは難しい。そこで，コンピュータシミュレーションを用いて研究するというのが社会シミュレーションである。

　コンピュータ上で「人」をそのまま模して一万人の挙動を調べるのが理想と思うかもしれない。しかし今の科学の蓄積では無理である。その理由を述べてみよう。まず，そもそも人の意思決定や知能は部分的にしか解明されていないのである。だからこそ「社会科学実験」が学問として成り立っている。ロボットも人工知能も開発中であり実際の人とはほど遠く，コンピュータ上で人を模すことは難しいのだ。2 つ目の理由としては，コンピュータの性能である。コンピュータの性能は日進月歩である。並列計算によって情報処理能力は格段に上昇し，ハードディスクの容量が増大しメモリーも日に日に安価になっている。それにしても，一万人の人工知能を再現し，各個人に個性を与えるための情報を入れることは，今の段階のコンピュータの性能を超えているだろう。必要な情報とはたとえば，年齢，出身地，性別，職業，趣味，文化，社会規範，宗教，信条，階層，経済力や購買の選好などの詳細情報である。パーソナリティーや意思決定方法，学習能力，記憶の想起のメカニズム，推論能力，心の理論など

125

第11章　コンピュータシミュレーションで社会を捉える

の認知能力や，感情や精神状態の変化のメカニズムについても入力する必要があるだろう。しかし人については分かっていないことが多いため「すべての情報」のすべてとは何なのかも分かっていない。

　仮にサイエンス・フィクションのように人の認知能力や脳のことが解明され，すべてのことが分かったとする。そしてコンピュータの性能も上がり，一万人以上の人工知能や特性等すべての情報を扱えるようになったとする。つまり，完全に人と同じである一万人分の人工知能をコンピュータ上で再現し，人工知能にも個性がある状況である。すると，社会全体の行動を解明することが可能なのだろうか。

　まだそのようなことは実現されていないので何とも言えない。ただ，人を模したのであれば，各人の行動をモニターした研究と同じになってしまう場合もある。人々の行動のモニター技術はかなり向上してきており，一万人規模の詳細な時系列データも得られるようになってきたため，データ収集や解析に困難をきたす状況もテクノロジーによって解決されつつある。つまりビッグデータ解析である。

　では，コンピュータによる人間社会のシミュレーション研究というのはどういう意味があるのだろうか。モニター研究はありのままの人の行動をデータとして集めるが，社会シミュレーション研究では各個人の行動ルールや意思決定のモデルを構築しモデルをコンピュータプログラムによって書き下し，モデルとして設定した仮定の下での挙動を観察する。

　では，どのようなモデル設定が良いのだろうか。人の社会は人間関係や利害関係が複雑であり，人の意思決定のプロセス（つまりは脳の働き）も複雑である。そのため，人の複雑性を上手くモデル上で表現しなければ，社会シミュレーションは意味がないと思うかもしれない。しかし，重要な点に着目することによって，シンプルなメカニズムで人の行動や社会が成り立っている事も見えてくる。着目したい社会現象によって，それぞれ要となる要素は異なってくるため，その要素を取り出し，不必要な仮定を取り除いた上で，シミュレーションで検討するだけでも，社会を捉えることが十分に可能である。

　このような方針で社会シミュレーション研究を行っている2つのエポック的な研究を紹介しよう。この研究例を知ることによってシンプルな社会シミュレ

ーションも研究として意味があると納得するかもしれない。あるいはシミュレーション研究についてさらに疑問が生じるかもしれない。ただしその疑問を温めることで，新たな社会シミュレーション研究に発展するだろう。

2. シェリングの分居モデル ……………………………………………………

　アメリカの経済・政治学者であるトーマス・C・シェリングは2005年のノーベル経済学賞受賞者であり，様々な研究功績をあげている。そのうちの一つが分居モデルである（Schelling, 1969; 1971; 1978）。ちなみに，シェリングがノーベル賞を受賞したのは他の研究業績である。

　日本に住んでいると分居現象といってもピンと来ない。分居とは同質の個人同士が集まり，住み分けが生じることである。唯一分居が見られるのは，東京と関西の一部であろう。東京での「西高東低」というのは23区の西側のほうが東側に比べて住居費や生活費なども高く，高級住宅地の多くは西側にあることを指している。このように最近の東京では経済的な理由で分居現象が起こっているように見える。

　では海外に目を向けてみよう。分かりやすいのがアメリカである。ニューヨーク市では5番街の中でもセントラルパークに近い場所は大富豪でなければ住めないので，経済的要因が分居を生んでいるようである。加えて財産分与が上手くいっていれば古くからのお金持ちだったということになるので，歴史的要因も絡むかもしれない。一方，観光ガイドブックにも書いてある通りニューヨーク市は民族によって住んでいる場所が分かれている。これは移民の祖先がたまたまその場に住み始めたのが切掛けであったり（歴史的要因），その場所にしか住ませてもらえなかったという差別（社会的要因）が絡む。

　つまり，経済，歴史，社会的要因が絡み合って分居が生じたと考えるのが妥当のようだ。しかし，シェリングは異なるアプローチによって分居を説明した。

　では，シェリングはどのような観点から分居という問題を捉えたのであろうか？　シェリングは次のような試行実験（シミュレーション）を行った（図11-1）。

第11章 コンピュータシミュレーションで社会を捉える

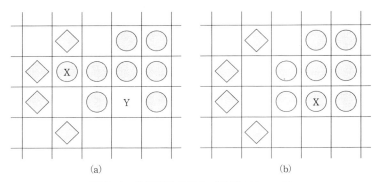

図11-1：分居現象のアルゴリズムについて

1. コインを人にみたて、チェス盤にアメリカ合衆国の通貨である、ダイム（10セントコイン）とペニー（1セントコイン）を適当に並べる。コインの置いていないマスもつくっておく。図11-1では○がダイム、◇がペニーとする。
2. 各コインは移動についての判断基準を持つ。全コインが同じ判断基準とすることも可能である。コインのタイプごとに異なる判断基準を持つかもしれない。基準値は0から8までの値をとる。たとえば、コインXの基準値は3とする。
3. チェス盤上にあるコインを1つ適当に選ぶ。そのコインの隣8つのマスのうち、同じ種類のコイン数を数える。図11-1aではコインXの周囲8マスのうち2つが同じコインであり、3つが他のタイプのコイン、空マスは3つとしている。
4. コインXが移動するかどうかの判断をする。その判断方法を説明する。同じ種類のコイン数が、基準値よりも高いとコインXは移動しない。もし基準値以下であると、コインXは空いたマスを見渡し、同じタイプのコインが基準値より多く隣接する空白のうち、近い空白へ移動する。図11-1aでは、同じコインの数＝2＜コインXの基準値＝3であるので、コインXは移動することを決意する。たとえばYという空き地は、周囲に同じタイプのコインが基準値以上にいるので、そこへ移住することを選ぶ。そして図11-1bのような配置となる。

シェリングはチェス盤上のコインを手で動かし，この 3-4 のプロセスを何度も繰り返した。3-4 のプロセスを 1 ステップと定義すると，たとえば 1,000 ステップとは，3-4 を 1,000 回繰り返したことになる。この試行実験では分居を「同じコインどうしでかたまる」と定義し，どのような条件で分居が起こるのかを確かめた。

上記の 1 と 2 は試行実験の初期設定である。初期設定の仕方によっては，最終的な状態が変わることもある。1 は人口分布の設定である。人口密度が疎な場合を表現するには，コインを少なくして空マスを多くする。逆に，密集が分居に及ぼす影響を調べたいのならば，空マスがあまりないようにコインを配置する。ダイムとペニーは同じ数だけ配置する必要もなく，どちらかを多めに配置することで，人口比の偏りと分居の関係も調べることができる。このように様々な設定が可能である。2 の設定の意味は，個人の判断基準の設定である。基準値が高いというのは，同じタイプのコインが沢山いる場所を好むということだ。低い基準値のコインは，自分と同じタイプのコインが少ない場所でも構わない人を意味する。現実では，個人によって基準値が異なり，シミュレーション実験でもそのように仮定することも可能である。しかし，基準値が個人によって異なることがもたらす結果を考察するのは難しい。一方，全員が同じ基準値であると仮定すると結果を整理しやすい。そして，この結果を参考にすると，タイプによって基準値が異なる場合の結果の考察がしやすくなる。そのため，非現実的かもしれないが，はじめは全員が同じ基準であると仮定してシミュレーションをする。

では 4 は何を意味しているのだろうか。これは，自分の基準値より多くの同じタイプの人に囲まれていると満足してその場を動かない，ということである。基準値以下であると，周囲に自分と同じタイプの人があまり居ないと感じ，自分と同じタイプの人が多いと感じる場所へ動くことを決意する，ということである。

シェリングはこのようにして手作業によるシミュレーション実験を行った。全コインが同じ基準値と仮定した時の主な結果は，基準値が高くなくてもつまり自分と同じタイプのコインが自分の隣に沢山いることを好まなくても，分居が起こるということである。分居が起こるのは，同じタイプの人としか一緒に

第11章　コンピュータシミュレーションで社会を捉える

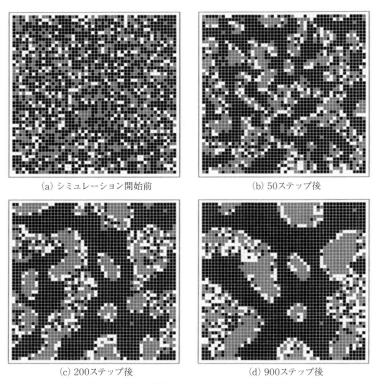

(a) シミュレーション開始前　　　　(b) 50ステップ後

(c) 200ステップ後　　　　(d) 900ステップ後

図 11-2：分居現象のシミュレーション結果

いたくない時に生じると考えてしまいそうだが，そうではないところが面白いところである。

　また，シェリングはコインのタイプごとに基準値が異なる仮定においてもシミュレーション実験を行ったが，基本的には結果は同じであった。

　図 11-2 はコンピュータシミュレーションによる結果である。チェス盤のような構造をもつモデルを「格子モデル」と呼び，図 11-2 は 50 × 50 の格子上でのシミュレーション結果を示している。シェリングの仮定を若干変え，「基準値以下であると，空いている場所を任意に選んで移動する」としたが，結果はシェリングの研究と同じであった。図 11-2 は基準値を 4 としたときの結果

130

である。最初は「黒」のラベルの人と「灰色」のラベルの人をランダムに並べ
ている（図11-2a）。白は，人のいないスペースである。50ステップ後にはある程度は同じタイプでかたまる（図11-2b）。そして200ステップ後には大きなかたまりとなっており（図11-2c），900ステップ後にはかたまりの数がやや少なくなっているが，かたまりのサイズが大きくなっている（図11-2d）。

シェリングのモデルでは，自分と似た人と少しでも一緒になりたいという心理的傾向が分居を生むという結論であった。同じタイプの人が多くいる場所にいたいと思うと，かえって分居が起こりやすいとは言えないところも非常に興味深い。

シェリングの分居モデル研究は人が移動するモデルであり，自分のタイプを変化させないという仮定であった。このタイプをエスニックと解釈すると，エスニックをかえることはないため，この仮定は問題ない。また，コインの死亡や出産のプロセスも考慮していない。つまり，世代交代のないモデルであるが，1世代中にもこのような分居は生じるかもしれないし，あえて世代交代をモデル化する必要もないのかもしれない。現実では一度住み着いた場所をかえることは引越の手間を考えるとたやすくないので，移動コストも考慮すべきと思うかもしれない。このように，シェリングの仮定では現実的ではないと思われるかもしれないが，「似た者と少しでも一緒にいたいという心理が分居を生む」ことを調べる上で必要ではない仮定を沢山盛り込むことは意味がないのだ。つまり，社会や人間の何を調べたいかによって，調べたいことに絞って仮定を構築し，それ以外のことは削ぎ落した上でシミュレーションを行うのである。

「タイプ」がエスニックのように変化しない指標である場合ではなく，自分の「タイプ」を変えることができることもある。それは，行動様式や思想がタイプになる状況だ。そこで次に，各個人において行動が変化する状況についての社会シミュレーションを紹介しよう。では，行動が変化することが社会シミュレーションの仮定として必要になる社会状況とは何であろうか。社会の基盤である協力行動が1つの例である。

第11章 コンピュータシミュレーションで社会を捉える

3. ノワックとメイの協力行動の研究について ……………………………

　社会はお互いの協力が基盤となって成立している。たとえば，身近な例として学園祭を取り上げよう。開催するためには様々な仕事を生徒に割り振り，仕事に協力してもらわなければならない。しかし学園祭の手伝いに積極的に協力する人もいれば，全く協力しない人もいる。積極的に協力する人はその後に控えているテストに割く時間が減り，悪い点数をとるかもしれない。一方，何も手伝いをしない人は時間を失うことはないので，テストの備えが十分にできるだろう。結局は一部の人たちの協力のおかげで開催までこぎ着けることになる。そして，手伝いをしなかった人も学園祭を楽しむことができる。

　社会は協力が基盤であるが，一部の協力的な人たちのおかげで成り立っているともいえる。手伝いをせずに学園祭を楽しんだ生徒たちのような人のことを一般的に「フリーライダー」という。すると，フリーライダーの方がテストの点数が良いとすると，フリーライドしたほうが良い。しかし，それでもフリーライダーばかりになると学園祭の開催が危ぶまれてしまう。一方で，協力して学園祭を盛り上げる人は必ずいる。自分の時間を割いてまで学園祭を盛り上げようとするのはなぜなのか？　もちろん「学園祭が好きで，自己実現である」，「人は利益だけでは動かない」，「学園祭を盛り上げた充実感が重要」という個人的な理由もあれば，「協力することで評判をあげたい」，「フリーライドすると評判が悪くなるので，手伝う」，「手伝わないと仲間はずれになる」，「手伝わない人は他の人から無視されたりして，何らかの制裁にあう」という社会的な理由もある。「学園祭を仕切ったことで，自分の能力の高さをアピールしたい」，「全校生徒を思いのままに動かしたい，目立ちたい」という政治的な理由もあるだろう。

　このような協力行動に関する問題を近視眼的な利得と絡めてシンプルに定式化した2者間ゲームを考えてみよう。学園祭を2人で実行するとする。学園祭を開催して得られる楽しさを b （$b > 0$）とする。学園祭を開催するための労力やテスト勉強に割く時間が減って悪い点となるコストをひっくるめて $-c$ （$c > 0$）とする。2人で協力し合って学園祭を開催するとそのコストは半分（$-c/2$）

132

3. ノワックとメイの協力行動の研究について

表 11-1：2人での学園祭を開催する場合の利得表について　AさんとBさんの2人のゲームを考える。利得表の縦がAさんの行動，横がBさんの行動である。表はAさんの利得を示す。

	Bが協力	Bが非協力
Aが協力	$b-c/2$	$b-c$
Aが非協力	b	0

となるが，1人だけで学園祭の準備を行うと1人でコスト（$-c$）を抱え込むことになる。2人とも何もしないと学園祭は開催されないので利得は0となる。これをまとめると表11-1になる。この利得表から言えることは，2人で協力するよりは自分だけ協力しない方が得をする（$b > b - c/2$）。2人で協力した方が，自分だけ協力するよりは利得が高い（$b-c/2 > b-c$）。そして，コストがさほど大きくない場合では（$b > c$），1人でも協力した方が全く協力しないよりは利益が高くなる。このようなゲームはチキンゲームと呼ばれる。$c > b > c/2$ではコストが学園祭の楽しさをうわまわる。このときは誰も協力しない方が，自分だけ協力するよりは利得が高いので（$b-c < 0$），いわゆる囚人のジレンマゲームとよばれるゲームとなる。

　ここでは囚人のジレンマゲームに着目してみよう（$c/2 < b < c$）。この時，もしBさんが協力すると，Aさんは協力するよりは非協力を選んだ方が利得が高い（$b-c/2 < b$）。もしBさんが非協力とすると，Aさんは協力するより非協力を選ぶ方が利得が高い（$b-c < 0$）。Bさんも同じように考えると，お互いが非協力を選んでしまう。そして利得は0となり，お互いが協力をして$b-c/2$を得るより利得が低くなる。これがジレンマである。

　では，現実ではどうだろうか。学園祭では全員が何もしないということはあり得ず，社会を見渡してもそうである。しかし表11-1のゲームであれば協力が達成されない。では，どうすればお互いが協力を選ぶようになるのだろうか。

　この囚人のジレンマゲームでの大前提として，ランダムに出会った人どうしがゲームをするとしている。しかし，実際にランダムに出会った人と学園祭を企画することはないだろう。では，誰と企画するのか？　同じ学校に通っている生徒同士である。これをもっと抽象化して表現をすると，「隣接個体と社会的相互作用をする状況」となる。

第11章　コンピュータシミュレーションで社会を捉える

表11-2：ノワックとメイの研究で用いた利得表　AさんとBさんの2人のゲームを考える。利得表の縦がAさんの行動，横がBさんの行動である。表はAさんの利得を示す。

	Bが協力	Bが非協力
Aが協力	1	0
Aが非協力	b	ε

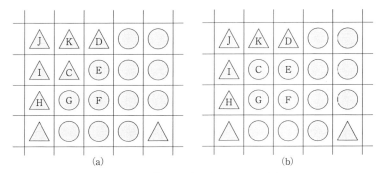

図11-3：格子モデル上のゲームの例

　ノワックとメイは，隣接個体との社会的相互作用（つまりゲーム状況）に着目し，人は協力をするのかどうかをコンピュータシミュレーションによって検証した（e.g. Nowak & May, 1992; Nowak, 2006）。彼らの研究では表11-2を用いた。$b > 1$の時に囚人のジレンマゲームとなる。またεは限りなく0に近いと仮定，つまり0とした。

　ノワックとメイの研究では隣接個体との社会的相互作用を行うモデルとして前述のシェリングの分居モデルと同様にチェス盤のような状況，つまり格子モデルを用いた（図11-3）。図11-3の○は協力を選んだ人，△は非協力を選んだ人を示す。図11-3aの例ではCさんは隣の8人（DさんからKさん）とそれぞれ表11-2の2者間ゲームを行い，総利得を得る。図11-3aではCさんが非協力を選び，周囲の8人のうち3人が協力を選んでいるので，Cさんの総利得は3b点となる。同様にして計算をすると，Fさんの総利得は7点になる。

　そして，自分と周囲の8人の総利得を比較して，総利得が自分の総利得より高い人の行動の真似をすると仮定する。図11-3aでは，FさんがCさんよりも

3. ノワックとメイの協力行動の研究について

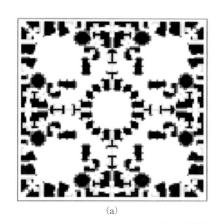
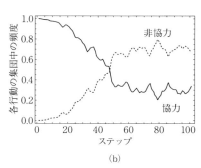

(a)　　　(b)

図 11-4：協力の進化のシミュレーション例

総利得が高く（$3b < 7$ の場合），他の周囲の人と比べても一番総利得が高いとする。Fさんが協力をしていると知ると，Cさんは非協力から協力へ変更する（図 11-3b）。

つまり，(1) 格子上の各人が隣接する 8 個体とそれぞれゲームをして，(2) 自分よりも総利得が高く，周囲の中でも一番総利得の高い人の行動を選択する（真似する）ことを決意し，(1) と (2) の繰り返しを行う。するとどうなるであろうか。

囚人のジレンマゲームであるので $b > 1$ であれば全員が非協力を選択する。しかし隣接での社会的相互作用の影響で結果は変わる。b が 1 より少し大きいぐらいなら，協力を選択する個体が生き残る。b の値が大きくなると，全員が非協力を選択する。$8/5 < b < 5/3$ では，協力と非協力が共存して万華鏡のようなパターンを繰り返す。図 11-4a は格子サイズを 100×100 とし，$b = 1.61$ で 100 ステップを行ったパターンを示す。図 11-4a の色はそれぞれ，前のステップで協力を選び今も協力なら黒，前のステップでは協力だが今のステップでは非協力なら薄い灰色，前のステップでは非協力だが今は協力なら灰色，前のステップでは非協力で今も非協力なら白色である。図 11-4b は協力（黒実線）と非協力（黒点線）の集団中の頻度の時間変化を示しており，ステップ数が増えても共存していることが分かる。

135

第11章　コンピュータシミュレーションで社会を捉える

　このように，学校のような社会的相互作用が限定的になっている状況においては，協力行動が非協力行動と共に存在することを示したのである。

　このモデルの解釈をかえてみよう。行動が遺伝的に決定されているとし，親から子へ遺伝する状況を考える。そして「利得の高いプレーヤーの行動を真似する」という仮定を，「利得の高い個体は繁殖率が高くなり，低い個体は繁殖率が低くなる。子どもを産んだ後にすぐに死亡する。子どもは，親がいた場所や親の利得より低い個体がいた場所を陣どる」と解釈する。すると，ノワックとメイの研究は，協力行動の進化に関する研究となる。

　人は自分の行動をかえる時に，利得の高い人の真似しかしないのだろうか。利得の比較をせずに，単に周囲の人の行動をまねているだけかもしれない。そのようなモデルとしてはアクセルロッドの研究がエポック的である。詳しくは参考文献を見てほしい（Axelrod, 1997）。

4.　おわりに

　社会シミュレーションとして，2つのエポック的な研究を紹介した。この2つの研究は非常にシンプルな仮定をし，研究から得られるメッセージも非常に分かりやすい。シェリングの研究は「差別心ではなく，単に少しでも同じタイプと一緒にいたいという心理が，分居を生む」，ノワックとメイでは「隣接でゲームをしたり，隣接の人の行動の真似をすると協力は達成されやすい」というメッセージである。

　シンプルな仮定による社会シミュレーション研究ではなく，コンピュータ上に人を完全に模した状況をつくった上で，分居や協力行動の研究をするべきなのだろうか？　また，そうした時に，シェリングや，ノワックとメイ達と同じ研究結果となるのだろうか。

　おそらく彼らの結論を覆すような結果にはならないだろう。ただし現実的と思われるシミュレーションでは，要因があまりにも多すぎて何が原因で分居が生じたり協力が達成されたのかは分かりにくくなるということはあるかもしれない。大規模シミュレーションによってシェリングのような結果を示すには，経済，歴史，社会要因をコントロールした上で検証する必要があるので，結局

136

はシェリングの仮定でも十分となる。大規模で現実的なシミュレーションが有効なのは，ニューヨーク市の分居現象を説明したいときのように，非常に具体的な問題を分析したいときであろう。

　そう考えると，今回紹介したようなシンプルな社会シミュレーションと現実的な要因を取り込んだ社会シミュレーションは研究目的が異なる。大規模で人工知能も搭載した社会シミュレーションは興味深く，将来的には重要な研究課題であり，このような社会シミュレーションを上手くつかって人間社会の理解をもっと深めていくことが期待される。

参考文献

Axelrod, R. (1997) *The Complexity of Cooperation: Agent-Based Models of Competition and Collaboration*. Princeton University Press.（寺野隆雄（訳）(2003). 対立と協調の科学：エージェント・ベース・モデルによる複雑系の解明　ダイヤモンド社）

Nowak, M. A., & May, R. M. (1992). Evolutionary games and spatial chaos. *Nature*, **359**, 826-829.

Nowak, M. A. (2006). *Evolutionary dynamics*. Harvard University Press.（竹内康博・佐藤一憲・巖佐庸・中岡慎治（監訳）(2008) 進化のダイナミクス　共立出版）

Schelling, T. C. (1969). Models of segregation. *American Economic Review, papers and proceedings*, **59**, 488-493.

Schelling, T. C. (1971). Dynamic models of segregation. *Journal of mathematical sociology*, **1**, 143-186.

Schelling, T. C. (1978). *Micromotives and macrobehavior*. Norton.

第 12 章	囚人のジレンマを克服するメカニズムの設計と実験
	——バートランド・ラッセルはなぜ変節したのか

1. はじめに [19]

　20世紀を代表する論理学者・数学者・哲学者であるバートランド・ラッセルは，第一次大戦のさなか平和主義に徹し，反戦を唱えてケンブリッジ大学の職を失い，さらには禁固刑まで受けた経験を持つ。1920年，彼は生まれて間もないソ連を訪問するが，全体主義的な体制や共産主義の批判を展開する。はっきりいってラッセルはソ連が嫌いになった。

　その彼が，広島に原爆が投下された直後，予防戦争（preventive war）を主張した。数年のうちにソ連も核兵器を保有し，米ソの軍事的対決が不可避となり，世界が崩壊の危機に直面することになる。その前に，アメリカが核兵器でソ連を攻撃し，世界政府の樹立を目指すべきだ，というのが予防戦争の意味するところである。マスコミからは，予防戦争は「戦争をなくすための戦争」であると批判を受けることになる。

　ところが，1950年代になると，ソ連に対する予防戦争を示唆した話は共産主義者のでっち上げであり，そんなことはいっていないと前言を撤回することになる。1955年には，米ソの水爆実験競争を批判し，核兵器廃絶・科学技術の平和利用を訴えた「ラッセル＝アインシュタイン宣言」を起草する。この宣言は核兵器と戦争の廃絶を目指す科学者会議であるパグウォッシュ会議につながっていく。

　ラッセルはなぜ「心変わり」したのだろうか。核開発による覇権の争いは，囚人のジレンマの典型例としてよく取り上げられる。囚人のジレンマゲームの

---

19)　本稿における様々な逸話はパウンドストーン（1995），アベラ（2008），ラッセル（2002）に依拠している。

第 12 章　囚人のジレンマを克服するメカニズムの設計と実験

中身が変容したのだろうか。本稿では，まず，ラッセルの変節の要因をゲーム論的な「理屈」のレンズを通じて分析する。それと共に新たな理論を構築し，その被験者実験を通じて，理論ばかりでなく，実験室でも機能するメカニズムの設計に挑戦する。

2. 囚人のジレンマ ･･･

　第二次大戦後，米ソは核開発競争に直面した。核兵器による先制攻撃で相手を壊滅することで，世界の覇権を握ることができる。これを仮想的な利得表（表 12-1A）で示してみよう。プレイヤーは米国とソ連である。各々は平和（Peace）か攻撃（Attack）の戦略を使うことができる。各セルの最初の数値は米国の利得，2 番目の数値はソ連の利得を示している。両者ともに攻撃をしない状態（平和）の利得をゼロとする。これが現状である。そこで，たとえば，ソ連の選択が平和のままでアメリカがソ連を核攻撃するなら，アメリカの利得は増えるはずで，これを 3 とし，ソ連の利得を − 7 としよう。逆の場合なら，アメリカとソ連の利得はそれぞれ − 7，3 となるとしよう。両者が互いに核攻撃をするなら，覇権どころではなくなるので，両者の利得を − 4 とする。

　この利得のもとで，平和と核攻撃のどちらの戦略をとるべきだろうか。アメリカの立場から考えてみよう。仮にソ連が平和を選ぶとしよう。もしアメリカが平和を選ぶなら利得はゼロ，攻撃を選ぶならそれは 3 となり，アメリカは攻撃を選ぶだろう。仮にソ連が攻撃を選ぶとしよう。もしアメリカが平和を選ぶなら − 7，攻撃なら − 4 となり，こちらでもアメリカは攻撃を選ぶだろう。つまり，ソ連がどちらを選ぼうが，アメリカは核攻撃を選ぶほうがよい。ソ連も同じように考えるだろう。そうなら両者とも核攻撃を選ぶに違いない。その結果，表 12-1A の右下のセルで示した最悪の事態を招くことになる。なお，戦略の選択にあたって米ソ共に相手の利得の数値を全く知らなくても自己にとってベストな戦略が選べる点に注意したい。

　この見方を鮮烈に表明したのが，前世紀を代表する天才研究者のフォン・ノイマンの雑誌『ライフ』での発言であろう。「君が明日核攻撃をしようというなら，僕は今日やろうといいたい。君が今日の 5 時にするというなら，僕は 1

2. 囚人のジレンマ

表 12-1：囚人のジレンマ

| | | ソ　連 | | | | | 2 | |
		平和 (P)	攻撃 (A)				出す (C)	出さない (D)
米	平和 (P)	0, 0	−7, 3		出す (C)		14, 14	7, 17
国	攻撃 (A)	3, −7	−4, −4	1	出さない (D)		17, 7	10, 10
			A				B	

時に核攻撃しようといいたい」とのこと。フォン・ノイマンは言葉遊びが好きだったようで，この状態を「相互確証破壊（Mutually Assured Destruction）」と呼んだ。略して MAD（狂気）である。

当時，アメリカ空軍の援助でカルフォニア州サンタモニカに設立されたのがランド研究所で，この研究所の重要な研究テーマが「核」であった。1950 年1 月，ランド研究所の研究者たちは表 12-1 のような利得表と 2 人の研究者を用いて被験者実験を開始した。これに興味を持ったのがランドの研究者で数理計画法の創始者の一人であったアルバート・タッカーだった。同じ年の 5 月，彼はスタンフォード大学心理学部のセミナーに招待され，数理モデルではわかりにくかろうと，お話として作ったのが下記の「囚人のジレンマ」である。

共犯だと思われている 2 人が別々の場所に収監された。司法取引が許されているアメリカでは，犯罪を自白することで刑期が短くなることがある。そこで表 12-1A の米国，ソ連を 2 人の囚人，平和を黙秘，攻撃を自白と読み替え，利得を刑期の年限だとみなそう。たとえば，−7 なら刑期 7 年と読むのである。両者共に黙秘すると，無罪放免となる。自分が自白し相手が黙秘するなら，自分は無罪放免となり，しかも自分しか知り得ない情報で得をするとしよう。この利得が 3 年分であり，黙秘したほうは刑期 7 年となる。

そうすると，さきほどの MAD と同じだから，2 人とも自白し，4 年の刑が確定することになる。社会にとっては，犯罪者にきちんと刑を課すのでこれでよいのだが，囚人の各々にとっては，一番よいのは相手に罪をかぶせることで，二番目によいのは 2 人とも黙秘することである。

表 12-1A の各々のセルに 14 を足したのが表 12-1B である。数値の大小関係には変化がない。たとえば，隣同士で家族の安全のために両家の間に防犯灯をつけようとしているとしよう。二軒とも手元に 10 単位のお金を持っていて，こ

141

れを全額出す（協力する，Cooperate）か，全く出さない（協力しない，Defect）かの意思決定に直面している。出したか出さなかったかにかかわらず，防犯灯からの利得は拠出額の合計に 0.7 を掛けた分だけ，両者ともに享受できるとしよう。つまり，防犯灯からの利益は両者に及ぶのである。このような財・サービスは公共財とよばれている。両者ともに非協力なら，手元に 10 単位のお金が残っているので，利得は 10 である。一方，両者ともに協力なら，拠出額が 20 単位となるので，防犯灯からの利得は 20 × 0.7 = 14 となる。片方が出し，もう一方が出さないと，出した方の利得は 10 × 0.7 = 7，出さなかった方の利得は手元に 10 単位のお金が残っているので 17 となる。表 12-1B はこれを示している。公共財供給も囚人のジレンマも利得の構造は本質的に同じであるといって良い。

　この例では防犯灯であったが，地球温暖化防止や平和なども公共財である。そのため，互いに協力すれば良い状態にいけるのに，お互いに自分のことだけを考えるなら悪い状態に終わってしまうという社会的な難題として，長い間，社会科学研究者ばかりでなく，生物学，数学，コンピューターサイエンス，心理学などの研究者の関心を集め続けている[20]。数多くのジレンマを観察し，ジレンマの克服を生涯の課題にしたエリノア・オストロムによると，ジレンマそのものにいくら焦点を当てても，ジレンマの解決につながらないとのことである[21]。したがって，ジレンマの前後になんらかの仕組みを作りその有効性を検討したり，また，協力できない人々に何らかの勧告をしたり，協力する人々に報償を与えたりする可能性，有効性を探ることが重要になる。ただ，そのデザインの仕方によって，結果が変わってしまうのである。

3. 承認メカニズム

　本稿では，20 世紀後半からレオニッド・ハーヴィッツが主導し，急速な進展を遂げたメカニズム・デザインのアプローチを採用する[22]。社会目標が達

20）　ただ，温暖化防止などでは，協力の中身を決めることができないため，単純に囚人のジレンマとして表現するのには問題がある。

21）王立スウェーデン科学アカデミー経済学賞委員会の評価書（2009）を参照されたい。

3. 承認メカニズム

成できない状況に直面し，その目標を達成する仕組み（メカニズム）をデザインするのである。もちろん，そのようなメカニズムは存在しないかもしれないし，存在するとしても一通りではないかもしれない。過去半世紀にわたって多数のメカニズムが設計されてきたが，理論で機能するとともに，被験者を用いた実験でもうまくいくメカニズムはほとんどないといってよい。理論でも実験でも機能するメカニズムのひとつとして承認メカニズムがある。承認メカニズムの詳細な性能に関しては，Saijo, Okano, & Yamakawa（2013）を参照されたい[23]。

　ここでは，承認メカニズムの簡単バージョンをお見せしよう。再び表 12-1A に戻り，米国とソ連を 2 人の囚人とし，平和を黙秘，攻撃を自白と読み替えよう。囚人のジレンマでは，別々のセルに収監された囚人が「黙秘」か「自白」の選択をする。囚人のジレンマならここでおしまいになるのだが，簡単化承認メカニズムの場合，以下の仕組みを付け加える。2 人の戦略の選択を聞いた取り調べ側は，これをそれぞれもう 1 人の囚人に知らせる。相手が自白したことを伝えるには，犯罪の当事者しか知り得ない情報の一部を相手に伝えれば十分である。両者ともに自白するか，黙秘するならこのゲームは終了で，2 人の利得はそれぞれ（0, 0）か（−4, −4）となる。もし 2 人の意思決定が異なるなら，これにもう一ステージ（つまり，第二ステージ）加え，黙秘した囚人に今一度自白するチャンスを与えるのである。この場合，黙秘を継続する囚人の利得は −7 で，相手は 3 であり，何の変化もない。つまり，相手がより多くの利得を得ることを〈承認〉するのである。一方，黙秘から自白に変えると，ふたりとも自白したので，その囚人の利得は −4，相手も −4 になるとする。つまり，相手の利得の 3 を〈承認〉せずに，自分も自白することで，相手の利得を −4 にするのである。なお，自白した方の囚人には何のチャンスも与えない。

　第一ステージ（囚人のジレンマゲーム）での 2 人の意思決定が異なると，第二ステージで黙秘した囚人はどうするのだろうか。黙秘を続ければ刑期は 7 年，自白すればそれは 4 年となり，その囚人が刑期の短い方を好むなら自白するに

22）王立スウェーデン科学アカデミー経済学賞委員会の評価書（2007）を参照されたい。
23）承認メカニズムの詳細については本シリーズの別の巻にて解説をする予定である。

第 12 章　囚人のジレンマを克服するメカニズムの設計と実験

違いない。そうすると，2 人とも自白するので，各々の利得は −4 となる。これを考慮に入れ，新たに利得表を作り直すと表 12-2A のようになる。この表は表 12-1A とはそもそも作り方が異なっている。第二ステージの意思決定を考慮に入れているからである。この表の（C，D）と（D，C）の背後では，第二ステージにおける C プレイヤーの選択が入っている。つまり，そのステージの選択を受けて作られているのである。2 つのステージのあるゲームを一つの利得表に縮約したので，これは縮約ゲームと呼ばれる。表 12-2A で，あなたがプレイヤー 1 ならどちらを選ぶだろうか。あなたが黙秘すると，あなたの利得は（2 が黙秘する場合のあなたの利得，2 が自白する場合のあなたの利得）＝（0，−4），自白するとそれが（−4，−4）となるので，自白は選ばないのではないのだろうか。つまり，相手が黙秘するなら自白よりも黙秘のほうがベター（0 ＞ −4），相手が自白するなら，あなたが黙秘しようがしまいが利得は同じ（−4 ＝ −4）なので，黙秘を選ぶのではないのだろうか。このような場合，黙秘戦略は自白戦略を弱支配するという。〈弱〉の意味は，−4 ＝ −4 という等号が入ることを指す。つまり，弱支配された戦略を消去して残ったのが黙秘である。プレイヤー 2 も同様に考え，黙秘を選ぶだろう。その結果，利得は（0，0）となる。もちろん，取り調べ側が囚人側を利する第二ステージを導入するはずがない。

　今度は防犯灯の場合を考えてみよう。2 人の意思決定が異なる時，お金を出したプレイヤーのみが，そのまま出すことにするのか，それとも全額戻してもらうのかを決めるとするメカニズムを導入すると，さきほどの簡単化承認メカニズムと同じになり，弱支配された戦略を消去して残るのが協力となる。これを示したのが表 12-2B である。

　核攻撃の場合はどうだろうか。実は，両者が意図することなく第二ステージができてしまったといってよい。米ソは核開発と同時に相手の核兵器の発射をモニターする技術開発の競争をしたのである。つまり，航空機やサテライトを通じて，相手の発射と同時にそれを確認できる体制を作りあげたのである。さらには，発射を確認すると，30 分以内にカウンターアタックする体制も構築した。これがさきほどの第二ステージと同じであることを確認してみよう。これまで平和を享受した米ソだが，相手が核攻撃をしたという情報が入るとしよ

表12-2：第一，第二ステージを縮約したゲーム

		2	
		黙秘 (C)	自白 (D)
1	黙秘 (C)	0, 0	−4, −4
	自白 (D)	−4, −4	−4, −4

A

		2	
		出す (C)	出さない (D)
1	出す (C)	14, 14	10, 10
	出さない (D)	10, 10	10, 10

B

う。攻撃しないなら利得は −7，攻撃するならそれは −4。それならただちに核攻撃をするほうがベターである。つまり，表 12-2A において，平和が核攻撃を弱支配する。これを知ってしまった米ソの首脳は核攻撃ができなくなったといってよい。

4. 行動原理

　前節では，2 人は共に「利得最大化」行動という経済学が想定する行動仮説を暗黙のうちに採用した。ところが，進化生物学や社会心理学などの研究成果が示すように，ヒトは必ずしも「利得」を最大化するという合理性のみを選ぶ訳ではない。「合理性」は一つに集約できるものではなく，多様な側面を持つスペクトラムとしてとらえるのが自然であろう。

　囚人のジレンマの場合，自分は黙秘を選び相手が自白するとなると，利得の数値にかかわらず，「許せない」と感じ，「目には目を，歯には歯を」ということで，自分は黙秘から自白に変える可能性もある。相手がよくしてくれたのでそれに応え，相手がよくしてくれなかったのでそれに仕返しをする，という行動原理は，「互恵性 (reciprocity)」とよばれる[24]。ただ，承認メカニズムの場合，行動の結果を見る限り，利得最大化と互恵性の区別がつかなくなる。つまり，相手が自白を選び，自分が黙秘を選んだ場合，互恵性を行動原理とするプ

---

24) Guala (2012) は，人類史上，「強い」互恵性（自分が損をするとしても有限回のゲームでも協力しない相手をきちんと罰すること）が顕著になったことはほぼない，との見解を示している。「目には目を，歯には歯を」というフレイズも「目には目で，歯には歯で」というほどの意味で，オストロムのいう非協力の程度に応じた罰 (graduated sanctions) とみなすこともできる。

第12章　囚人のジレンマを克服するメカニズムの設計と実験

レイヤーは，必ず自白するのである。そのため，人々が利得を最大化しようが，互恵性に基づいて行動しようが，ちゃんと双方の協力が達成できる仕組みになっている。片方が利得最大化，もう一方が互恵性に基づいていても大丈夫である。

　今度は，不平等を嫌う場合を考えてみよう。不平等回避者が最も嫌うのは (3，−7) と (−7，3) である。自己の利得にかかわらず，両方とも同程度悪いと感じると想定しよう。その次によいのは (−4，−4)，最善は (0，0) とする。この場合も，最初に自分は黙秘，相手は自白だとすると，不平等を避けるために，第二ステージで自白することになる。そのため，行動だけをみると利得最大化，互恵性，不平等回避の3つの行動原理は区別がつかない。

　次に，利得の和を最大にする功利者 (utilitarian) を考えよう。功利者にとって最悪な選択の結果は (−4，−4)，次は (3，−7) ないしは (−7，3)，もっとも良いのは (0，0) である。合計値の各々は，−8，−4，−4，0である。2人共に功利者の場合，自分（プレイヤー1）が黙秘する時の利得は (0，−4)，自白の利得は (−4，−8) となる。0 ＞ −4，−4 ＞ −8 なので，どちらの場合も，黙秘の利得が自白のそれよりも大きく，これを黙秘が自白を強い意味で支配するという。そこで，第一ステージで黙秘することになる。そのため，承認メカニズムを用いなくても協力の結果である (0，0) を達成できる。なお，第一ステージで相手が自白，自分は黙秘を選ぶ場合の利得合計は−4，第二ステージで自白に変更をすると，利得合計は−8となるので，黙秘を継続することになる。

　最後に，相手の利得を自己の利得と感じる利他者 (altruist) を考えよう。つまり，表12-1A において，第一プレイヤーが利他者だとすると，右上のセルの利得が3，左下のセルの利得が−7となり，黙秘よりも自白の利得が強い意味で支配する。そこで，第一ステージで黙秘を選ぶ。つまり，利他者同士なら協力を達成することになる。なお，第一ステージで相手が自白，自分が黙秘の場合，やはり黙秘を継続する。そのため，利他者と功利者は区別がつかなくなる。

　ところが，片方が利得最大者で，相手が功利（ないしは利他）者であることがわかっていると，利得最大者は自己利益のためにこれを利用することになる。

146

第一ステージで利得最大者は自白を選び，功利（利他）者は黙秘を選ぶ。第二ステージで功利（利他）者は黙秘から自白には変更しない。そのため，利得最大者の利得は3，功利（利他）者の利得は−7となり，互いの協力は達成できないのである。

　以上，利得最大者，互恵者，不平等回避者，功利者，利他者を考えたが，片方が功利（利他）者，もう一方が利得最大者，互恵者，ないしは不平等回避者だと，必ずしも協力を達成することができない。それ以外の場合はどんな組み合わせでも双方の協力が達成されるのである。なお，一般的な承認メカニズムの場合は，利得最大者，互恵者の区別はつかないものの，利得最大者ないしは互恵者，不平等回避者，功利者，利他者の区別，つまり4種類の行動原理の区別がつく構造になっている。

　従来の制度のデザインでは，社会目標を決め，その目標を達成するためのメカニズムを設計するにあたって，人々の行動はあらかじめ研究者が定めるというのが常であった。主には，利得最大化を行動原理とするプレイヤーを想定する。ところが，実際にはプレイヤーがどのような行動原理を持っているのかは不明である場合が多い。承認メカニズムの場合，功利者および利他者をのぞく複数の行動原理を持っているプレイヤーが混じっていても，協力という社会目標を達成するという新たな枠組みを提示している。この先には，個々のプレイヤーが持っている行動原理に関わりなく社会目標を達成する制度のデザインという重要な課題の地平が広がっている。

5. メカニズムに課す条件 ……………………………………………………………

　様々な制度の設計においてどんなメカニズムをデザインしても良い訳ではない。本節ではメカニズムが満たすべきいくつかの条件を考えてみよう。

　表12-1Bで示される防犯灯の設置の例を考えてみよう。どちらか一方のみしかお金を出さない場合は，そのお金を出したプレイヤーに全額返却するという仕組み（全額返却保証メカニズム）を考えてみよう[25]。なお，両者共に出すか，

25）Isaac, Schmidtz, & Walker（1989）を参照されたい。

第 12 章　囚人のジレンマを克服するメカニズムの設計と実験

両者共に出さない場合は，プレイヤーの選択通りの金額が拠出されるとする。これなら縮約ゲームは表 12-2B と同じになるので，結果として 2 人とも協力を選ぶに違いない。承認メカニズムと同様に協力を達成することができるので，この 2 つのメカニズムには違いがない，といってよいのだろうか。

　ところが，全額返却保証メカニズムでは，片方がお金を出し片方が出さない場合を最初から排除している。つまり，表 12-1B の（C, D），（D, C）は起こりえないのである。功利者の場合，相手がお金を出さなくても自分は出したいのだが，そのような帰結はあり得ないことになる。この背後には，少し暗いものの片方の資金だけで防犯灯をつけさせないという何らかの装置を背後で仮定していることになる。つまり，プレイヤーの戦略の選択とは関わりなく，ジレンマ問題で起こるかもしれない可能性を最初から排除している，ないしは排除が可能になる何らかの仕組みを想定しているのである。これではジレンマ問題の解決とはなりえないのではないのか。

　今度は，囚人のジレンマにおける全額返却保証メカニズムを考えてみよう。プレイヤー 1 が黙秘，2 が自白を選んだとき，全額返却保証メカニズムでは，プレイヤー 1 に自白を強要できるのである。核競争の場合はどうだろうか。片方が平和，もう一方が攻撃を選んだなら，平和を選んだ国は全額返却保証メカニズムにより核攻撃を強制させられるのである。一方，承認メカニズムの場合は，ジレンマゲームで起こりうる 4 つのセルのどれもが戦略の選択によりたどり着くことができるため，上記のような解釈しにくい問題は発生しない。

　ジレンマを解決するのに，協力しない人に対して誰でも制裁を与えることができる，というタイプの仕組みの研究が多数ある。本稿の例では，プレイヤーの数は 2 人だが，それ以上のプレイヤーが各々お金を出し合って公共財を作る，という自発的寄付メカニズムというのがある。そこでは罰として，どのプレイヤーも自己の資金を用いて相手の利得を減らすことができる，という仕組みがよく用いられている。たとえば，自己資金の 1 単位を用いて，名指しした相手の利得を 3 単位減らすことができる，という仕組みである。この背後には少ないお金で多くの被害を相手に与えることが可能になる何らかの罰の技術を暗黙のうちに想定している。しかし，そのような罰というメカニズムを用いても，理論的に協力を達成できないのである。たとえば，利得最大化を目指すプレイ

148

ヤーが自己利得の減少につながる罰を用いるはずがないし，そうなら協力を選ばないのである。つまり，制裁という仕組みではそもそも協力の達成ができない。さらなる問題は，公的な制度として特定の個人が別の個人に対して私的制裁を認めるという仕組みそのものに現実性がないということである。もちろん，私的制裁のある環境で人々がどのように振る舞うのか，私的制裁の与え方で人々の行動ないしは心の動きがどのように変わるのかという興味を否定するものではないが，協力を達成するための制度設計とは異なる動機の研究といってよい。

　何らかの手法で罰を科す仕組みの場合，罰金をどのように処理するのかが問題となる。つまり，当面考えている仕組みの中でその罰金を処理するのか，それともそれを外で処理するのかを考えねばならない。その処理の仕方によっては，ジレンマゲームのプレイヤーのやる気（インセンティブ）が変わってしまう可能性がある。一方，何らかの形で協力者に褒美を与える仕組みの場合も，その褒美をどこから持ってくるのかという問題をあらかじめ解決しておかねばならない。つまり，仕組みの中で閉じていること（予算のバランス）を考えねばならない。承認メカニズムはお金の出し入れそのものがないので自動的に予算のバランスがとれていることになる。なお，公共財供給における古典的なクラーク・メカニズムの場合，予算のバランスをとるのは不可能であることが知られている[26]。

6. 均衡概念 ··

　どのような行動原理であれ，戦略の選択については各ステージで弱支配された戦略の消去の結果残った戦略をとる，と想定したが，ゲーム論では様々な均衡概念を用いている。たとえば，ナッシュ均衡である。どのプレイヤーにとっても，他者の戦略を固定するとき，自己のとる戦略が他者の戦略への最適反応になっているならば，これらの戦略の組み合わせをナッシュ均衡という。表12-2A の縮約ゲームを考えてみよう。プレイヤー2がCをとるとき，プレイ

---

26) Bergstrom（2008）のレクチャーノートを参照されたい。

第 12 章　囚人のジレンマを克服するメカニズムの設計と実験

ヤー 1 の最適反応は C であり，一方，プレイヤー 1 が C をとるとき，プレイヤー 2 の最適反応は C となっている。つまり，（C，C）はナッシュ均衡である。ナッシュ均衡の場合，利得表の水平方向と垂直方向のみを見ればよいので，（D，D）は全く見なくてもよいのである。一方，（D，D）でも同じことを試してみよう。プレイヤー 2 が D をとるとき，プレイヤー 1 の利得は C でも D でも −4 で同じになっている。つまり，C も D も最適反応である。プレイヤー 1 が D をとるときのプレイヤー 2 の理由付けも同じで（D，D）もナッシュ均衡となる。この場合，（C，C）は全く見なくてもよい。

　このように複数のステージのあるゲームを一つの利得表に縮約し，そこで得られたナッシュ均衡は部分ゲーム完全均衡（subgame perfect equilibrium, SPE）と呼ばれている。

　SPE というレンズで承認メカニズムを眺めると，（C，C）以外に（D，D）も SPE となるので承認メカニズムは協力という目標を達成する仕組みではない。この意味で，20 世紀後半，米ソの首脳が SPE 戦略の一部である（D，D）を使わなかったことは，人類にとって幸いであったといってよい。ないしは，米ソの首脳は SPE ではなく，弱支配された戦略の消去を自然と行っていたのかもしれない。

　そのほか，ナッシュ系列の均衡概念だと，進化論的に安定的な均衡や中立的に安定的な均衡などがある。もちろん，人々がどのような行動原理を用い，均衡概念を使っているのかは被験者を用いる実験の結果を見る必要がある。実のところ，従来の研究では，被験者実験をほとんどしなかったため，均衡概念は，研究者がアプリオリに決めるとするのが当たり前であったが，これが大きく変わろうとしている。

7. 承認メカニズムの実験

　本節では，簡単化承認メカニズムではなく，Saijo, Okano, & Yamakawa (2013) が用いた承認メカニズムの実験結果を紹介しよう。実験では表 12-1B のセルの利得を各々 100 倍したものを利得表として用いた。20 人の被験者の実験をひとつのセッションと呼ぶ。実験では，同じ被験者は一つのセッション

150

7. 承認メカニズムの実験

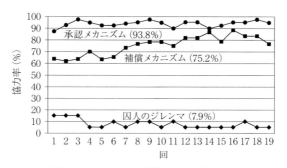

図12-1：ジレンマ実験における協力率

にしか参加せず，複数のセッションに参加した被験者は皆無であった。まず，同じ実験を繰り返さない一回きりの囚人のジレンマのみの実験のセッションと承認メカニズム付きの実験のセッションを各々一つ実施した。20人なので，10組の組み合わせができる。囚人のジレンマでは2人がCを選び，残りの18人がDを選んだ。そのため，協力率は10％であった。一方，承認メカニズムの実験ではすべての被験者が協力を選んだ。

次に，同じ実験を繰り返す場合の結果をみよう。一つのセッションの被験者は20人なので，異なった被験者と19回対戦できる。可能な限り協力が起こらない環境を作るために，毎回異なった被験者と19回対戦させたのである。承認メカニズム付きの実験は4セッション実施した。図12-1の承認メカニズムのグラフが示すように，平均協力率は1回目で90％弱，2回目以降は90％以上を持続している[27]。他の多くの囚人のジレンマ実験と異なり，1回目から高い協力率を達成し，それを維持しているのがみてとれる。

比較の対象の基礎となるのが囚人のジレンマのみの実験である。これは一セッション実施した。1回目の協力率は15％で，20人中3人が協力を選んだのである。ただ，回を経るにつれて協力率は下方傾向を示した。19回全部の平均協力率は7.9％である。他の囚人のジレンマのみの実験の協力率が10－20

---

27) 協力率の計算にあたっては（C, C）のみのCをカウントし，（C, D）のCはカウントしていない。そのため，単にCをとった率なら，協力率はもっと高くなる。

151

第12章　囚人のジレンマを克服するメカニズムの設計と実験

％程度なので，今回の実験デザインが特に協力を誘発するものではなかったといってよい。

　承認メカニズムとの比較のため，Charness, Fréchette, & Qin（2007）による補償メカニズムの実験を3セッション実施した。補償メカニズムでは，囚人のジレンマ実験の前に，互いに協力してくれるのならx円のお金をあげる，という約束（補償）をするのである。相手が協力してくれるならその額を必ず払わねばならない。SPEは互いに3ないしは4単位のお金を出し，協力することである。一方，弱支配される戦略の消去では，（D，D）が残ってしまう。補償メカニズムの場合は，当初の協力率は7割弱だが，回数を重ねるにつれて，協力率が上昇する。ただし，協力率の平均が9割を超えることはなかった。

　簡単化承認メカニズムでは，実験結果を用いて各々の行動原理の割合を同定しづらいが，承認メカニズムの場合，利得最大者か互恵者，不平等回避者，功利者，利他者の4種類の区別がつく。被験者の実験途中における記述および実験終了後のアンケートでは利他者を発見することはできなかった。そのため，行動を3種類に限定し，Saijo, Okano, & Yamakawa（2013）の開発したパス・データ分析を用いると，その3種類の比率は，それぞれ88-90％，10-11％，0.1-1％となった。つまり，利得最大者か互恵者が9割弱，不平等回避者が1割強，功利者が1％弱である。功利的な行動をみせた被験者はほとんどいなかったし，実験参加者も相手が功利者であるとは予想しなかったため，協力率がかなり高くなった可能性がある。さらには，このような比率になった進化的な合理性があるのかもしれない。今後の研究課題である。

　以上の行動原理の分類は，実をいうと，個々人に当てはめたものではない。同じ実験を繰り返す中で，同じ実験参加者があるときは利得最大者のように行動し，またあるときは不平等回避者のように振る舞うのである。心のうちに確固とした行動原理を有したプレイヤーが，表面的な行動の「ゆらぎ」として様々な行動原理を試しているのか，そもそもそのような確固とした原理などはないのかなどは未解決の問題である。さらには，様々な行動様式がどのような進化的なプロセスを通じて生き残ったのかも興味深いオープン・クエスチョンである。

Nagatsuka, Shinagawa, Okano, Kitamura & Saijo（2013）はfNIRSを用いて

囚人のジレンマと承認メカニズム付きの囚人のジレンマの二つのゲームの比較
をしている。すると囚人のジレンマゲームに比して承認メカニズム付きのゲー
ムのほうの前頭葉の賦活が少なくなるのである。つまり，被験者たちは承認メ
カニズムタイプの方で楽に意思決定をしているといってよい。福島原発災害の
補償に当たって，被災者が簡単には理解できない大部の冊子が配られたことが
あった。人々が楽に意思決定できる，またストレスを最小にするという視点が
制度をデザインするにあたって今後重要な視点となるであろう。

　ここでは紹介しないが，Saijo, Okano, & Yamakawa（2013）の実験データは，
被験者がナッシュ系の均衡概念ではなく，弱支配された戦略の消去を用いてい
ることを示している。ナッシュ均衡を求めるにはかなりの計算（利得の大小比
較）をせねばならないものの，弱支配された戦略の消去だと数値の大小比較が
ほんの数回で終わってしまう。そのため，被験者は簡単でわかりやすい手法に
自然に流れたのではないのか。この意味で，50 年あまり，研究者のマインド
はあまりにもナッシュおよびナッシュ系の均衡概念にある意味で「汚染」され
ていたのではなかろうか。もちろん，ある種の均衡概念がすべてのゲームで支
配的であるはずがない。特定のゲーム，行動原理，均衡概念という三つ組みの
「親和性」に関する研究はこれからの重要課題である。

　承認メカニズムタイプの制度設計原理は，囚人のジレンマばかりでなく，公
共財供給（Masuda, Okano, & Saijo, 2014）や 3 人以上の社会的ジレンマ（Huang,
Masuda, Okano, & Saijo, 2014）の理論と実験で有効に機能することが確認され始
めている。さらには，この枠組みで，プレイヤーが選んだ戦略を今一度別の戦
略に変更すべきかどうか「再考」したり，他のプレイヤーが選んだ戦略を観察
し「他者の目」を気にするなど，我々が日常の中で自然に取り込んでいる「知
恵」も視野にいれた制度設計が始まっている。未開拓の分野であるといってよ
い。

　さて，ラッセルが心変わりしたゲーム論的合理性は何だったのだろうか。史
実に基づく根拠は皆無であるが，彼は，ある時，核競争ゲームが単純な囚人の
ジレンマゲームではなく，承認ステージがついた二段階ゲームであることに気
づいたのではなかろうか。自伝によると，彼自身，神秘主義的な傾向があり，
5 分のうちに，帝国主義者から平和主義者に変わったという経験を持っている。

第 12 章　囚人のジレンマを克服するメカニズムの設計と実験

この心変わりもそれに近い体験だったのではないのか。なお，ゲーム論における「チキン」ゲームの命名もラッセルとのことである。

8. おわりに

　2011 年の夏，承認メカニズムの理論と実験を携えてアムステルダムで開催された「社会的ジレンマ」に関する国際カンファレンスにはじめて参加した。初日，多くの報告を聞いた後，経済系の院生や研究者と雑談をしたのだが，全員，「社会的ジレンマを何らかの形で解決するタイプの報告が皆無」であったことをしゃべり始めた。すでにあるジレンマ研究の結果について，その結果をさらに細分化する実験をデザインし，その結果を報告するというスタイルの研究がすべてであることに気付いたのである。

　社会的ジレンマのカンファレンスは 2011 年当時，すでに 14 回目であった。たまたま 1 回目から参加している研究者に出会い，率直に疑問をぶつけてみた。すると，カンファレンスを設立した当時の研究者には，ジレンマを解決するという意識が強くあったものの，回を重ねるごとにそれが薄くなり，現状ではほぼ消えてしまっているとのこと。さらには，何らかの仕組みをデザインするという手法に距離をおく研究者がほぼすべてであるという。メカニズムをデザインする手法の背後に，特定のエリート集団が社会の仕組みを構築するというソーシャル・エンジニアリングや社会進化論の「におい」を感じ取り，生理的にそのような手法を嫌うとのことであった。それに対し，ヒトの心を切り刻むという手法は，遅かれ早かれ行き詰まるのではないのか，と質問したところ，「その通りで，多くの研究者が気付いているものの，それぞれの専門のアカデミック・ジャーナルでその種の研究しかアクセプトされない，ないしはそのように信じ込んでいるので，まだまだ時間がかかる」との答えであった。

　経済学の分野でも，20 世紀半ばまで，すでにある制度を与件とし，そのもとでの分析がメイン・ストリームであった。ところが，20 世紀前半から始まった社会主義論争（社会主義経済は資本主義経済と比べ資源の配分，成果の分配を上手にすることができるのかに関する論争）を受けて，制度そのものを変数とする考え方が多くの研究者の関心を集めるようになった。その中核がハーヴィッ

154

ツを中心とするメカニズム・デザインである。1990年代のバブルとその崩壊,近年のリーマン・ショック,ギリシャに端を発するユーロ危機など自由放任市場では解決不能な数々の問題に直面し,市場を含めていかに制度をデザインするのかが,経済学における重要な課題となったのである。

参考文献

アレックス・アベラ　牧野洋（訳）（2008）．ランド：世界を支配した研究所　文藝春秋.

ウィリアム・パウンドストーン　松浦俊輔（訳）（1995）．囚人のジレンマ　青土社.

バートランド・ラッセル　中村秀吉（訳）（2002）．自伝的回想　みすず書房.

Bergstrom, T. Lecture 11 Groves-Clarke and Groves-Ledyard Mechanisms. http://www.econ.ucsb.edu/~tedb/Courses/UCSBpf/pflectures/revelation.pdf

Charness, G., Fréchette, G.R., & Qin, C-Z. (2007). Endogenous Transfers in the Prisoner's Dilemma Game: An Experimental Test of Cooperation and Coordination. *Games and Economic Behavior*, **60**, 287-306.

Economic Sciences Prize Committee of the Royal Swedish Academy of Sciences. Scientific Background on the Sveriges Riksbank Prize in Economic Sciences in Memory of Alfred Nobel 2007: Mechanism Design Theory. http://www.nobelprize.org/nobel_prizes/economics/laureates/2007/advanced-economicsciences2007.pdf

Economic Sciences Prize Committee of the Royal Swedish Academy of Sciences. Scientific Background on the Sveriges Riksbank Prize in Economic Sciences in Memory of Alfred Nobel 2009: EconomicGovernance. http://www.nobelprize.org/nobel_prizes/economics/laureates/2009/advanced-economicsciences2009.pdf

Guala, F. (2012). Reciprocity: Weak or Strong? What Punishment Experiments Do (and Do Not) Demonstrate. *Behavioral and Brain Sciences* **35**, 1-59.

Huang, X., Masuda, T., Okano, Y., & Saijo, T. (2014). Toward Solving Social Dilemma: Theory and Experiment. in preparation.

Isaac, R.M., Schmidtz, D., & Walker, J.M. (1989). The Assurance Problem in a Laboratory Market. *Public Choice*, **62**, 217-236.

Masuda, T., Okano, Y., & Saijo, T. (2014). The Minimum Approval Mechanism implements the Efficient Public Good Allocation Theoretically and Experimentally. *Games and Economic Behavior*, **83**, 73-85.

Nagatsuka, M., Shinagawa, H., Okano, Y., Kitamura, Y., & Saijo, T. (2013). Using Economic Games to Investigate the Neural Substrates of Cognitive Processes. *American Journal of Clinical Medicine Research*, **1**, pp. 71-74.

Saijo, T., Okano,Y., & Yamakawa, T. (2013). The Approval Mechanism Experiment: A Solution to Prisoner's Dilemma. mimeo.

| 第 13 章 | お米市場と助け合う買い手たち |

1. はじめに

「米離れ」が叫ばれて久しい。日本人のライフスタイルや食生活に関する好みが変化した結果，お米の購買量が減った。それが，お米の販売価格の急激で継続的な下落を招き，政府が減反を奨励してもお米の供給過剰を解消することができず，農家の収入を圧迫し続けていると世間では言われている。

ところで，日本のお米の価格はこれまでどのように決まってきたか，読者のみなさんはご存じだろうか。2011 年までは，農水省管轄の「コメ価格センター」で入札市場が開かれ，そこで銘柄ごとに取引価格が決定されていた。ここで上場されるお米の量は，日本全体で取引されるお米の量のごく一部で，ほとんどは生産者（主に農協という単独の売手）と少数の卸業者との間の相対取引で決まるのだが，入札で決定された価格は相対取引における目安となっていたという[28]。センター入札市場が有効に機能し，真の需給情報がそこから得られれば，本当に「米離れ」が供給過剰を引き起し，米価の継続的な大幅下落が農家収入を圧迫したのかどうかがわかるはずだ。

戦後最初のお米の市場は，1995 年に開設された「自主流通米価格形成センター」（以下，「センター」）である。前年度の集荷数量が 8000 トン以上あるような大規模産地品種銘柄に，その 3 分の 1 以上の数量の上場を義務付けし，全国の主要銘柄を対象に農水省肝いりでスタートした。それまで日本のお米は，「政府米」と呼ばれ，国が一括管理し，生産者には国が同一価格を保証し，ど

---

[28] 大量の取引を扱う相対取引が，それに比べて少量を扱う入札市場を基準に行われる例はごく一般的で，他にも小麦などの穀物や材木などの一次産品を含む，多くの商品取引にみられる。

第 13 章　お米市場と助け合う買い手たち

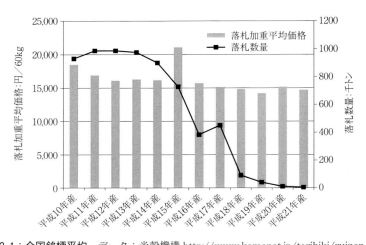

図 13-1：全国銘柄平均　データ：米穀機構 http://www.komenet.jp/torihiki/ruinen.html

の地域のお米も同一商品として，米専売店（当時の「お米屋さん」）のみで扱われていた。しかし，古米，古古米などと呼ばれる売れ残ったお米が毎年積み上がる一方，味に自信のある農家は国の流通ルートからはずれて，ひそかに独自販売を模索し，次第にその流通量を増していった。それら独自販売されたお米は，「闇米」として知られるようになった。この時点で，事実上，国の一括管理による「政府米」流通体制は行き詰まり，「闇米」を正規の「自主流通米」として認める代わりに，国が監督する入札市場でお米の価格を管理する方向へ，国は米政策の舵をきった。

　入札市場が開設される以前は，国はお米の需給の実態を把握するすべを持たなかった。そこで，センターでの入札データが，国にとって必要な情報をもたらし，「適正価格」が決定されて米余りを解消するだろう。そして，終わらない減反政策にも見通しがつくだろうと大いに期待された。ところが，実際はそううまくいかなかった。図 13-1 は 1998 年（平成 10 年）から 2009 年（平成 21 年）までの，センター入札市場で決定された取引価格の全国銘柄平均（棒グラフ）と落札数量（折れ線グラフ）の推移を示している[29]。平成 15 年度の取引価

---

29) 落札とは，入札に勝って商品を入手する権利を得ることをいう。

格が群を抜いて高いのは，この年が気候不順で，タイ米などを輸入したほど生産量が落ち込んだためである。この年を例外とすると，センター入札市場での取引価格は比較的高値で安定している。その一方，折れ線で示されている取引数量は，激しく下降している。これは，センターに上場されないまま流通する「計画外米」の量が急速に増加したことを意味する。平成14年度の段階で，備蓄用の政府米とセンターに上場される自主流通米の割合はお米の全流通量の5割を下回ってしまった。そして平成19年に，センターはついに閉鎖され，ルールを大幅に変更して新たに「コメ価格センター」が設置されたが，これも平成22年3月にあまりの上場量の少なさに閉鎖に至り，現在は東京穀物商品取引所および関西商品取引所でコメ先物市場が試験的に開設され，農水省の試行錯誤は今も続いている（参照：米穀機構HP）。

2. センター取引価格と数量動向の不可思議な点 ……………………………

　結局，本当に米離れが深刻で，魚沼産コシヒカリなどの一部の人気銘柄米以外は安く買いたたかれざるを得ないから農家が出荷を抑えるのか，それともお米の取引構造がゆがんでいるために不自然に取引量が減ったのか，どちらであろうか。通常，価格があまり変化しないなら，販売量の変動は少ないはずだ。しかし，センターの入札市場の動向を示す図13-1を見る限り，平均価格はそれほど下がっていないにもかかわらず，取引量が急激に減少し，非常に不自然な様子であるため，図13-1の情報は上記の問いに十分こたえられそうにない。

　ここで少し，経済学の分析ツールを使って，入札市場での取引価格と取引数量について簡単に考え方を紹介した後，そのツールを使ってセンター入札市場の動きを見ることにしたい。図13-2は，一般的な需要・供給状況の例である。経済学のテキストによく出てくるタイプの図だ。取引される商品の数量を横軸に測り，需要については「需要価格」，供給については「供給価格」を縦軸に測る。「需要価格」とは，買手がその商品1単位に対して，それを手に入れるために支払ってもよいと考える額の最大値を意味する。たとえば各買手が1単位の商品をほしがっている場合，図13-2は「需要価格」の一番大きい買手から一番小さい買手まで順に並べたものと考えればよい。人気ラーメン店の前に

159

第 13 章　お米市場と助け合う買い手たち

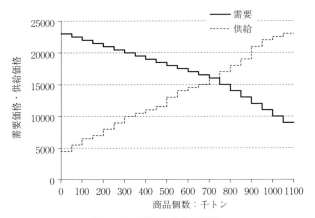

図 13-2：需要と供給の関係

できる行列と同じである。先頭の「需要価格」のもっとも高い買手は，開店前から並び一番長時間がまんできる，言いかえればそのラーメン一杯を食べるために自分の大事な時間を一番長く犠牲にしてもいいと思える人である。つまり「需要価格」とは，買手にとっての個人的商品価値の最大値を表す。したがって，買手はその商品を需要価格より高い値段で買おうとは絶対思わない。需要は，商品消費個数とそれに対応する買手の最大評価値との関係を表す。他方，売手にとっての「供給価格」は，その商品をさらにもう1単位供給するのにかかるコストである。ここでラーメンは売り切れと言ってしまうか，もう一杯余計に作って出すかを決める際，供給価格がラーメン一杯分の価格よりも低ければ作って出すべきである。したがって，売手はどんなにその商品を売りたくても，供給価格より低く提供することは，その商品を作るための材料費や人件費をまかなえないことを意味するので，できないのである。

　買手が供給価格を上回る額で商品を評価すれば，取引が成立する。図 13-2 で言えば，商品 750 単位までの需要価格が供給価格を上まわる領域である。ここで，需要価格の線と供給価格の線が一致し，この点を「市場均衡」と呼ぶ。この点に対応する需要価格（＝供給価格）は 16000 円のみで，この額なら先頭から 750 単位目までを需要するすべての買手も売手も納得して取引するだろう。これを「均衡価格」と呼ぶ。

2. センター取引価格と数量動向の不可思議な点

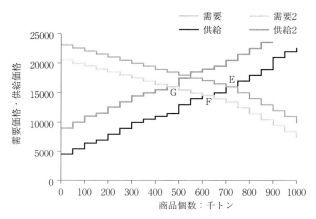

図13-3：需要と供給の関係

　もし，センター入札市場が真の需給を一致させると仮定したら，センターで決定された価格は「均衡価格」であるということになる。「均衡価格」が毎年ほとんど変わらないまま取引量が減少する現象は，どのようにとらえられるだろうか。世間が言うように，「米離れ」が大規模に起きているとすれば，それは需要価格の線全体を左側にシフトさせる。図13-3には当初の「需要」とシフトした後の「需要2」が描かれている。センター入札市場が真の需給を一致させるのであれば，取引はE点から新たな受給の一致点Fに変更される。確かに取引数量は，当初の一致点Eと比べると750単位から650単位へ落ちている。ところが，F点での均衡取引価格は14500円で，E点の取引価格より低くなるので，価格が落ちないセンター入札市場の動きとは異なる。図13-3をそのまま使って，取引数量は減少するが同時に取引価格が高止まりする現象を描こうとすると，新たに供給自体を縮小させ，左上にシフトさせた「供給2」を考えなければならない。供給2と需要2との一致点Gで，当初取引価格16000円が成立し，取引数量はさらに縮小して500単位となる。したがって，センターでの取引価格と取引数量の動きは，買手の「米離れ」だけではなく，供給の大幅な縮小も同時に起きなければならない。しかし，1年単位での大幅な減反などによる供給量調整はあり得ないことから，図13-3の状況が起きたとは考えがたい。これは，いったいどういうことだろうか。

第13章 お米市場と助け合う買い手たち

3. センター入札市場ルールの思わぬ特殊性 ……………………………

　センター入札市場で何が起きたのかを知るには，そこで売手と買手が何を目指して行動したのかを探る必要がある。そのために，まず平成19年度までのセンター入札市場での具体的な取引ルールがどのようなものだったのかを調べてみると，取引ルールの肝心なところが通常の入札市場と異なっていたことがわかる。もっとも一般的な入札市場ルールでは，買手の入札した札を額の高い方から順番に並べ，商品の上場数量分に対応する札を上から落札させる。落札した買手は，自分の入れた札の額で商品を購入する。この方式を，経済学では「差別的入札（Discriminatory Auction）」と呼ぶ。個々の入札額は買手間で異なるため，結果的に商品が買手によって異なる価格で取引されうることから，「差別（あるいは区別）的」なのである。また，売手にも価格に関して希望をきく場合があり，これを「指値」と呼ぶ。買手と売手は，それぞれ相手の情報を得る前に札および指値を提出し，入札額が指値よりも高かった買手が商品を購入できる。この方式で取引する市場を，この章では「一般入札市場」と呼ぶことにしよう。

　センター入札市場でも買手が買値を入札し，売手は指値を入れる。しかし，買手のどの札を落札とするかの点が異なる。まず，入札された札を額が高い方から順に並べ，上から順に平均値をとっていき，その平均値が指値以上である分の札を落札させるというものである。指値が16000円だったとして，そのときの入札状況が表13-1であったとして説明しよう。上位2番までの平均入札額は17900円，上位3番までの平均入札額は17006.7円というように，次々と下の順位の札を含めて平均入札額を求めていく。指値は16000円なので，上位4札までの平均値が16450円で指値を上回るが，5札まで計算に入れると平均値は指値を下回る。そこで，上位4札が落札となる。指値よりも高い額の札はもちろん，第3札15400円や第4札14600円のように指値よりも低い額の札も平均値の計算に含まれれば落札できるのだ。

　筆者と共同研究者の西條は以前農水省に出向き，センター入札市場開設を担当した関係者の1人に面会する機会を得たが，なぜこのような複雑な落札ルー

4. 実験室で入札市場

表 13-1：センター入札市場　入札状況例

買手	入札額	平均落札額	指値
A	18800	18800	
B	17000	17900	
C	15400	17066.7	
D	14600	16450	16000
E	13000	15760	
F	12500	15216.7	
G	10700	14571.4	

ルになったのか，具体的な経緯を聞くことはできなかった。お米市場の売手は
もっぱら農協単体であり，主な買手は米卸業者である。平均値を基準とし，指
値の上下一定幅に入る札を落札させて，指値の落札可能性に対する影響力を若
干削ぐことで，センター入札市場はあからさまに売手独占を許す供給者保護政
策だと世間が批判するのを回避するための，政策的判断だったのではないかと
いうのが筆者の推測である。

4. 実験室で入札市場 ………………………………………………………

　一般の「市場」が機能しているのかどうかを調べるにはさまざまな実証方法
があるが，入札市場のように「市場」における取引ルールが明示的に決まって
いるような場に関しては，実験手法が一番優れていると考えられる。とはいえ，
センター入札市場を完全に実験室で再現して，そこでお米を取引するわけでは
ない。実験室で再現するのは，売手が 1 人で買手が複数である点と落札・支払
いルールである。
　図 13-4 は，実際に信州大学での実験に使用した供給価格と需要価格である[30]。
実験室では，参加者を 1 人の売手と 11 人の買手にランダムに分けた。まず，
売手に表 13-2 のように，供給価格情報を与える。商品を調達するためにかか
る費用は，その商品個数までの供給価格の総和である。たとえば，商品を 3 単
位販売することになった場合には，供給価格の低い方から 3 単位分の総和であ

---

30) 実験デザインの詳細については，本シリーズの 2 巻で解説する予定である。

163

第13章 お米市場と助け合う買い手たち

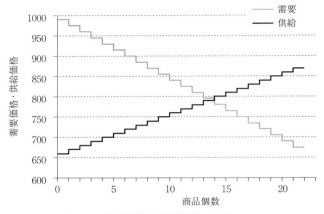

図 13-4:需要価格と供給価格スケジュール

表 13-2:供給価格・費用情報

商品個数	供給価格	総費用
1	660	660
2	670	1330
3	680	2010
4	690	2700
5	700	3400
6	710	4110
7	720	4830
8	730	5560
9	740	6300
10	750	7050
11	760	7810
12	770	8580
13	780	9360
14	790	10150
15	800	10950
16	810	11760
17	820	12580
18	830	13410
19	840	14250
20	850	15100
21	860	15960
22	870	16830

表 13-3:需要価格情報

商品個数	需要価格
1	990
2	975
3	960
4	945
5	930
6	915
7	900
8	885
9	870
10	855
11	840
12	825
13	810
14	795
15	780
16	765
17	750
18	735
19	720
20	705
21	690
22	675

4. 実験室で入札市場

表 13-4：実験参加者への需要価格配布例と入札例　指値 = 890

買手 ID	商品価値（需要価格）		入札				消費者余剰
	1	2	1	落札	2	落札	
1	930	900	890	＊	870	＊	40 ＋ 30
2	915	750	900	＊	700		15
3	870	735	860		705		－
4	885	720	850		700		－
5	915	705	790		690		－
6	990	690	910	＊	650		80
7	975	675	820		640		－
8	960	765	860		750		－
9	945	825	880	＊	780		65
10	930	810	900	＊	800		30
11	840	795	890	＊	750		50

＊指し値が 890 円のとき，入札額の高い方から 7 番目までの合計は 6240（＝910
＋900＋900＋890＋890＋880＋870）となり，その平均は 891.4 円（＞890 円）。
一方 8 番目までの合計は，7100（＝6240＋860）となり，その平均は 887.5 円
（＜890 円）。このため，＊印のついた 7 枚の札が落札する。

る 2010 円が総費用としてかかる。商品 3 単位分の落札総額が，この費用総額
を超えれば利潤が出る。売手役の参加者に利潤に比例する金額を実験者が支払
うことで，売手参加者に利潤を高めるように指値を考えるインセンティブを与
える。一方，表 13-3 に示されている商品価値（＝需要価格）条件を実験者がデ
ザインし，その値を買手間にランダムに配布する。買手は落札した場合にのみ，
落札対象の商品の代わりに，配布された商品価値を金額として受け取り，そこ
から自分が提出した札の額を支払額として差し引く。表 13-4 は，各買手が商
品を 2 単位まで需要する場合の商品価値配布の例と，そのときの各買手の入札
例である。売手が指値を 890 円に入れた場合，センター入札市場ルールによっ
て落札が決定された札は，表 13-4 の＊印で示されている。ID1 番の買手につ
いては，第 1 札と第 2 札の両方が落札される。そのとき獲得できる商品の最初
の 1 単位について 930 円の価値を，次の 1 単位の商品について 900 円の価値を
得る。ここで，最初の 1 単位に 890 円，次の商品に 870 円で入札しているので，
商品価値 930 円から入札額 890 円を差し引いた「差額」40 円が生じる。商品 2
単位目からは，商品価値 900 円から入札額 870 円を引いた，30 円の差額が生
じる。この差額を，経済学では「消費者余剰」と呼び，その買手にとって商品

165

第13章　お米市場と助け合う買い手たち

を購入したかいがあったかどうかを表す。買手はできるだけこの消費者余剰を高めるように行動すると考えられるので[31]，実験者は買手参加者へこの差額分に比例する額を支払って，買手の参加者にこの差額を大きくするインセンティブを与える。このようにして，実験参加者に本気で入札を考えてもらおうというのである。実験中，参加者は黙々と自分の PC 画面に向かって作業を行い，他の参加者と話をすることはおろか，視線を合わせることもできない。これによって，あからさまに参加者が結託する機会を作れないようにし，競争的環境を保つ。

図 13-4 の 2 つの曲線の交点が競争「均衡」に対応する。競争均衡における価格，つまり競争均衡価格は 790-795 円の範囲，そのときの取引数量は 14 単位だ。一般入札市場で買手は自由に入札額を決めるので，最終的に落札者が支払う金額は異なりそうだが，売手からの指値を許す場合には，結果的に図 13-3 を使って説明したケースのように，買手全員が均衡価格と同じ価格で購入する場合と一致する。買手が市場経験を何回かつむと，そのうち前回までの指値情報から今回の指値を推測できるようになる。そして，多くの買い手が指値レベルで入札をするだろうと想像がつく。なぜなら，落札可能範囲のうちで最低額を入札するのが買手にとって一番賢いやり方だからだ。結局，指値に相当する額以上に商品を評価する買手は全員予想される指値額で入札するので，結果的に同一額で入札が並ぶことになる。それを前提にすると，売手は買手の予想を上回る指値をしてしまうと全く売れず，かといってあまり低すぎる指値をするともうけがでないので，うまく決めないといけない。それを見越すと，買手は下手に高く入札して売手を楽観的にしてはいけない。このような売手と買手のかけひきを，ゲーム理論の手法を使って分析することができる。理論分析の詳細説明は他所に譲り[32]，この章では，売手は市場均衡価格と等しい指値をし，指値より商品評価の高い買手は全て，同じく競争的市場均衡価格で入札するという行動が，ゲームの解として導かれるということだけいっておこう。図 13-4 の実験デザインでいえば，指値や入札が 785-790 円の範囲に収まるは

---

31) 落札できなかった場合は，商品の入手も支払いもないので，余剰は発生しない。

32) 理論分析の詳細および実験データの統計的解析の詳細については，本シリーズの 2 巻で解説する予定である。その内容は，Nishimura & Saijo（2011）に基づく。

166

5. 実験結果からわかる入札行動の特性

ずである。

5. 実験結果からわかる入札行動の特性 ⋯⋯⋯⋯⋯⋯⋯⋯⋯⋯⋯⋯

　図 13-5 と 13-6 は，一般入札市場の実験結果である。そこでは売手に 1 枚の
指値を，買手には各自 2 札ずつ（つまり 2 単位の商品について）入札してもらっ
た。図 13-5 は指値とそのとき落札された商品の総単位数（＝取引数量）をグラ
フ化したものである。図 13-6 は，そのときの買手の入札状況をプロットした
ものである。実験での観測値（ここでは入札額や指値）は，必ずいろいろな値
をとる。自然界にあるものの観測値と同じように，さまざまな性質の誤差が混
入するからである。したがって，これらデータの統計的な分析をして初めてデー
タの性質を語ることができるのだが，この章ではできるだけ分布図などで説
明することにしたい。

　図 13-5 の指値分布をみると，750 円くらいから 820 円くらいの幅に多くの
データポイントが入っている。この範囲のちょうど中央に理論上の競争均衡値
が位置していることから，およそ指値は平均的に理論的な競争均衡値の近傍に
分布しているといってよいだろう。一方，図 13-6 の入札額データ分布図から，
落札された札はおしなべて 790-830 円あたりに集中して投入されている。高い
需要価格の配布を受けて，落札時に多くの消費者余剰を期待できる買手が，指
値予想値の上方近傍に札を集中させる理論的買手行動とデータ分布はほぼ整合
的である。ここから，一般入札市場において競争均衡予想値からの大幅な乖離
はないと，おおざっぱに結論づけることができる。

　さて，図 13-4 のデザインを使って同じ条件のもと，今度はセンター入札市
場ルールで実験してみたところ，指値に関する図 13-7 と入札に関する図 13-8
の結果を得た。まず，図 13-7 からみてみよう。図 13-5 と比べると図 13-7 の
ばらつきはかなり大きく，さらに分布はグラフの右の方へ散っている。独占価
格の理論値付近（独占価格は 855 円-870 円の範囲，取引数量は 9 単位[33]）に位置

33）競争均衡価格が需要と供給の一致点で決まるのに対して，独占価格は限界収入（＝ 1 単
　位追加的に販売した場合に売手に生じる追加的な収入）と供給が一致する数量に対応する
　需要曲線上の点の価格と一致する。詳細は，ミクロ経済学のテキストを参照されたい。

第13章　お米市場と助け合う買い手たち

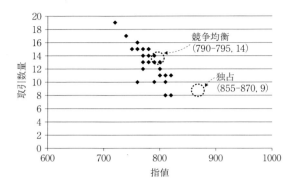

図 13-5：指値と取引数量（一般入札市場）

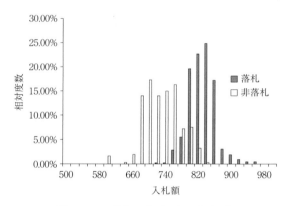

図 13-6：入札額分布（一般入札市場）

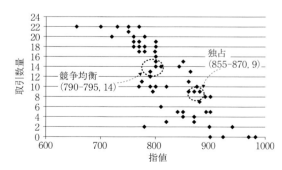

図 13-7：指値と取引数量（センター入札市場）

5. 実験結果からわかる入札行動の特性

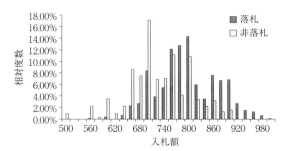

図 13-8：入札額分布（センター入札市場）

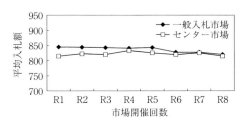

図 13-9：第 1 札（落札のみ）—平均値

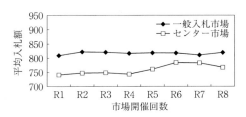

図 13-10：第 2 札（落札のみ）—平均値

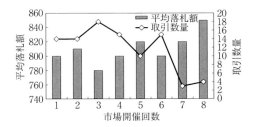

図 13-11：平均落札額と取引数量（センター実験市場）

するデータも少なくない。センター入札市場でも売手に完全な独占的指値を許してはないようだが，競争均衡価格への圧力は一般入札市場よりよほど小さいと読み取れる。他方，図 13-8 の買手の入札データは図 13-6 よりなお一層ばらついている。特に，競争均衡価格レベルよりも下方へのばらつきが目立つのに気付く。

　もう少し入札行動を細かくみるために，各買手から提出された札のうち落札した札のみについて，市場開催回ごとの平均値を，第 1 札と第 2 札別に一般入札市場と比較したものが図 13-9 と図 13-10 である。横軸は市場の開催回数だ。図 13-9 で，初回に落札された第 1 札の平均値は，一般入札市場とセンター入札市場の間で乖離が見られるが，回を追うと次第にその差は縮まり，7 回，8回においてその値は競争均衡価格より高いが，およそ 810-820 円あたりにとどまっている。しかし，図 13-10 で示されている第 2 札の平均値の動きは，一般入札市場とセンター入札市場とで大きく違うことがすぐ見て取れる。一般入札市場の第 2 札の動きは第 1 札とそれほど変わらず，予想指値（競争均衡値の近傍）よりやや高めで並んでいる。他方，センター入札市場で落札される第 2 札の平均値は，予想される指値よりも相当低い。こんなに大胆に低く入札しても，結果的に落札できているのだ。本シリーズ第 2 巻では，データの細部に踏込み，統計的手法による分析結果を紹介するが，それによると実は第 1 札も含めてセンター入札市場における入札行動は，図 13-9・10 だけではわからないさらに特殊な動きであることがあぶり出される。話もできず目も合わせられないにもかかわらず，買手間に相互連携が起こり，一部の買手に予想指値より低い値での入札を誘発し，それを落札させる市場の姿が見えてくるのだ。

6. おわりに

　前節でみた，実験室のセンター入札市場における買手の大胆に低い入札ぶりは，売手の目から極端に消極的な需要状況に見える。このように，真の需要に比べて過小に入札する現象は，「需要縮小（Demand Reduction）」と呼ばれ，市場機能を劣化させる要因のひとつと考えられる。売手は市場を何回か経験するうちに入札曲線を予想し，それに基づいてできるだけ独占価格に近い高いレベ

ルをねらって指値をしようと考えるだろう。この売手の指値戦略と，買手の需要縮小的入札戦略が組み合わさった結果，価格が高値でとどまりながら取引量だけが大幅に下落する。図 13-11 は実験室で得られたデータをもとにした平均落札価格と販売数量のグラフだが，平均落札価格と販売数量の動向は，センター入札市場の公開データから作成した図 13-1 と酷似している。

ところで，センター入札市場の「需要縮小」現象には，もっと根本的な問題が存在する。大胆に低い入札の落札が可能であるためには，必要以上に高く入札する買手の存在が必要である。しかし，このような買手間の相互依存的入札行動を，既存のゲーム理論で説明し予測することができない。既存理論は，市場参加者は自分の利益（買手はどれだけお得か，売手はどれだけもうけられるか）のみを考慮し，それを追求すると仮定して成り立っている。これを自己利益追求型と呼ぶとしよう。自己利益追求型のセンター入札市場参加者は，落札可能だと思われるぎりぎりまで入札額を下げて，できるだけ落札した場合の利益（＝需要価格−入札額）を高めようとするはずである。その立場からは，ことさらに予想される指値よりも高く入札して，落札時の利益をあえて減らす理由は見当たらない。

近年の実験研究は，既存のゲーム理論が依って立つ自己利益追求型の人間像に大きな疑問を投げかけている。本書の他の章で紹介されているものを含め，囚人のジレンマや公共財供給ゲームなどを初めとするさまざまなコンテキストで，自己利益と矛盾しても協力したり，あるいは嫌がらせをしたりする行動が頻繁に観察されている。そのような考え方に立つと，センター入札市場特有の平均落札ルールが，買手に近視眼的な金銭的自己利益追求行動ではなく，買手どうしの相互協力行動で独占的売手に対抗しようとすることを誘発した結果，かえって指値を高止まりさせ落札枚数を減らし，皮肉にも買手自身の首をしめたことが，センター入札市場の消滅を招いた理由と言えるのではないか。

では，自己利益追求以外の目的が混入すると，市場はうまく機能しないということなのだろうか？　そうではない，というのが筆者の結論である。まず第一に，一般入札市場は現実に頻繁に利用され，実験室でも十分機能するように見える。実験参加者が，異なる市場で人格を根こそぎ変えるはずもない。筆者と共同研究者の西條は，非自己利益追求型の人間がいるとさらに効率的になる

市場の存在とその機能を特定している（Nishimura, Cason, Saijo, & Ikeda（2011））。また，本シリーズの2巻でも，自己利益追求型がいてもいなくても，協力行動が推進されるプロセスが提案されている（Masuda, Okano, & Saijo（2014），Saijo, Okano, & Yamakawa（2013））。世の中には自己利益追求型の個人もそうでない個人も存在する。非自己利益追求型の個人にも，率先して協力する個人や逆に他人の邪魔をしたい個人など，さまざまなタイプがいる。つまり，複数のタイプの個人が混在しても機能性を失わないような市場取引ルールをデザインすることが，今後市場を設計するにあたり大事なこととして，政策担当者は十分に念頭に置かなければならないだろう。 その際，制度の事前確認には実験的手法が欠かせない。

参照文献

米穀機構：http://www.komenet.jp/torihiki/ruinen.html

Nishimura, N., & Saijo, T. (2011). Demand Reduction in Average Price Auction. Mimeo.

Nishimura, N., Cason, T., Saijo, T., & Ikeda, Y. (2011). Spite and Reciprocity in Auctions. Games, **2**, 365-411.

Masuda, T., Okano, Y., & Saijo, T. (2014). The Minimum Approval Mechanism implements the Efficient Public Good Allocation Theoretically and Experimentally. *Games and Economic Behavior*, **83**, 73-85.

Saijo, T., Okano, Y., & Yamakawa, T. (2013) The Approval Mechanism Experiment: A Solution to Prisoner's Dilemma. mimeo.

第 14 章	高値で売り抜けられる？
	——バブル・ゲームの実験

1. はじめに

　歴史上，財，株式，不動産などのバブルは，繰り返し観察されている。17世紀のオランダにおいてチューリップの球根を投機対象として起こった「チューリップ・バブル」，18世紀のイギリスにおいて南海会社の株式を投機対象とした「南海泡沫事件」，1980年代後半から1990年代初頭の日本における株式や不動産などのバブル，2000年頃のインターネット関連企業の株式の「ドットコム・バブル」などである。いずれのバブルも，最終的には投機対象の価格の暴落，すなわちバブルの崩壊によって終わっている。

　それでは，なぜバブルが起こるのだろうか？　理論的にも実験的にも，さまざまな原因が提示されているが[34]，ここではそれらの中から，最新の実験研究として，Moinas & Pouget（2012）を紹介したい（以下ではこの実験のことを「MP実験」と表記する）。

　バブルとは，その投機対象（以下では株式を例に取り上げる）が，本来の価値よりも高い価格で売買されている状態として定義されるが，特に興味深い状況は，全員が，株式の価格が本来の価値よりも高いと知っており，いつかは価格が本来の価値まで下落すると分かっているにもかかわらず，そのような高い価格で取引してしまっているようなケースである。

　それでは，なぜ，その価格が本来の価値よりも高いと知っているにもかかわらず，そのような価格で株式を買う人が現れるのであろうか？　株式を買う人が，将来さらに高い価格で株式を売れるかもしれないと考えているから，とい

---

34) バブル研究の近年のサーベイ論文としては，Brunnermeier（2009）や Brunnermeier & Oehmke（2013）がある。

173

うのがよくあげられる説明である。実際，株式の価格がいつかは必ず暴落する状況であっても，暴落する直前まで株式の価格は上昇し続けるかもしれない。そのような場合，もし株式の本来の価値よりも高い価格で買っていたとしても，暴落する前の時点で，買ったときよりも高い価格で売り抜けることができるのならば，売買益を得ることができるのである。当然，暴落する瞬間に株式を持っている人は大損をすることになる。

それならば，暴落する直前に株式を売ればよいではないか，と考えるかもしれない。しかしながら，いつ価格が暴落するかは，誰にも分からないのである。

MP実験が分析対象としているのはこのような状況であり，その状況を，次のような方法で実験室内に再現している。

2. MP実験のデザイン ··

MP実験は，大きく分けて2種類の設定のもとで実施されているが，その設定の違いについて説明する前に，まずは共通設定について説明したい。

この実験は，3人の被験者からなるグループ内での株式の取引を分析対象としている。3人には，初期配分として，1単位の仮想的な現金がそれぞれ与えられる。そして，1番目に取引する役割になるか，2番目に取引する役割になるか，3番目に取引する役割になるかが，それぞれランダムに割り当てられる。

実験がはじまると，まず1番目の被験者に，1単位の株式を買う機会が与えられる。この株式は，全く価値のない紙切れで，本来の価値は0である。そして，そのことは，被験者間の共有知識[35]である。

1番目の被験者に提示される株式の価格をP_1と表記する。後ほど説明するように，P_1の水準はランダムに決められた後に，1番目の被験者に提示されるが，どのP_1が実現した場合であっても，必ず「$P_1 > 0$（＝株式の本来の価値）」が成立する。そして，1番目の被験者は，P_1の価格で株式を買うか買わない

---

35) ここでは，全ての被験者は，株式の本来の価値が0であることを知っているし，自分がそのことを知っていることを他の被験者は知っているし，自分がそのことを知っていることを他の被験者が知っていることを自分は知っているし，というように，「知っている」ことの連鎖が永遠に続くことを意味する。

174

2. MP実験のデザイン

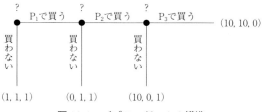

図14-1：バブル・ゲームの構造

かを選択する。

図14-1を見られたい。この図は，各被験者が直面する意思決定の内容と，その結果，各被験者の最終的な現金保有量が何単位になるのかを表したものである。まず，1番目の被験者の選択肢は，左の黒丸から下と右に向かって伸びる2本の枝によって表されている。下に向かって伸びる枝は株式を買わないという選択を表し，右に向かって伸びる枝は P_1 の価格で株式を買うという選択を表す。

もし1番目の被験者が買わなければ，このグループでの株式の売買はそれで終了となり，3人それぞれの手元に残る現金は，初期保有量の1単位のみとなる。左の黒丸から下に向かって伸びる枝の先の3つの数値は，左から順に，1番目，2番目，3番目の被験者の手元に残る現金の額を表すが，それらがいずれも1単位となっていることが確認できる。この場合，株式は，本来の価値である0よりも高い価格で売買されないことになり，バブルは発生しないことになる。

もし1番目の被験者が株式を買う場合，この被験者は2番目の被験者に，買ったときの10倍の価格，すなわち $10P_1$ の売値を提示することができる。株式の価値は0なので，1番目の被験者がもうけることができるのは，2番目の被験者にこの価格で売ることができた場合にのみである。第3節で説明するように，必ず $P_1 \geq 1$ なので，もし P_1 が現金保有量の1よりも大きい場合，実験者から差額分のお金である P_1-1 を借りることになる。

2番目の被験者は，$P_2 = 10P_1$ の価格で，1番目の被験者から株式を買うか買わないかを決めることができる。この選択肢は，図の真ん中の黒丸から下と右に向かって伸びる2本の枝によって表されている。下に向かって伸びる枝は

175

株式を買わないという選択を表し，右に向かって伸びる枝は P_2 の価格で株式を買うという選択を表す。

もし 2 番目の被験者が買わなければ，このグループでの株式の売買はそれで終了となり，2 番目と 3 番目の被験者の手元に残る現金は，それぞれ初期保有量の 1 単位のみとなる。1 番目の被験者の手元には，価値が 0 の株式と，もし実験者から足りない購入代金の $P_1 - 1$ のお金を借りていた場合はその分の借金が残り，破産することになるが，ここでは有限責任（全ての保有資産が差し押さえられた時点で借金は帳消しとなり，それ以上は請求されない）の設定が採用されているため，現金保有量はマイナスとはならず，下限の 0 となる。

もし 2 番目の被験者が株式を買った場合（「$P_2 > 1$」なので，買った場合は必ず実験者から $P_2 - 1$ の借金をすることになる），3 番目の被験者に，買ったときの10 倍の価格，すなわち価格 $P_3 = 10P_2 = 100P_1$ の売値を提示することになる。1 番目の被験者はバブル崩壊前に売り抜けることができたことになり，$10P_1$ の売却収入が得られる。ただし，1 番目の被験者が，購入費用 P_1 の一部（つまり，$P_1 - 1$）を借金でまかなっていた場合，$10P_1$ の売却収入を全て自分のものにすることはできない。$10P_1$ の売却収入は，購入費用 P_1 への出資比率に応じて，1 番目の被験者と実験者とで分けることになる。つまり，

　　1 番目の被験者の分け前：実験者の分け前
　＝ 1 番目の被験者の出資額 (1)：実験者の出資額 ($P_1 - 1$)
　＝ 1 番目の被験者の出資比率 ($1/P_1$)：実験者の出資比率 (($P_1 - 1$)/ P_1)

という比率に応じて，$10P_1$ を分けることになる。すなわち，1 番目の被験者が受け取る金額は，$10P_1 \times 1/P_1 = 10$ となる。

結局，1 番目の被験者の手元に残る現金保有量は，もし 2 番目の被験者が株式を買ってくれなかった場合は 0 単位，もし買ってくれた場合は 10 単位となり，それらの水準は，P_1 の水準に依存しない。直感的には，1 番目の被験者は，10 倍の価格か，0 倍の価格（つまり無価値）になる株式に，1 のお金を投資するわけなので，元の株価（P_1）がいくらであろうが関係なく，10 倍の価格になったときには，元本 (1)×倍率 (10)＝10 の売却収入が得られ，無価値になっ

たときには，元本（1）×倍率（0）＝0の売却収入が得られるのである。

　3番目の被験者は，$P_3 = 10P_2 = 100P_1$ の価格で2番目の被験者から株式を買うか，買わないかを決めることができる。この選択肢は，図の右の黒丸から下と右に向かって伸びる2本の枝によって表されている。下に向かって伸びる枝は株式を買わないという選択を表し，右に向かって伸びる枝は P_3 の価格で株式を買うという選択を表す。

　もし3番目の被験者が買わなかった場合，3番目の被験者の手元に残る現金保有量は，初期保有量の1単位のみとなり，2番目の被験者の手元に残る現金保有量は，破産により0単位となる。

　もし3番目の被験者が買った場合（買った場合，必ず実験者から $P_3 - 1$ だけ借金することになる），直後にバブルは崩壊して株式の価格は本来の価値の0となり，3番目の被験者は破産する。3番目の被験者の手元に残る現金保有量は，破産により0単位となる。売り抜けた2番目の被験者の手元に残る現金は，売却収入 $P_3 = 10P_2 = 100P_1$ のうちの，自腹で購入代金をまかなった割合である $1/P_2 = 1/10P_1$ 分にあたる，10単位となる。これらの額は，P_1 や P_2 の水準に依存しない。

　もし，3人の被験者それぞれが，自分が何番目の被験者であるか分かっているならば，このような構造のゲームは，「むかでゲーム」と呼ばれるものと同一になる。そして，被験者の合理性が被験者間で共有知識であるならば，理論的には次のような理由によりバブルは起こらない。すなわち，3番目の被験者の最終的な現金保有量は，株式を買うと0，株式を買わないと1なので，株式を買わない。2番目の被験者は，合理的な3番目の被験者は上記理由により株式を買わないと考え，自分が株式を買うと最終的な現金保有量は0，買わないと1になると考えるので，株式を買わない。1番目の被験者は，合理的な2番目の被験者は上記理由により株式を買わないと考え，自分が株式を買うと最終的な現金保有量は0，買わないと1になると考えるので，株式を買わない。つまり，だれも株式を買わず，バブルは起こらないことになる。

　しかし，MP実験は，むかでゲームとは異なるデザインとして，自分が何番目の被験者であるか分からないという設定を新たに導入している。具体的には，実験者は，後に説明する確率分布に従って P_1 の水準を決め，3人の被験者に，

第 14 章　高値で売り抜けられる?

1番目，2番目，3番目のいずれかの役割をランダムに割り当て，1番目の被験者には P_1 の水準，2番目の被験者には P_2 の水準，3番目の被験者には P_3 の水準を見せることになる。すなわち，自分のもとには，株式を購入できる価格，たとえば 100 という価格が提示されるだけであり，他の被験者に提示される価格は分からないため，自分が何番目の被験者なのかが分からない。つまり，この 100 という価格が P_1 なのか，P_2（すなわち $P_1 = 10$）なのか，P_3（すなわち $P_1 = 1$）なのかが，100 を提示された被験者には分からないのである。図 14-1 では，このことが，「？」という記号によって示されている。

　このような共通設定のもとで，MP 実験は，ランダムに決められる P_1 の分布としてどのようなものを使うのかという点で，次のような大きく異なる 2 つの設定を採用している。1 つ目は P_1 に上限 K がある設定，2 つ目は P_1 に上限 K がない設定である（P_1 に上限 K がない設定は，上限 K が無限大である設定と考えることができる）。P_1 に上限 K がある設定は，さらに，K = 1 の設定，K = 100 の設定，そして K = 10,000 の設定の 3 種類に分けられることになる。K の水準は被験者間で共有知識となる。

　のちほど説明するように，K の水準が大きくなるほど他者の行動を類推する難易度が上昇する。MP 実験は K の水準をコントロールすることによって，それがバブル発生に与える効果を見ようとしているのである。

3. MP 実験の理論予測

　P_1 の上限 K が，バブルが発生するのか否かにどのような影響を与えるのかを，理論的に考えてみよう。

● K＝1 の場合の理論予測

　K = 1 の設定においては，必ず，$P_1 = 1$，$P_2 = 10$，$P_3 = 100$ となる。よって，各被験者は，自分に提示された株式の価格を見て，自分が何番目の被験者かを確実に知ることができる。すなわち，1 を提示されたら自分は 1 番目だし，10 を提示されたら自分は 2 番目だし，100 を提示されたら自分は 3 番目となる。よってこのゲームは通常のむかでゲームと同じ構造となり，むかでゲームのと

3. MP実験の理論予測

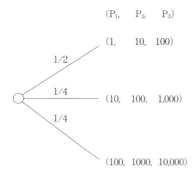

図14-2：P_1 の上限 K＝100 の時の確率

ころですでに説明した理由により，バブルは起こらないことになる。

● K＝100 の場合の理論予測

K＝100 の設定においては，P_1 の水準は，次のような確率でランダムに決められる。すなわち，$P_1=1$ となる確率が2分の1，$P_1=10$ となる確率が4分の1，$P_1=100$ となる確率が4分の1であり，そのことは共有知識である。このことを図示したのが，図14-2である。左から伸びる枝に振られた数値は，それぞれの枝が実現する確率である。枝の右に3つ並べられた括弧内の数値は，左から順に，P_1，P_2，P_3 の値を示す。すなわち，上の枝は確率2分の1で実現し，このとき，$P_1=1$，$P_2=10$，$P_3=100$ となることを示している。また，真ん中の枝は確率4分の1で実現し，このとき，$P_1=10$，$P_2=100$，$P_3=1,000$ となることを示し，下の枝も確率4分の1で実現し，このとき，$P_1=100$，$P_2=1,000$，$P_3=10,000$ となることを示している。

ここで，各被験者は，自分が何番目であるのかを，提示された価格の情報をもとにベイズの法則を使って類推できるほど合理的であると仮定する。また，この合理性が共有知識であるとする。

このとき，ある被験者に株式の価格として10,000が提示されたとしよう。図の中で，10,000が実現するのは，下の枝においてのみである。すなわち，100％の確率で，この被験者は，自分が3番目の被験者であることを知ることができる。この被験者は，株式を買ってもそれよりも高い価格で売れないこと

第14章　高値で売り抜けられる？

が分かっているので，株式を買わないことになる。

　次に，ある被験者に株式の価格として1,000が提示されたとしよう。図14-2から，1,000が提示されるのは，真ん中の枝と下の枝の場合のみであることが分かる。それぞれが起こる確率は等しいので，1,000が提示されて上の枝の可能性が排除されたあとは，真ん中の枝の可能性は2分の1，下の枝の可能性は2分の1となる。もし真ん中の枝であった場合，自分は3番目の被験者である。よって株式をそれよりも高い価格では売れないので，株式を買わないのが得になる。もし下の枝であった場合，自分は2番目の被験者である。もし3番目の被験者が10,000の価格で株式を買ってくれることが分かっているならば，2番目の被験者は1,000の価格で株式を買っても得になる。しかし，先ほど見たように，10,000を提示された被験者が合理的であるならば，この被験者は自分が3番目だと気づいてしまい，株式を買ってくれないことになる。よって，2番目の被験者は，もし3番目の被験者が合理的であると予測するならば，株式を買わない方が得になる。結局，株式の価格として1,000を提示された被験者は，それが真ん中の枝が実現した結果であろうと，下の枝が実現した結果であろうと関係なく，株式を買わない方が得になる。

　100を提示された被験者の思考も同様である。100が提示される状況は，3つの枝のいずれのケースでも起こり得るので，どの枝が実現したのかは確率的にしか分からない。しかし，上の枝だった場合には自分が3番目なので買わない方が得となるし，真ん中や下の枝だった場合には，自分が100の価格で買ったとしても，次の被験者が合理的であるならば，その被験者は「次の合理的な被験者は10,000の価格では買ってくれない」と考えて1,000の価格では買ってくれないため，自分も100の価格で買わない方が得になる。結局，このような2段階の推論が必要にはなるが，合理性が共有知識の場合，100を提示された被験者は株式を買わないことになる。

　10や1を提示された被験者の思考も同様で，多段階の推論の結果，合理的な他の被験者は自分から株式を買ってくれないと予測するので，自分も株式を買わない方が得になる。

　結局，K = 100の場合，合理性が共有知識であるという仮定のもとでは，どのような価格を提示された被験者であっても株式を買わない方が得なので，バ

180

3. MP 実験の理論予測

ブルは発生しない。ただし，提示される株式の価格が低いほど，他者の合理性についての多段階の推論が必要となり，合理性が共有知識であるという仮定がより非現実的なものとなっていく。

● K＝10,000 の場合の理論予測

K＝10,000 の設定においては，P_1 の水準は，次のような確率でランダムに決められる。すなわち，$P_1＝1$ の確率が2分の1，$P_1＝10$ の確率が4分の1，$P_1＝100$ の確率が8分の1，$P_1＝1,000$ の確率が16分の1，$P_1＝10,000$ の確率が16分の1であり，そのことは共有知識である。

このケースも先ほどと同様で，株式の価格として低い値が提示されたケースほど多段階の推論が必要となるが，合理性が共有知識であるという仮定のもとでは，やはりだれも株式を買わず，バブルは発生しないことになる。

● P_1 に上限がない場合の理論予測

P_1 の値に上限がない設定においては，P_1 の水準は，次のような確率でランダムに決められる。すなわち，$P_1＝1$ の確率が2分の1，$P_1＝10$ の確率が4分の1，$P_1＝100$ の確率が8分の1，$P_1＝1,000$ の確率が16分の1，$P_1＝10,000$ の確率が32分の1，$P_1＝100,000$ の確率が64分の1，……というように，非負の整数 $n＝0, 1, 2, 3,……$ について，$P_1＝10^n$ が実現する確率が $1/2^{n+1}$ となっている。そしてこのことは共有知識である。

この設定のもとでは，株式の価格としてどれほど高い金額が提示されたとしても，自分が3番目である確率は100％にはならない[36]。そのため，P_1 に上限がある場合のように，自分が3番目である確率が100％となる状況から後ろ向きに解いていくことができなくなる。あるいは，P_1 の上限が無限大なので，バブルの可能性を排除するには無限大から自分が見せられた価格まで無限段階

---

36) 株式の価格として1を提示された場合と10を提示された場合には，自分が3番目である事後確率は0％である。一方，株式の価格として 10^n（$n \geq 2$）を提示された場合，自分が3番目である事前確率は $1/2^{n-1}$，自分が2番目である事前確率は $1/2^n$，自分が1番目である事前確率は $1/2^{n+1}$ なので，自分が3番目である事後確率は，$n \geq 2$ の水準にかかわらず，常に $(1/2^{n-1})/(1/2^{n-1}+1/2^n+1/2^{n+1}) = 4/7$ となる。

第14章　高値で売り抜けられる？

の推論をする必要があり，実質的にバブルの可能性を排除できない，という解釈もできる。

このとき，もし，どの被験者もそれほど危険回避的ではなく，「自分が3番目でなかった場合には，次の被験者が買ってくれる可能性は高いだろう」と予測しているならば，合理性が共有知識であったとしても，この被験者たちにとって株式を買うことが得になる。すなわち，バブルが発生し得ることになる。

● MP 実験の理論予測のまとめ

以上の理論的な予測をまとめると次のようになる。価格 P_1 に上限がある場合，被験者の合理性が共有知識であることを仮定すると，バブルは発生しない。ただし，この仮定がくずれやすくなる多段階の推論が必要となる状況ほど，また，自分が3番目である可能性が低い状況ほど，実験室内においては株式を買ってしまう被験者が現れやすくなるものと予想される。一方，価格に上限がない場合，被験者の合理性が共有知識であろうとなかろうと，危険回避度や他者の行動への予測によってはバブルが発生し得ることになる。すなわち，価格に上限がある場合よりも，株式を買ってしまう被験者が現れる可能性が高くなると予想される。

4. MP 実験の結果

MP 実験の主な結果は次の通りである。

まず，価格に上限がある場合，自分が3番目の被験者であると確実に分かる状況であっても株式を買ってしまう人がいることを観察している。しかしながら，そのような状況の被験者が株式を買う可能性は，自分が3番目の被験者であるかどうか分からない状況の被験者よりも，低いことを明らかにしている。

また，自分が3番目の被験者である確率が同一の状況間で比較すると，3段階以上の推論が必要な場合には，2段階以下の推論しか必要ない場合よりも，株式を買う可能性が高くなることを明らかにしている[37]。

これらの結果は，合理性が共有知識となっている状況では発生し得ない。しかしながら，状況が複雑になるほどそのような結果が観察されやすくなるとい

うこれまでの実験室実験から得られている知見と整合的であるという点で，MP 実験は「成功」していると言えよう。

　また，必要となる推論の段階数が同一の状況間で比較すると，3 番目の被験者である可能性が低くなるほど，株式を買う可能性が高くなることを明らかにしている[38]。この結果は MP 実験によって初めて示されたものである。

　しかしながら，P_1 の上限の有無が行動に与える効果は明らかになっていない。より具体的には，必要な推論が 3 段階以上になった場合，それが有限段階（つまり，P_1 に上限がある場合）であろうが，無限段階（つまり，P_1 に上限がない場合）であろうが，行動に差が出なかったのである。

　おそらく，必要な推論が 3 段階以上になった時点で，合理的な推論（つまり，他人の合理性を根拠に，バブルが発生する可能性を多段階にわたって排除していくような推論）が被験者の能力的にできなくなってしまったのであろう。あるいは，多段階の推論が可能な賢い被験者であっても，「もはや他人はこれほど多段階な推論はできないであろう」と考えて行動してしまったのかもしれない。そのため，それが有限の多段階であろうが無限段階であろうが，どちらも「推論がとても難しい」という点であまり差がつかず，同程度の頻度で，「よく分からないが，多分，次の人が買ってくれるであろうから株式を買おう」という行動につながったのだと推測される。

5. 実験室実験による証券バブル研究の今後の展望 ……………………

　これまで，Smith, Suchanek, & Williams（1988）を嚆矢とする証券バブルの実験研究は，注文の行き交う実験室内の仮想的な証券市場を分析することによってすすめられてきた。それに対して，ここで紹介した MP 実験は，自分が暴落直前に高値づかみをする最後の投資家になるかもしれないという設定を，

37）このことは，むかでゲームを実験室実験により分析した初期の研究である McKelvey & Palfrey（1992）以来示されていることと整合的である。

38）むかでゲームにおいては，自分が最後の被験者である可能性が，最後のノードの被験者を除いて常に 0 となる。よって，むかでゲームでは，自分が最後の被験者である確率が被験者の行動にどのような影響を与えるのかを，分析することができない。

第14章　高値で売り抜けられる？

ゲーム論的な枠組みにより実験室内で実現している。今後，実験室実験を用いた証券バブルの研究手法としては，旧来からの市場型の実験手法だけではなく，MP実験のようなゲーム論的な枠組みを用いた実験手法も多く使われることになるであろう。それらの実験研究により，これまで提示されてきたバブルの発生原因に関する多数の理論的仮説のうち，どの要因がどの程度重要なのかが明らかになっていくことが期待される。

参考文献

Brunnermeier, M.K. (2009). Bubbles. In S.N. Durlauf, & L.E. Blume. (eds.), *New Palgrave Dictionary of Economics*. Palgrave Macmillan.

Brunnermeier, M.K., & M. Oehmke (2013). Bubbles, Financial Crises, and Systemic Risk. In G.M. Constantinides, M. Harris, & R.M. Stulz. (eds.), *Handbook of the Economics of Finance, Volume 2*. Amsterdam.

McKelvey, R.D., & T.R. Palfrey (1992). An Experimental Study of the Centipede Game. *Econometrica*, **60**, 803-836.

Moinas, S., & Pouget, S. (2012). The Bubble Game: An Experimental Study of Speculation. Working Paper, Toulouse School of Economics.

Smith, V.L., Suchanek, G.L. & Williams, A.W. (1988). Bubbles, Crashes, and Endogenous Expectations in Experimental Spot Asset Markets. *Econometrica*, **56**, 1119-1151.

| 第 15 章 | 実験室で住民投票 |

1. はじめに

　平成の市町村大合併の最中の 2005 年 1 月 16 日，北海道石狩市で，隣接する厚田村と浜益村との合併の賛否を問う住民投票が実施された。2004 年 12 月 22 日の北海道新聞朝刊 23 面は，「問われる民意反映の在り方」「合併問題で来月 16 日」「全道注目，石狩市の住民投票」と題した記事で，「投票率が 60％以上という開票条件に達するかどうかは微妙な情勢だ」（森川純編集委員）「投票呼び掛けの努力必要」（佐藤克広北海学園大学教授）と，住民投票が不成立になることへの危惧を示した。住民投票を実施するために制定された条例の中で，投票率が 60％を下回った場合には開票せずに，住民投票を不成立とするルール（いわゆる最低投票率）が設けられたのである。案の定，住民投票翌日（2005 年 1 月 17 日）の北海道新聞朝刊 35 面は，「石狩の合併住民投票　不成立」「「60％」の壁　民意見えず」「投票率 43％」「64％が「反対」出口調査」と報道することとなった。

　住民投票の実施を求めて住民たちが署名を集め，不成立が危ぶまれながらも投票所をいくつも設けて職員を配置し，マイナス 5.2 度の雪道を 19,450 人の住民たちが足を運んだものの，投票箱を開けずに賛成と反対が何票ずつだったのかをあえて分からないままにして終了する。この大掛かりなイベントはいったい何なのだろうか。

2. 最低投票率というルールの影響

　実は，最低投票率を課すことは珍しいことではない。村田（2006）によれば，平成の市町村大合併の最中に行われた合併の賛否を問う住民投票 354 件のうち 165 件で成立要件が課された。そのうち 140 件の要件は投票率 50％以上だった。

第15章　実験室で住民投票

上田（2005）によれば，最低投票率に達さずに開票されなかったケースは，石狩市以外にも9つの自治体で存在した。

市町村合併の賛否以外にも，どのようなテーマでも住民の署名が集まれば住民投票を実施することを定めた条例を持つ自治体も存在し（常設型住民投票条例），その多くでやはり最低投票率を設けている。諸外国でも国民投票に最低投票率を設けているケースが見られるし[39]，会議や委員会を開催するときの定足数（出席者があらかじめ定められた数に達しない場合には何かを取り決めても効力を持たないというルール）も最低投票率と似た特徴を持っている。

なぜ最低投票率を設けるのだろうか[40]。極端な例として，いま住民1万人の自治体で住民投票を実施したところ，1人しか投票に来なかったとしよう。その人が合併に賛成の票を投じたなら，有効投票総数のうち賛成票が100%であることになる。この結果をもって「この自治体の住民たちは全員合併に賛成である」と言うのは無理があろう。すなわち，十分な数の住民たちが投票に来ないことには，投票結果から住民全体に占める賛成・反対の人たちの割合を正確に把握することは難しい。したがって，投票率があらかじめ定められた水準を上回るくらいに十分な数の住民たちが投票に来た場合のみ，住民全体に占める賛成・反対の人たちの割合を把握するうえで住民投票の結果が（統計学的に）信頼できるものであるとして，住民投票を成立とするのが手堅いやり方であるように思われる。

しかしながら，ある目的のために設けたルールが，別の目的のために利用されてしまうことがある。賛成派も反対派も同じくらいの割合で棄権する人たちが出てくるなら，投票に来た人たちのうち賛成票を投じた人の割合と反対票を投じた人の割合は，住民全体に占める賛成派の割合と反対派の割合におおよそ似たものになるだろう。ところが，最低投票率が課されるや否や，事前に「自分たちのほうが少数派なのではないか」と予想したグループ（賛成派または反対派）の住民たちは，投票に行って投票率を高めて住民投票を成立させて負け

---

39) 諸外国の国民投票制度に関しては，たとえば政治議会課憲法室（2007）を参照されたい。
40) 投票率には白票や無効票も含まれるが，以下の議論では，話を簡単にするためにそれらを無視する。すなわち，投票所へ行って賛成または反対に投票するか，投票所へ行かずに棄権するかだけを考える。

るより，棄権して投票率を下げて住民投票を不成立にしようと考えるかもしれない。そのような意図で一方のグループだけ戦略的に棄権するなら，仮に住民投票が成立したとしても，その賛成票と反対票の割合は住民全体に占める賛成派と反対派の割合に一致せず，最低投票率を課したことでかえって住民全体の意見を把握するのが難しくなってしまうかもしれない。

　最低投票率を課すことによって，住民投票を不成立にすることを意図した戦略的な棄権が発生してしまわないか。最低投票率が課された住民投票は，住民全体に占める賛成派と反対派の割合に等しい投票結果を出してくれるのか。少数派のほうが勝ってしまう恐れはないか。最低投票率というルールが投票行動や投票結果に与える影響を探るため，筆者は住民投票実験を実施した（Hizen, 2012）。以下では，その結果を噛み砕いて紹介する。

3.「ごちゃごちゃ」を省く──Hizen（2012）の実験デザイン ⋯⋯⋯⋯

　実際の住民投票は「ごちゃごちゃ」している。さまざまな年齢・職業の住民たちが何万人もいて，中には当日風邪を引いたり事故に遭ったり急な仕事が入ったりして投票に来られなくなる人たちもいるかもしれない。当日の天気が晴天か大雪かでも投票率は変わるだろう。また，「住民投票」という言葉に反応して，投票に行くことを住民としての義務と感じる人もいれば，まったく関心がない人もいるだろう。当初は賛成しようと思っていた人も，住民投票の実施が決定してからさまざまな報道を目にして考えが変わるかもしれない。このように，実際の住民投票は「ごちゃごちゃ」しているがゆえにいろいろなことが起こり得る。しかし，最低投票率というルールの影響を探りたい場合には，あまり「ごちゃごちゃ」してほしくない。「ごちゃごちゃ」していると，最低投票率の課された住民投票で棄権した人がいたとしても，上述のように不成立にすることを意図して戦略的に棄権したのか（最低投票率を要因とする棄権），それとも単に投票所へ向かう雪道で滑って怪我をして棄権したのか（最低投票率を要因としない棄権），区別がつかないからである。そこで Hizen（2012）は，できるだけ「ごちゃごちゃ」を省いて，不成立にすることを意図した戦略的な棄権だけを抽出できるように，次のように実験をデザインした。

187

第 15 章　実験室で住民投票

```
実験 ● 回目
あなたの参加者番号：（　　）番
あなたはグループ ● です。
参加者全体で必要な人数：● 人
あなたの意思決定（0または1に丸）

        0              1
```

図 15-1：意思決定カード　Hizen（2012）の実験で用いられたインストラクションから引用

　実験では，13 人からなるセッションを 6 つ実施した。各セッションには異なる実験参加者たちが参加し，投票を 20 回繰り返した。各回において，各人は確率 s％でグループ A（賛成派または反対派），確率（100 − s）％でグループ B（グループ A とは逆の派）に振り分けられる。s の値は，3 つのセッションで 51（事前の期待値では 2 つのグループの人数がほとんど同じで接戦），残り 3 つのセッションで 60（グループ A のほうが人数が多い確率が高く優勢）と設定された。

　各回のはじめに，各人に 1 枚のカードが配布される（図 15-1）。各人は，カードに記された「あなたはグループ ●（A または B が入る）です。」と「参加者全体で必要な人数：●（1, 3, 5, 7, 9, 11, 13 のうちいずれかが入る）人」を見て，カードに印刷されている「0」と「1」のうちいずれか一方を丸で囲んで実験者に提出する。「0」は棄権，「1」は投票に相当する。「あなたはグループ ● です。」は，そのカードを受け取った実験参加者がグループ A と B のどちらに振り分けられたかを示している。ただし，他の人たちがそれぞれどちらのグループに何人ずつ割り振られたのかは知らされない[41]。「参加者全体で必要な人数：● 人」は，投票成立に必要な投票数に相当する。上述のとおり，最低投票率を課した自治体のほとんどで 50％という水準が選ばれたので，現実のデータからは最低投票率が高く設定されたり低く設定されたりしたときに投票行動や投票結果がどのように変化するかを知るのが難しい。実験では，回ごとに「参加者全体

41）それ以外の情報（13 人でプレーすること，一人一人が確率 s％でグループ A に割り振られること（および s の値），自分のグループ（A か B か），報酬決定のルール（各グループでの「1」を選んだ人の数に応じた各実験参加者の報酬額など），20 回繰り返されること）は，すべて実験参加者たちに知らされている。

で必要な人数」を変化させることによって，最低投票率の高低の影響を知ることができる。実社会に存在しないデータを収集可能にすることは，実験の強みの一つである。

実験者は，13人のカードを集めたら，グループA，グループB，参加者全体のそれぞれについて，何人の参加者たちが「1」を選んだかを数えて公表する。「参加者全体で必要な人数」以上の人たちが「1」を選んだ場合（投票成立），「1」を選んだ人の数が多かったグループの人たちはそれぞれ報酬200円（成立して勝ったときの利得），少なかったグループの人たちは報酬0円（成立して負けたときの利得）を獲得する。同点ならどちらのグループも報酬100円（勝ったときの利得と負けたときの利得の平均）を獲得する。「1」を選んだ人の数が「参加者全体で必要な人数」に満たなかった場合には（投票不成立），報酬は全員100円（不成立で勝ち負けが決まらなかったときの利得）とする。

以上のように，実験では「投票」「棄権」「賛成派」「反対派」という言葉の代わりに「1」「0」「グループA」「グループB」という数字やアルファベットを用いている。これは，上述のとおり，実験参加者たちが「投票」という言葉から「投票に行くことは住民としての義務である」という気持ちを抱いて投票しようとすることを避けるためである。実験で観察したいのは，そのような言葉から義務感を抱いて投票するかではなく，最低投票率というルールを利用して投票を不成立にするために棄権するかである。

4. 負けるくらいなら棄権する——Hizen（2012）の実験結果 ……

図15-2と図15-3は，$s = 51$ と $s = 60$ のもとで最低投票率（横軸）に応じてグループAとグループBの投票率（縦軸）がそれどれどのように変化したかを表している。たとえば，$s = 51$ と設定されたセッションは3つあり，各セッションで「参加者全体で必要な人数：9人」（最低投票率は $69\% = (9 \div 13) \times 100\%$）とした投票を3回行っている。$s = 51$ かつ最低投票率69%のもとで実施された9回（＝3回×3セッション）の投票で観察された投票率の平均をグループごとに計算すると，グループAは78%，グループBは33%になる。これらの値が，図15-2の横軸上の「69」のところにプロットされている。

第 15 章　実験室で住民投票

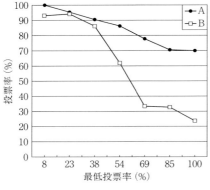
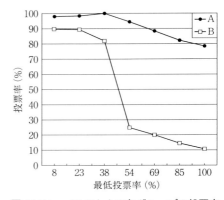

図 15-2：s＝51 のときの各グループの投票率
Hizen（2012）の Figure 1(a) より作成

図 15-3：s＝60 のときの各グループの投票率
Hizen（2012）の Figure 1(b) より作成

　s＝51（接戦）と s＝60（A優勢）の両方に共通することとして挙げられる第一の点は，最低投票率が高まるにつれてどちらのグループも投票率が低くなることである。実際の住民投票では，投票に行くとき時間や労力といった何らかのコストがかかるはずだが，この実験では「1」を選んでもコストはかからない。したがって，実験では「投票所へ行くのが面倒だから」という理由で実験参加者たちが棄権することはない。残される可能性は，投票を成立させて負けて報酬 0 円になるよりも，棄権して不成立にして報酬 100 円を獲得しようという意図を持った棄権か，もしくは「理由はとくにないけれどなんとなく棄権しよう」という棄権である。後者の可能性は，(1) 実験参加者たちがルールを十分に理解したうえで意思決定ができるよう，実験の説明（インストラクション）をできる限り分かりやすく行うこと，および (2) 実験参加者たちが真剣に意思決定するよう，上述のように投票結果に応じて受け取る報酬の額が異なるという状況を作ることによって排除している。さらに，次に見るように，実験参加者たちが何らかの意図を持って棄権したのであって，なんとなくランダムに棄権したのではないことを実験のデータから検証することによっても排除している。

　図 15-2 と図 15-3 に共通する第二の点は，グループBのほうがより急激に投票率が下がることである。一方，図 15-2 と図 15-3 の異なる点として，s＝51

に比べて s＝60 のほうが，最低投票率が高まるときグループAの投票率が高いままである一方，グループBの投票率はより急激に低下することが挙げられる。これらのことは，実験参加者たちがなんとなく「最低投票率が高いから棄権しよう」と振舞ったのではないことを示唆している。すなわち，人数が少ない可能性の高いグループBに振り分けられたとき，さらにグループBの人数が少ない可能性がより高いときに（すなわち s＝60 のとき），実験参加者たちはより頻繁に棄権したのである。

　実験参加者たちの行動を一人一人個別に見ると，s＝60 のセッションでは，グループAに振り分けられたとき最低投票率の高低に関わらず投票し，グループBに振り分けられたときは最低投票率が低ければ投票し高ければ棄権する人が多かった。s＝51 のセッションでは，s＝60 のセッションと同様の選択をする実験参加者が多かったが，グループBに割り振られて最低投票率が高かったとき，「必ず棄権する」という傾向は弱まり，棄権したり投票したりする人たちもいた。確かに，s＝51 のとき，グループAとグループBの予想される人数はほとんど同じである。それでも 51 の「1」に反応して，実験参加者たちはグループBに割り振られたとき「自分たちのほうが人数が少ない可能性が高い（もしくはグループBの他の人たちが棄権する可能性が高い）」と考えて棄権する人が多かったと考えられるが，反応せずに投票する人たちもいたことはむしろ自然であろう。

　以上のような行動を実験参加者たちがとった結果，人数の多いほうのグループはしっかり勝つことができたのだろうか。s＞50 なので，事前にはグループAのほうが人数が多い可能性が高いが，グループ分けのあと実際どちらのグループのほうが人数が多いかは確率的に決まる。グループ分けのあと人数が多かったグループをここでは多数派と呼ぶと，s＝51 のセッションでは 60 回（＝20 回×3 セッション）のうち投票が成立して多数派が勝ったのが 30 回，負けたのが 2 回，引き分けたのが 4 回，投票が不成立だったのが 24 回であった。s＝60 のときは多数派がもう少し勝ちやすく，成立して多数派が勝ったのが 39 回，負けたのが 1 回，引き分けたのが 0 回，不成立だったのが 19 回であった[42]。

　このように，多数派が負けることはあまりないが，不成立になることは頻繁に起こる。そこで，どのようなときに不成立になったのかを詳しく見てみよう。

どのセッションでも，最低投票率が38％（13人中5人）以下のときには不成立は1回もなかった。一方，最低投票率が100％（13人中13人）のときはすべて不成立だった。それらの間を見ると，不成立の回数は，最低投票率が54％（13人中7人）のとき24回中2回，69％（13人中9人）のとき18回中12回，85％（13人中11人）のとき18回中17回であった。最低投票率が十分に低ければ不成立の心配はないが，十分に高いときには注意が必要であるといえよう。

5. おわりに

　Hizen（2012）の実験から，「ごちゃごちゃ」が省かれた状況で，かつ最低投票率が高く設定された場合には，人数が少ないと予想されるグループの人たちが棄権して投票が不成立になってしまうことが観察された。現実の住民投票から「ごちゃごちゃ」を省くことで最低投票率というルールが持つ性質を明らかにすることができたわけだが，それでは「ごちゃごちゃ」を戻して現実の住民投票に戻した場合，不成立にすることを意図した棄権はどの程度起こりうるのだろうか。

　現実の住民投票では，投票権を持つ者の数がとても多いため，一票の影響力は微小である。したがって，住民たちが個別に「棄権して投票率を下げて不成立にしよう」という気持ちを抱くのは難しい。不成立にすることを意図した棄権が起こるとしたら，賛成派と反対派のどちらが人数が少ないかを事前に予想しやすいことが必要であろう。さらに，投票率を下げて不成立にしようとするグループの住民たちの間で，「投票率を下げて不成立にする」という意図が共有されなければならない。そのためには，そのような雰囲気が自然発生的かメディアを通じてか形成されなければならない。もしくは，そのグループを率い

42）s＝51のもとで不成立になった24回の投票のうち，多数派のほうが少数派より多くの票を投じていたのは13回であった（同じ票数だったのは1回）。s＝60のもとで不成立になった19回の投票では，すべての回で多数派のほうが多くの票を投じていた。これらを合わせると，成立不成立に関わらず多数派のほうが多くの票を投じていたのは，s＝51のもとで60回中43回（同じ票数だったのは5回），s＝60のもとで60回中55回となる。

るリーダーがいて，同じグループの住民たちに呼びかける必要があろう[43]。

　Hizen（2012）の実験では，賛成派と反対派が明確に分かれている住民投票を想定している。最低投票率に関する先行研究のほとんどが，Hizen（2012）と同様に，賛否が割れた住民投票を想定してネガティブな結果を得ているが（Côrte-Real & Pereira（2004）から始まる一連の理論研究），合併すべきか否かの判断が難しいからこそ住民たちの意見を聞くために実施される住民投票もあるだろう。そのような投票では，投票のコストがかからなくても，判断するための情報を持たない住民は棄権することが理論により示され（Feddersen & Pesendorfer, 1996, 1999），実験により確認されている（Battaglini, Morton & Palfrey, 2010）[44]。当てずっぽうに賛成か反対に投票すると，情報を持つ住民たちによる投票結果にネガティブな影響を与えてしまうからである。そのような正しい判断をするための投票では，住民間で利害が一致しているので，最低投票率が課されても，不成立に持ち込むことを意図した棄権を危惧する必要はないだろう。それならば，投票率が十分に高いときだけ（すなわち，情報を持つ住民が十分に多いときだけ）住民投票を有効とすることにも一理ありそうである。このような最低投票率のポジティブな側面に関しても，今後の研究が待たれるところである。

参考文献

Austen-Smith, D., & Banks, J. S.（1996）. Information Aggregation, Rationality, and the Condorcet Jury Theorem. *American Political Science Review*, **90**, 34-45.

Battaglini, M., Morton, R. B., & Palfrey, T. R.（2010）. The Swing Voter's Curse in the Laboratory. *Review of Economic Studies*, **77**, 61-89.

Côrte-Real, P. P., & Pereira, P. T.（2004）. The Voter Who Wasn't There: Referenda, Representation and Abstention. *Social Choice and Welfare*, **22**, 349-369.

43）たとえば，人工授精と体外受精の規制緩和の是非を問う国民投票が 2005 年 6 月 12-13 日にイタリアで実施されたが，最低投票率 50％に対して実際の投票率は 26％にとどまり，投票が無効になって法律は改正されなかった。改正を望まないローマ法王庁（バチカン）が棄権を呼びかけたことが影響したとみられている（毎日新聞 2005 年 6 月 14 日夕刊 5 面）。

44）被告人が有罪なのか無罪なのか確信が持てないまま陪審員たちが投票で判決を下す陪審裁判も状況が似ており，同様の分析がなされている（Austen-Smith & Banks, 1996）。ただし，陪審裁判では棄権が自由でないという違いがある。

Feddersen, T. J., & Pesendorfer, W. (1996). The Swing Voter's Curse. *American Economic Review*, **86**, 408-424.

Feddersen, T. J., & Pesendorfer, W. (1999). Abstention in Elections with Asymmetric Information and Diverse Preferences. *American Political Science Review*, **93**, 381-398.

Hizen, Y. (2012). A Referendum Experiment with Participation Quorums. 日本経済学会・日本選挙学会・Japan/Irvine Conference 報告論文.

村田聡（2006）.「住民投票の計量分析〜市町村合併をめぐる有権者の投票行動〜」平成18年度東京大学大学院公共政策学教育部リサーチペーパー（2006年12月22日）.

政治議会課憲法室（2007）.「諸外国における国民投票制度の概要」『情報と調査』第584号（国立国会図書館 ISSUE BRIEF NUMBER 584（2007年4月26日）.

上田道明（2005）.「住民投票の過去・現在・未来」地方自治問題研究機構 Information Service 第51号（2005年5月31日）.

第 16 章	脳神経科学の方法を用いた政治学実験
	——選挙キャンペーン認知の fMRI 実験

1. はじめに

　脳神経科学の方法を使った政治学（「ニューロポリティクス[45]」とも呼ばれる）の実験，と聞くと驚かれる方が多いだろう。一体，どんなことが明らかになるのだろう，という疑問や，そんなことをして大丈夫？　という倫理的な心配をお持ちかもしれない。ここでは，そのような疑問に答えるため，具体的な実験の例を紹介すると共に，脳神経科学の方法を用いることで政治学にどのような新しい知識や発見がもたらされうるのか，ニューロポリティクス研究の今後の課題は何か，といった点についても言及することとしたい。今回紹介する実験例は，著者らが 2007 年夏に行った選挙キャンペーンの認知に関する機能的磁気共鳴画像法（functional Magnetic Resonance Imaging: fMRI）を用いた実験で，日本では初めて行われたニューロポリティクス実験である。

　1990 年代に脳活動を測定する方法の開発が進み，言語の機能など，高次の脳活動の測定ができるようになると，高次の脳活動を必要とする社会的意思決定も脳神経科学の研究対象となっていった。こうして政治に関する意思決定や政治的認知も脳神経科学の方法を用いて研究を行うことができるようになり，ニューロポリティクス研究が登場した。社会的認知や社会的意思決定を対象とする脳神経科学の実験では，脳活動を測定する方法として，今回紹介する実験でも用いた fMRI が多く行われているが[46]，その他にも脳波や脳磁図，近赤外分光法といった方法も用いられている[47]。脳神経科学の方法を用いることの

---

45)「ニューロ」は neuro-science（神経科学）にあるように「神経の」という意味である。
46) fMRI は，病院でよく使われている MRI の装置を用い，構造画像（静止画像）を撮像する場合とは異なる撮像方法によって脳機能（脳活動）の計測を行う方法である。

第16章　脳神経科学の方法を用いた政治学実験

大きな利点は，心理学の行動実験では測定してこなかった脳内における物理的な過程を測定することができる，という点である。心理学の行動実験では，特定の質問に対する被験者の回答や心拍等の身体的反応を観察することを通じて心理的過程に関するデータを得てきた。人間の心理的過程の主要な部分は脳機能が司っていると考えられることから，従来のデータに脳活動測定データが加わることで，心理的過程のさらなる解明が期待できる。それでは，まず今回の実験がどのように行われたのかを見ていくこととしよう。

2. 選挙キャンペーン認知の fMRI 実験[48]

今回の fMRI 実験は，現実の政治で注目を集め，政治学でも研究対象となっているネガティブ・キャンペーンに焦点を当てている。ネガティブ・キャンペーンは特にアメリカにおいてその効果が信じられ，数多くのテレビ CM が放映されている。しかしながらその実際の効果については，政治学の中で質問調査や行動実験によって実証研究が行われた結果，議論が分かれている。品格のないネガティブ CM を見ると人々は政治に嫌気がさして投票しなくなる，という議論がある一方で，いや，ネガティブな CM を見ると人々は危機感を持って投票をするようになる，という議論，ネガティブ CM によって人々は投票先を変える，いや，変えない，といった様々な議論が実証結果と共に提示されている。この状況に対して，脳神経科学の方法を用いて実際に脳内で起こる過程を検証することで，これらの議論に対し全く異なる角度からアプローチし，新たな知見を付け加えようとするのが今回の fMRI 実験である。

実験の参加者は，東京大学の学生や留学生など計 40 名（18-27 歳，男性 32 名，女性 8 名）である。参加者は MRI の装置の中で，彼らが投票年齢に達する前の 1992 年のアメリカ大統領選挙で実際に使われたキャンペーン CM（ブッシュ陣営 vs. クリントン陣営）とコーラの比較広告 CM（コカコーラ vs. ペプシコーラ）

---

47) fMRI を含むこれらの脳活動測定方法は「非侵襲脳機能計測」と呼ばれ，それぞれの特徴は，渡邊（2005）や田中（2008）などにまとめられている。

48) 本実験に関する詳細は，Kato et al.（2009）と井手（2012）を参照されたい。

196

2. 選挙キャンペーン認知の fMRI 実験

を視聴し，その間に fMRI の撮像が行われた。fMRI は単純化して言うと，①血液の中のヘモグロビンが酸素分子と結合（酸化）しているかどうかで磁化しやすさが異なることと，②脳の活動している部分では血流の量が増え，それに伴って酸化ヘモグロビンの割合が他の部位より増えること，を主に利用して，電磁波を用いて，脳のどの部分により多くの酸素が流れ込んだか，すなわち，脳のどの部分がより活動したか，を明らかにするものである[49]。

　選挙キャンペーン CM を視聴するにあたり，実験参加者は MRI 装置内に横たわり，図 16-1 にもあるように，以下の順序で実験が行われた。

　セッション①：ブッシュとクリントンがそれぞれ自己宣伝するポジティブ
　　CM を視聴→（マイクを通じて）ブッシュとクリントンのどちらを支持す
　　るかを回答
　セッション②：支持を回答した候補者を攻撃する敵陣営によるネガティブ
　　CM を視聴→ブッシュとクリントンのどちらを支持するかを回答
　セッション③：再度，各候補のポジティブ CM（内容はセッション①と異なる）
　　を視聴→ブッシュとクリントンのどちらを支持するかを回答

　各セッションは 4 分で，30 秒の間 CM を視聴する「課題条件」と 30 秒の間黒い背景に白十字が示された画面を見る「安静条件」（レスト）が 4 回繰り返された。コーラについても自社コーラを宣伝する CM をポジティブ CM，他社コーラを批判する比較広告 CM をネガティブ CM とみなして，同様の順序で 3 つのセッションを行った。レストの間に測定される脳活動のデータは，データ解析において，各課題条件中に測定される脳活動のデータと比較を行うために必要なデータである。実験参加者は，全ての fMRI 撮像が終わった後に，紙面での質問調査に回答した。

　実験で用いる刺激は，今回用いた選挙やコーラの CM など，現実社会に存在するものをそのまま用いる場合と，実験のために特別に作成する場合があり，それぞれの場合についてメリットと留意すべき点がある。今回の実験のように，

---

49) fMRI については，Huettel et al.（2009）や Jezzard et al.（2001）に詳しい記述がある。

197

第 16 章　脳神経科学の方法を用いた政治学実験

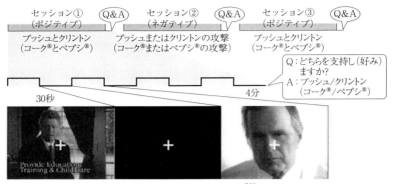

図 16-1：実験デザイン[50]

過去に実際の選挙キャンペーンで放映されたCMを用いる場合のメリットは，実験参加者の脳内で現実の選挙の際にCMを見る場合に近い刺激が処理される点である。現実の政治で用いられたCMを使うことで，選挙キャンペーンで実際に提示されたネガティブな情報をそのまま再現することができる。他方，実際の選挙広告を用いる上で留意すべき点としては，実験参加者が選挙結果やその後の政治過程についての知識を持っている可能性があり，その知識が認知過程に影響を及ぼしうるという点がある。

実験のためにCMを作成する場合は，検証する変数以外の要因をコントロールするのに適しているというメリットと，作成したCMの内容が実際に放映されているCMとかけはなれてしまうおそれがあるという留意点がある。コントロールの観点から，今回の実験でも両候補者間や商品間でCMの内容をそろえるようにしたが，実験のために準備されたCMではないため，ポジティブとネガティブ，異なる候補者や商品間で完全には対応していない点には留意する必要がある[51]。

今回の実験の結果，セッション①の後に選んだ候補者が攻撃されるセッショ

---

50) 井手（2012）図 4-1 より改変。
51) とはいえ後に見るように，今回の実験の主な分析結果は，CMを見て候補者選択が変わった人と変わらなかった人の比較によるものであり，CMの内容がそろっているかどうかは，この比較を行う際には問題とならない。

2. 選挙キャンペーン認知の fMRI 実験

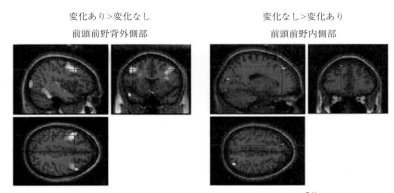

図 16-2：選挙のネガティブ広告視聴中の脳活動 [54]

ン②のネガティブ CM を見た後に，支持する候補者を変えた人[52]は 18 名，支持が変わらなかった人は 22 名であった。この結果をふまえて，fMRI により脳活動を測定したデータの分析を行ったところ，選挙のネガティブ CM を見て支持する候補者が変わった（＝ネガティブ CM の意図した効果があったと考えられる）グループは，支持が変わらなかったグループに比べ，前頭前野の背外側部でより強い脳活動が見られた。他方，支持が変わらなかったグループは変わったグループに比べ，前頭前野の内側部に，より強い脳活動が見られた（図 16-2）[53]。これらの活動部位はコーラの場合といずれも異なっていた。今回活動の検出された前頭前野は，前頭葉の前方部分にあり，認知制御を行うと考えられている（Miller & Cohen, 2001）。

さらに興味深いことに，前頭前野の外側と内側におけるこれらの脳活動は，fMRI 撮像の後に行った質問調査の回答結果を基に作った指標との間に相関関係を示していた。この質問調査では，行動指標として「感情温度」を聞いていた。感情温度は，ある人物（政治学の調査の場合には，政治家や選挙候補者など）

---

52) たとえば，セッション①の後で「クリントンを支持する」と回答したが，セッション②でクリントンを攻撃するブッシュ陣営のネガティブ CM を見て，「ブッシュを支持する」と回答した人。
53) 背外側部（ハイガイソクブ）は上部の外側を指す。内側部は，「ナイソクブ」と読む。
54) 井手（2012）図 4-5 より改変。

第 16 章　脳神経科学の方法を用いた政治学実験

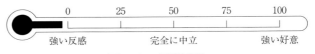

図 16-3：感情温度計

や集団（政治学では政党など）について，その人や集団に対する感情は，「温度計にたとえると何度でしょうか」という質問をし，最も好ましい場合は 100 度，最も好ましくない場合は 0 度，中立的な場合は 50 度とし，0-100 度の間で答えてもらうものである（図 16-3）。社会学など他の研究分野でも用いられているが，政治学ではアメリカの選挙研究調査で 1968 年の大統領選挙の時から使われ始め，日本でも選挙研究の調査でしばしば用いられている。政治学の調査では，「大いに賛成」，「賛成」，「どちらとも言えない」，「反対」，「大いに反対」の五点尺度のような順序尺度が多いが，「感情温度計」はより細かい単位で測定を行う。

　今回の実験では，fMRI 撮像が終わった後の紙面による質問調査で，選挙 CM の各セッション後にブッシュ，クリントン両候補に対してどう感じたかを 0-100 度の間で答えてもらった。データ分析では，セッション②で批判された候補者（＝セッション①の後に選んだ候補者）について，セッション②の後に回答した感情温度からセッション①の後の感情温度を差し引くことで，ネガティブ CM を見た後で批判された候補者に対する感情温度が何度下がったか（もしくは上がったか），を示す行動指標を作成した。そしてこの行動指標と脳活動のデータを用いた分析の結果，この「感情温度の変化」を示す行動指標と，ネガティブ CM を見ている間の脳活動との間に，統計的に有意な相関が見られたのである。

　ネガティブ CM を見た後に支持する候補者が変わった人（ネガティブ CM の意図した効果があったと考えられる人）でより活動する傾向のあった前頭前野背外側部の活動は脳の左右両側で検出され，この左右両側で同じ活動パターンが見られた。紙幅の都合により，脳の左側の場合のみ相関図を示すと（図 16-4 左），この脳の部位は，ネガティブ CM で攻撃された候補に対する感情温度が大きく下がった人ほど強く活動しており，右下がりの負の相関関係が見られる。この脳の部位はネガティブ CM の効果が大きかった人ほど活動していたと考

2. 選挙キャンペーン認知のfMRI実験

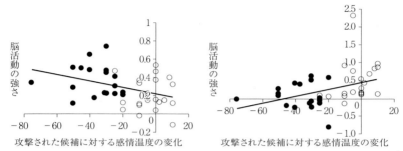

図16-4：左前頭前野背外側部（左図）と左前頭前野内側部（右図）における脳活動[55]
白丸：支持候補者が変わった人，黒丸：支持候補者が変わらなかった人。

えられる。

　他方，ネガティブCMを見た後に支持する候補者が変わらなかった人（ネガティブCMの意図した効果がなかったと考えられる人）でより活動する傾向のあった前頭前野の内側の部分は，ネガティブCMで攻撃された候補に対する感情温度が逆に上がった人ほど強く活動する傾向が見られ，右上がりの正の相関関係であった（図16-4右）。このことは，この部位がネガティブCMが逆効果であった人（敵陣営による批判に反発したと考えられる人）ほど活動していたことを示唆している。

　以上のように今回の実験では，ネガティブCMを見た後に支持する候補者が変わった人と変わらなかった人の両方が確認され，同じCMの刺激を与えられても元々の支持[56]を変えない，変える，という異なる反応を示す2つのグループが観察された。これに加えて，今回は彼らがネガティブCMを見ている間の脳活動を測定した結果，それぞれのグループの反応（支持継続もしくは支持変化）に対応するかたちで，前頭前野の内側と外側の異なる部分でそれぞれ感情温度の変化の度合いに対応する脳活動が見られたのである。この結果は，我々にどのような新たな知見をもたらすだろうか？

---

55) 井手（2012）図4-6，図4-7より改変。
56) 経済学では「選好」，心理学では「態度」ともいう。

第 16 章　脳神経科学の方法を用いた政治学実験

　まず，従来のネガティブ CM の効果に関しては，情動や感情に作用すると
いう議論が多く見られたのに対し，今回の実験では認知制御を司るとされる前
頭前野における関連する脳活動が検出された点に特徴がある。ネガティブ CM
は，恐れや嫌悪の感情を引き起こすことにより敵陣営の候補への投票を止めさ
せようとするため，有権者の冷静な政治的判断に基づく民主主義を阻害する，
というように批判的に見られることが多い。それに対し，今回の実験では，ネ
ガティブ CM を見ている間に，攻撃されている候補者に対する感情温度の変
化と関連のある脳活動が前頭前野に見られ，しかも，支持する候補者が変わっ
た人，変わらなかった人，のそれぞれに対応する前頭前野の異なる部位の活動
が検出された。この結果が示唆しているのは，候補者に対する支持が変わる，
変わらないにかかわらず，候補者を攻撃し批判する情報についての前頭前野を
通じた判断が行われていた可能性である。このことは，ネガティブ CM が，
必ずしも感情的反応を引き起こすことで判断に影響を与えるのではない可能性
を示している。一実験のみでネガティブ CM の効果について確定的な結論を
引き出すことはできないが，今回の実験結果は，少なくとも，ネガティブ CM
が有権者の判断を感情によって左右し，民主主義にとって望ましくないとする
議論に対し，必ずしもそうとは言えないのでは？　という疑問を呈するものと
なろう。

　さらに今回，候補者支持が変わった人は支持が変わらなかった人よりも前頭
前野の外側が強く活動し，候補者支持が変わらなかった人は支持が変わった人
よりも前頭前野の内側が強く活動していたことは注目に値する。支持が変わっ
たグループと変わらなかったグループで前頭前野の異なる部分により強い活動
が見られたことは，支持変化の有無により，ネガティブ CM 視聴に際し異な
る認知制御が行われていた可能性を示唆する。このように，今回の実験結果は，
これまでネガティブ CM の効果について多く見られた情動や感情中心の議論
に対し，新たな視点を提供するものとなっている。

　今回の実験で使われたネガティブ CM は，実験参加者である学生にとっては，
自分が住んだことのない国のものであったり，物心のついていなかった時代の
ものであり，彼らは，そこに登場する候補者に対し，実験参加前から支持や反
感を持っていたわけではない。それに対し，これまでにアメリカを中心に行わ

202

れたニューロポリティクス実験では，アメリカの二大政党である民主党と共和党の支持者が実験参加者となる実験事例が報告されている。候補者に対し支持や反感をすでに持っている参加者を伴うこれら既存の実験では，候補者の写真等を見ている間にfMRI撮像が行われ，情動と関連するとされる脳の部位の活動などが報告されている。それに対し今回の実験では，実験参加者がCMに登場した候補者に対し，実験前から支持や反感を持っていたわけではなかったため，ネガティブCMを視聴しても，情動と関連するとされる脳の部位の活動が特に強く検出されなかった可能性は十分にある。現実の政治でも，有権者の中には特定の政党や候補を支持しない無党派層と呼ばれる人々がいる。既存のニューロポリティクス実験が，強い政党支持を持つ人々の行動や脳の活動に焦点をあてているとすれば，今回の実験は党派的支持を持たない場合の反応に焦点をあてたものと見ることもできる。このように，ニューロポリティクス実験の結果を解釈する際には，実験参加者がどのような特徴を持つか，認知された刺激はどのようなものであったか，をよく吟味する必要がある。

　最後に，今回の実験結果で，最も大きな意味を持つと考えられるのは，観察可能な政治行動と脳活動の関係が定量的に分析できる可能性を見出したことである。今回のように脳活動と行動指標の相関を検証する研究は，心理学や経済学の分野における脳神経科学研究ですでに行われている。政治学における脳神経科学研究は，経済学における「神経経済学（ニューロエコノミクス）」に比べ活発に行われているとは言えないが，その原因として，政治学でとりあげる変数が経済学の変数のように定量化されにくいということもあると考えられる。今回の実験は，政治学においても，感情温度計のような指標を用いることで，支持・不支持といった観察可能な行動を定量的に表現し，脳神経科学の方法を有意義に用いることが可能であることを示したと言えよう。

3. ニューロポリティクスの可能性と課題 ……………………………………

　本稿では，脳神経科学の方法であるfMRIを用いて選挙キャンペーンCMの認知を検証した実験を紹介したが，アメリカを中心にニューロポリティクス実験でこれまでに取り上げられたトピックとしては，保守やリベラルといったイ

デオロギー，人種の認知，政治的洗練性などがある。また，政治学やその近隣分野では，オキシトシンなどの神経伝達物質や遺伝子と政治行動との関連を探る研究も近年行われている。

さらに今後，脳機能測定の方法がさらに開発されることで，研究対象が広がる可能性もある。たとえば，複数のMRI装置をインターネットでつなぐハイパースキャニングが開発されているが，これによって複数人がコミュニケーションを行っている間の脳活動が同時に測定できるようになる。またすでに述べたように，社会的認知の脳神経科学実験では横たわって測定するfMRIが多く用いられているが，座って撮像するfMRIや，測定装置のキャップを頭にかぶる近赤外分光法の開発が進むことで，より現実に近い環境下での政治的認知の測定が可能となるであろう。人間の行動と脳の活動の関係を探る研究はまだ始まったばかりであり，今後，様々な発展や展開が考えられる。

以上のように，脳神経科学の方法を用いた政治行動の研究は，今後も測定精度の向上や研究対象の拡大が考えられるが故に，その倫理的な側面についても十分な注意を払う必要がある。脳神経科学においても「神経倫理学」という分野がある。そこでは，生命・医療倫理やヒトゲノム解析をめぐる倫理と比べても，脳神経科学ではより倫理について考える必要があると指摘されている。その理由としては，ゲノムよりもその発現した結果である脳の方が「自己」に近く，遺伝子の操作よりも脳機能の操作の方が容易である，といった点が挙がっている（Farah, 2005）。よってニューロポリティクス研究においても，被験者の福利の尊重，インフォームド・コンセント，倫理審査委員会，といった倫理規範を厳密に守らねばならないことは言うまでもない。

これに加えて，政治学で扱う政治的意思決定は，政策などを通して我々みんなに影響を及ぼす可能性がある。政治的認知や意思決定の脳神経科学研究が，誤ったかたちで用いられることのないように十分注意しつつ，さらなる人間理解に役立てていくことが望まれる。

参考文献

Farah, M. J. (2005). Neuroethics: The Practical and the Philosophical. *Trends in Cognitive*

Sciences, **9**, 34-40.

Huettel, S. A., Allen W. S., & Gregory M. (2009). *Functional Magnetic Resonance Imaging.* 2nd ed. Sunderland, Mass.: Sinauer Associates.

井手弘子（2012）．ニューロポリティクス――脳神経科学の方法を用いた政治行動研究　木鐸社．

Jezzard, P., Paul, M. M., & Stephen, M. S. (2001). *Functional MRI: An Introduction to Methods.* Oxford: Oxford University Press.

Kato, J., Ide, H., Kabashima, I., Kadota, H., Takano, K., & Kansaku, K. (2009). Neural Correlates of Attitude Change Following Positive and Negative Advertisements. *Frontiers in Behavioral Neuroscience*, **3**, 6.

Miller, E. K., & Cohen, J. D. (2001). An Integrative Theory of Prefrontal Cortex Function. *Annual Review of Neuroscience*, **24**, 167-202.

田中啓治（編）（2008）．認識と行動の脳科学　東京大学出版会．

渡邊正孝（2005）．思考と脳：考える脳のしくみ　サイエンス社．

| 第 17 章 | 人間社会科学の教室 |

　　ここは「人間∞社会科学研究所」。この研究所には，人間と社会に関する科学を作らんとする研究者がいろんなところから集まってきている。得意とする専門は人それぞれだが，全員が実験を研究道具としているところが共通している。ある夏の日，毎年恒例の実験サマースクールを終えた所長のサカイ先生と研究員のウダさんのところに，2人の参加者が訪ねてきた……。

1. サカイ先生の研究室 ··

サカイ先生　いや～，今年も実験サマースクールが無事終わったね。ウダさんにも講義やらなんやらやってもらってお疲れ様でした。

ウダさん　いえいえ，先生こそ。毎年，いろんな専門の学生さんや研究者の方が自分も実験したいってスクールに来てくれるのはありがたいですよ。でも，最初にきかれるのは「人間∞社会科学研究所」の「∞」についてですね。

サカイ先生　人間を理解することなくして社会は理解できず，また，社会を理解することなくして人間を理解することはできない！　この「∞」は人間と社会の双方向的な関係を示すとともに，そのためには「無限大」の努力をしないといけないことを示してお～る。

ウダさん　いや，私はそのことも知ってますし，説明すると参加者の方もよくわかってくれます。問題は読み方なんですよね。まさか「ニンゲンムゲンダイ……」と読むわけにもいかないですし。その辺りはちゃんと考えてらっしゃいますか？

サカイ先生　う，うむ。まあ，読むときはそれは省いて「ニンゲンシャカイカガクケンキュウジョ」でよいでしょう。

第17章　人間社会科学の教室

（コンコン）

ウダさん　あ，誰か来たみたいですよ。

2. 実験は終わらない ……………………………………………………………

カワイ君　あの〜，サマースクールを受講していた学生で名前はカワイと言います。いくつか質問があって来たんですが。ウダ先生が何か質問があればサカイ先生の研究室に来るようにって言われたので……よろしいでしょうか？

サカイ先生　えっ，そうなのウダさん？　も，もちろん，学生からの質問はいつでも大歓迎だよ。

カワイ君　ありがとうございます。スクールでは，社会科学のいろんな理論や仮説をテストする手段としていろんな実験例が出てきて面白かったんですが，社会科学の実験例を聞いていると，物理学の実験よりも，ぼくが大学で習ってきた生物学や行動生態学の実験とよく似ているような気がしました。

サカイ先生　と，いうと？

カワイ君　たとえば，植生などがほぼ同じ2つの谷があって，片方の樹木をすべて切り倒し，他方はそのままにしておくといった操作実験があります。そうやっておいて，そこからのリンや窒素，土壌などの流出や変化について何十年にも渡って調べるんです。生態系の中では，ありとあらゆる相互作用が起こっているから何が起こっているのかは確定できないのですが，最初に2つの谷をランダムに選んでいるので，違いをもたらした原因はそこに最初に加えた操作だろうと考える，と。このあたりの考え方が，すごく似ている気がしました。

サカイ先生　そうだね。その点に関しては我々も同じ印象を持っているよ。物理学の実験のように厳密に「他の条件を一定にする」ことが困難だからこそ，条件を実験参加者にランダムに割り当てることが実験研究の肝になるわけだね。

カワイ君　で，この2つの谷の実験を思い出した時，こんな現場を使った大規模な実験なんて社会科学じゃできないような気がしたんです。たとえばマク

208

ロの経済政策の実験なんて実際のところできないんじゃないか，と。でも，ある経済政策が現実にどんな効果を生み出すのかはみんなの興味の的だから，もしできれば面白いかなと思うんですが。お二人のもともとのご専門は経済学ですよね。どうお考えでしょうか。

サカイ先生　そりゃできたら面白いよね。でも，まず経済政策の効果に関してマクロ経済学にはまだ検証の対象になるような標準的な理論があるとは言えないんじゃないかな。そもそも……。

ウダさん　ちょ，ちょっと，先生，そこは多分カワイ君が尋ねたいことじゃないと思いますよ。カワイ君，さっき君が言った「経済政策の実験なんて実際のところできない」が何を意味しているのか，もう少し具体的に説明してくれないかな？

カワイ君　はい，経済政策に関する理論をよく知らないので間違っているかもしれませんが，もし，その理論が個人の意思決定や選択を基礎に作られているなら，その理論を実験室で人間を被験者にして試すことはできると思うんですよ。でも，その実験が理論をサポートしても，その結果をもってしてこの経済政策は現実にはこれこれの結果を及ぼすだろうとは中々言えないような気がするんです。たかだか数十人の実験室実験の結果を現実世界に応用するのに少しためらうというか……。

サカイ先生　なるほど，君のためらいはもっともだよ。これは実験研究の「内的妥当性」と「外的妥当性」の問題だね。ウダさん，説明してあげたまえ。

ウダさん　えーと，スクールでも講義したけど，実験研究の肝は，実験条件と統制条件は異なっているけどそれ以外の要因はできる限り一緒な集団を作ることなの。このあたりの操作も含めて，条件の教示や確認テストなんかも一番きちんとできるのが実験室実験なわけ。実験の内容を理論に沿って厳密に作ることができるという意味で，実験室実験は研究として「内的妥当性」が高くて，理論をテストするには最適なわけね。でも，カワイ君が指摘した経済政策の話とかになると，興味の関心は，どちらかというと経済政策の理論が正しいかどうかということよりも，実際にその政策をとるとどういう結果になるかを知りたい，というところにあるのよね。これは実験の結果をどれぐらい一般化できるかと言う問題なので，実験の「外的妥当性」の問題と言

第17章　人間社会科学の教室

われています。

サカイ先生　そうそう。とすると，実験室実験は外的妥当性が低くなりがちなんだが，なぜだか解るかな？

カワイ君　多分，実験室実験の場合，実験に参加する人が多くの場合大学生だけど，現実において経済政策の結果を作り出していくのは，当然，一般の人たちが主になるんですよね。とすると，大学生か一般人かの違いが何か結果に影響しそうです。あとは……他に何かあるかな，うーん。

ウダさん　実験室実験では実験条件・統制条件以外はどうなっているのが理想だったのかを思い返してみるといいよ。

カワイ君　実験室では「他の条件は一定」が理想なんですよね。……そうか，現実の世界では，人々は「他の条件」に関してそれぞれに違うわけで，実験室で効いていた条件や要因が必ずしも効かなくなることもあるわけですよね。

サカイ先生　そういうこと。だから，実験室実験は内的妥当性は高いけど外的妥当性は低いと言われるわけだね。だけどね，実は，外的妥当性をなるべく担保したままでする実験もあって，その結果が利用され始めているんだ。ウダさん，あの蚊帳の例を説明してあげなさい。

ウダさん　先生の話の振り方はいつも唐突ですね。えーと，たとえば発展途上国ではいろんな政策が実験結果をもとに選ばれたり，施行されたりし始めているの。具体的には，どういう衛生政策をとると病気の予防に役立つのか，どういう貯蓄システムを作れば人々は誘惑に負けないで少しでも貯蓄するようになるのか，とかね[57]。ここでの実験はもちろん実験室じゃなくて，実際に，その人たちが住んでいる地域でやるの。たとえば，政府がマラリヤ予防のために住民に蚊帳を買わせようと思っているとするよね。で，補助金政策にAとBがあるとすると，このAとBを地域をランダムに選んで実施するわけ。そして，実際にどちらの政策を施行した地域が継続的にマラリヤ予防の蚊帳を買うのかを調べる，と。そして，結果が良かった政策を……

サカイ先生　こういう実際の現場でやる実験を実験室実験と区別してフィール

---

57) Banerjee, A.V., & Duflo, E. (2011) *Poor Economics*. PublicAffairs. (山形浩生訳 (2012). 貧乏人の経済学　みすず書房)

ド実験と言うよ。

ウダさん 先生はちょっと黙っててください。ええと，もちろん，その国の政府は結果の良い政策を実行しようとするわけね。で，こういうフィールド実験をやる場合には，この地域をよく知っている地域研究者や歴史研究者，開発経済学者と一緒にやって，この地域の人々ならではのローカル変数があるのかどうかも調べないといけないの。もしかすると，このローカル変数がないところでは，せっかくの政策も効かない可能性があるからね。

カワイ君 ということは，たとえばある国で補助金政策 A が効果的だったしても，それに満足しないでいろんな国や地域で実験しなくちゃならない，ってことになりますよね。実験は終わらない……。

サカイ先生・ウダさん そういうこと！

ウダさん 実験研究の結果を一般化するために，今はフィールド実験の例を挙げたけど，こういうフィールド実験ができない場合だってあるわよね。そういう場合は，調査や観察研究の力を借りたり，シミュレーションの力を借りたりすることも大切。つまりは，ある理論がどれぐらい一般性を持っているのかを検討するには，実験だけじゃなくいろんな実証分析ツールを駆使するしかないと思うな。特に，ヒトを対象とする研究はモノを対象とする研究よりもどうしても再現性が弱くなるから。先生はどう思いますか？

サカイ先生 ウダさんが言ったことはもっともだと思うけど，それって人間やヒトに限った話じゃないと思う。たとえば，一つの法則が非常にスケールの違うところでも使えるというのは物理学の特徴で，ある方程式が大気の動きを表して気象予測にも使えるだけでなく，海流の予測にも，マントル対流による大陸移動とかにも使える。だけど，こんな広く成り立つ方程式というのは人間世界にもないけど，生物世界にもない。ある場合に役に立つモデルがあったとしても，対象となる時間やスケールが少し異なるともう違ったモデルが必要になる。だから人間だけではなく生き物を対象とすると，実験は終わらなくなりがちなんじゃないかな。そういう点でもフィールド実験は大変だぞ。

カワイ君 たとえば歴史は壮大な社会実験と言えるんですかね。

ウダさん それはね……，

第17章 人間社会科学の教室

（コンコン）

サカイ先生 また，誰か来たみたいだな。はーい，ドアは開いているからどう
ぞ。

3. 合理の迷宮から ……………………………………………………………………

カワイ君 うわ，シズカさん。

シズカさん あ，カワイ君。今，顔をしかめたでしょ。失礼ね！

カワイ君 い，いや，君が来ると僕がなかなか口をはさめ……。

シズカさん サカイ先生，ウダ先生，サマースクールとても面白かったです。
でも，合理性ってなんですか？ それから協力の規範とか脳とか……。

ウダさん ちょっ，ちょっと待って。もう少しゆっくり一つずつ話してくれな
いかな。

シズカさん す，すいません。つい，いつもの調子で始めてしまいました。

カワイ君 （いつも自分だけが喋るんだよなあ）

シズカさん 私，大学で実験社会心理学をやっている修士課程の学生です。こ
のスクールでは心理学以外のいろんな実験について知ることができると聞い
て参加しました。この点に関しては満足したんですが，前から気になってい
たことでますます気になってきたことがいっぱい出てきました。

たとえば，フェアたちの経済学実験研究です[58]。彼らは，囚人のジレン
マのような状況でも最後通告ゲームのような状況でも，どちらも同じ不公平
回避の選好が働いているので，人々は囚人のジレンマのような状況では協力
行動を取って，最後通告ゲームでは不公平提案を拒否する，と言います。だ
けど，私が知っている実験研究はこのあたりをもっと細かく腑分けしていて，
囚人のジレンマでは不平等回避が目的になっているけど，最後通告ゲームで
は不平等回避ではなく相対的地位の確保が目標となっている，と言っていま

---

58) Fehr, E., & Schmidt, K.M.（1999）. A theory of fairness, competition, and cooperation.
The Quarterly Journal of Economics, **114**, 817-868.

3. 合理の迷宮から

す。要するに，状況によって目標関数は変化することを示しているのですが，
経済学ではこういう状況依存な目標と言うのは認めないんでしょうか？

カワイ君　えっと，僕も関連する疑問なんで聞きたいんですが，フェアたちの
言う不平等回避は「合理的」なんですか？

シズカさん　その質問が私のとどう関連してるわけ?!

サカイ先生　いやいや，両方ともまっとうな質問で，しかも関連しているよ。
実はうちの研究員同士でも議論になった話でね。まずはシズカさんのから答
えていこうかな。経済学は伝統的に普遍性志向があってね，20世紀に入る
とその流れが加速するわけ。あなたの言葉でいうと目標の達成，経済学の言
葉でいうと選好の充足や効用の最大化ということになると思うけど，経済学
は長くそういう選好や効用関数は外生的に強固に決まっていると考えてきた。
フェアたちはまだこの路線を継承しているんだと思う。だけど実験や調査な
んかをしているとあなたが言うように，人々が状況ごとに満たすべき選好を
変化させているように見える。つまり，同じ人でもあるときは利他的だし，
ある時は利己的だし，ある時は不平等回避，という具合だね。だから，現在
はこういう「強固な選好」という前提が経済学でも揺らいでいて，状況依存
型の選好や選好の内生性がまじめに取り扱われ始めた時期だと思う。経済理
論でも同一の個人が様々な効用関数をもっている「マルチ・セルフ」という
考え方が出てきてるしね。で，カワイ君の質問は「合理性」についてだった
ね。これはややこしいので，ウダさんが解りやすく説明してあげなさい。

ウダさん　経済学は，よく「ホモ・エコノミクスは合理的だ」と言うでしょ。
ここでの「合理性」は手段であって目的ではありません。つまり，ホモ・エ
コノミクス，経済人は自分の効用を最大化するために合理性を道具として使
うのよ。その際，合理性は自分の選択にきちんとした順序があることを要求
します[59]。

　ちょっとミスリーディングなのは，必ずしも合理的主義者＝自分の効用だ
けに関心がある人というわけじゃないのよ。教科書だと「経済人は自己利益
を最大化する」とか「自分の効用を最大化する」と習うけど，他人をケアす

---

59) より専門的には，順序が弱順序と推移率を満たすことが重要。

第 17 章　人間社会科学の教室

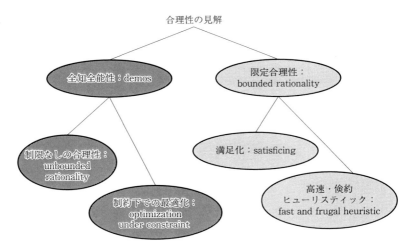

図 17-1：合理性の分類　『心理学が描くリスクの世界［改訂版］』（広田すみれ・増田真也・坂上貴之編著（2006）．慶應義塾大学出版会）図 2-14 を一部改変。

る利他的な選択も順序さえきちんとしていれば合理的でありうるわけ。だから，フェアたちの言う「不平等回避」は利己的ではないけれども合理的な選択ではありうるのよ。まあ，彼ら自身がどう考えているかははっきりは分からないけど。ただ，経済学者が「合理的な人」と言う場合，なんの但し書きもなければ「利己的な選好をもって効用最大化を目指す人」を想定していると思っていいわよ。でね，人間が本当に利己的な選好をもって効用最大化を目指しているかっていうと，当然，そうでもないわけで，経済学内部からの批判もあれば他の学問分野からの批判もあるの。ざっくりわけると図 17-1 のようになるかな。イメージとしては，左側は経済学よりで，右側は心理学や認知科学系よりな感じ。

カワイ君　どっちの方が正しいんですか？

シズカさん　そんなのどっちも正しいですよね。状況によるのよ，状況に！

カワイ君　（その状況を知りたいんだけどなあ）

ウダさん　うんうん，実はね，その「状況」が曲者なのよ。人々は状況に応じて充足させたい目標も変えるし，その目標の達成の仕方も変える。学生さん

が，月末残り少なくなったバイト代を使ってなるべく無駄が出ないように計画的に食料を買い込むとしましょう。でも，同時にその人がそのなけなしのお金のいくばくかを衝動的に赤い羽根に募金することもある。おそらく，この2つの場合で，この人が満足させたい目標も違えば，その目標達成にその人を突き動かす要因も違うよね。

サカイ先生　前者だと自己利益の最大化を合理的に達成していて，後者だと利他的な選好が共感や同情によって突き動かされている感じかな。

シズカさん　すると，研究者がやるべきことってどういうことに？　無茶苦茶たくさんな状況を一つ一つしらみつぶしに検討していくことですか？　でも，それだけだと「終わりなき夏休みの昆虫採集」をさせられているみたい……。

カワイ君　昆虫採集ならずっとやってもいいなあ。

シズカさん　なに馬鹿なこと言ってるのよ！

4. 適応の世界へ ···

カワイ君　そうか，それでサカイ先生がどこかの講義で「合理性を基礎づける適応度」とか「実験社会科学のメタ理論云々」とかの話をされたんですか？講義の中では，その言葉だけが出てきてよくわからなかったんで，今日聞こうかと思ってたんですよ。

ウダさん　サカイ先生，こんな重要な話を言いっぱなしにしていたんですか？

サカイ先生　コホン。そういえばカワイ君，専攻は行動生態学だよね。この分野の基本的なものの見方をちょっと説明してくれるかな。

カワイ君　はい。行動生態学の基本は，集団遺伝学の理論からきています。集団遺伝理論によると，適応的ダイナミクスは，適応度，すなわち残せる子供の期待値が大きくなるように，より改善する方向に働きます。現在の世界で見られている生物の形や行動は，進化の結果だから，そういう意味で適応的であろう，と推測するのが適応度仮説です。行動生態学は行動を起こしたメカニズムにはあまり興味を持ちません。感情にもとづこうが，脳で良く考えた結果であろうが，なにも考えずにでてくる反射であろうが，結果として適応度が高くなる傾向にあれば広がるというものです。あるゲノムに子孫を作

第 17 章　人間社会科学の教室

りやすい傾向があると，それが広がるわけです。生物学の中では，遺伝子の
セットから表現型，つまり形とか行動とかがどうできるかということは，発
生学とか生理学・脳科学などが分担しているわけです。

サカイ先生　この研究所の研究者は専門分野にかかわらず基本的にその考え方
を，人間や社会の研究においても土台にしているよ。まず，人間を生物とし
ての「ヒト」としてとらえる。つまり，人間は長い進化過程で自然淘汰の
「圧」を受けているから，平均的にある適応的な傾向性を生まれながらにも
っている。さっきの図を使うと，最初の頂点のところに「適応的合理性」と
かが入る感じかな。ただし，人間は学習によってもともとの傾向性を変化さ
せるのりしろが破格に大きい生物だから，当然その傾向性もかなりばらつく
だろうけどね。また，やっぱり人間を研究対象にすると，選択や行動の究極
的な要因は適応度上昇だとしても，現場でどういう要因が働いているか，理
性か感情か，自己利益追求か他人の利益への配慮かも興味深い研究対象にな
るね。

シズカさん　進化心理学もそういう考え方ですね，なるほど。確かに適応度仮
説を各研究者がベースにしていると，「採集すべき昆虫は何か」に関しては
ある程度目安がつきそうですね。それなら分業すればいつかは採り終わりそ
う。そういえば，どこかで読んだんですけど，脳科学の研究で食物や水のよ
うな直接報酬だけではなく，社会的称賛も脳内で同じ報酬系を賦活させると
いうのがありました。称賛されると報酬系が働くのは，社会的に評価が高ま
れば基本的に適応度において有利になるからだろうし，そして，称賛に関し
て満足を覚えると自分はそういう行動をまたとろうと思うから適応度が高く
なる。すごく自然ですよね。

カワイ君　でも，生物学をやっていてなんですが，この適応度仮説ってどれぐ
らい人間にあてはまるんでしょうか？

シズカさん　なんか私の意見が間違っていると言いたいわけ⁉

カワイ君　い，いや，そうではなく，たとえば人間以外の生物の利他的行動っ
てほぼ血縁淘汰の議論でかたがつくと思うんですよ。確かに群淘汰の議論は
ありますが，この議論も血縁淘汰の議論に上乗せすることができますし。で
も人間は自分と血縁関係がない他人にも善いことをしてあげますよね，さっ

きの募金の例みたいに。

ウダさん　確かにね。誤解がないように言っておくと，さっきサカイ先生が言ったのは，人間や社会の研究に生物学の理論をそのまま当てはめようということじゃないの。あくまで，考え方の一つのベースにしよう，と。たとえば，人間の利他的行動なんかは確かに血縁淘汰だけでは説明できないけど，だからといって「人間は特別だ」っていう見方はしない。利他的行動を例にとると，自分に損になる利他的な行動も，何らかの回路を通じて自分の得になる，自分の適応度を上げているから，人間はそういう行動をとるんだ，と。たとえば，血縁関係がなくても，長い間繰り返してずっとつきあっている同士だと自分の損になっても相手を助けることがあるよね。でも，これは相手を助けてあげると，しばらくすると向こうから助け返してくるっていうのがあるからだ，と。いわゆる直接互恵とか，互恵的利他主義（reciprocal altruism）という考え方ね。そして，直接的互恵性は人間以外の社会的な動物にも見られるけど，これが間接互恵になってくると人間に特徴的なものといえるわ。つまり，自分が誰かにいいことをしたとして，その人からお返しが返ってくるんじゃなくて，違う人から返ってくるという状況ね。

シズカさん　えーと，私は社会心理学専攻なので気になるんですが，たとえば先ほどの間接互恵の話が成り立つには，誰がいいことをした人なのか，他人が知る必要がありますよね。これは，人間が評判に対する敏感さを一般的に持っていることとうまく合っています。でも，人間社会ってこういう評判に対する文化や社会規範も多様ですよね。日本人はあまり自己主張しないけど，アメリカ人は自己主張してなんぼ，とか。このあたりの個別な文化差と一般的は適応度の話とはどう折り合いをつけるんでしょうか？

サカイ先生　いい質問だな〜。ウダさんの守備範囲だね。

ウダさん　そこまで専門と言うわけでもないんですが。私はね，やっぱりそういう文化差や社会規範の違いの背景にも適応度は効いていると思ってるの。もし私が「日本人は謙遜する」という現象を研究するなら，どういう生態的・社会的環境下では「謙遜する」文化や規範に従うことがまわりまわって自分の得になるんだろうか，とまずは考えるだろうな。

サカイ先生　一つ付け加えると，適応すべき環境は所与ではなくて，適応行動

第17章　人間社会科学の教室

をとる人間が自分たちで作り出す環境でもある，ということだね。行動と環境との間にはフィードバックがあって，人々が適応行動を取ることによって環境が作り出され，維持される。

カワイ君　とすると，人々の適応的行動と環境が合わなくなった場合は，それまでの文化や社会規範が変化して人々の行動が変わるか，環境の方が変わっていくか，ということになるわけか。でも，でもですよ。どうしてもそういう風に考えられない「文化」というのもあるんじゃないでしょうか？　たとえば，西欧絵画では長く遠近法が使われてきたけど，日本の絵画では伝統的にそういう距離感で絵をかいてこなかったですよね。あるいはクラシックの音階はドレミファソラシの7音階だけど邦楽はドレミソラの5音階ですよね。こういう文化差も適応度と関係しているんでしょうか？

サカイ先生　さっきから私やウダさんが行っているようなものの考え方をとりあえず「適応社会科学」とでも呼んでおくとね，この思考法は人間の行動や意思決定をなにがなんでも適応度で説明しようということではないんだよ。直感的には，生産・消費や生殖といった子供を残すのに直接に関係するドメインは適応度絡みで説明できるけど，そこから離れれば離れるほど適応度だけでは説明できなくなると思うな。だからカワイ君がいった疑問に答えるとすると，クラシックの7音階も邦楽の5音階も基本的にどっちをとってもそれで適応度による差が出るということがないから，いったん生まれたらそれがそのままずっと続いていった。もし，この音階差が適応度の差を生むのだとしたらどっちかは凌駕されただろう，ということ。もちろん，人間が好む音階には生物学的なベースがあるとは思うけどね。

カワイ君　わかりました。というのも，生物を考えても淘汰が強く働く状況では適応的に振る舞うことは確かですが，そうでない場合には淘汰への適応は必ずしも十分ではないので。人間でもそれ以外の生物でも，適応の議論がどこまで有効かっていうのも最終的には実証的に判断せざるを得ないんでしょうね。

シズカさん　ただ，でき上がったもの，たとえば7音階がなぜヨーロッパ社会に普及したのか，と言うことに関しては，「私たちは反復的に提示される刺激が好きになって，レアな刺激はあまり好きになれない」という単純接触効

218

果や「私たちは他人がやっているとそれに従いたくなる」という同調効果なんかで説明できるんじゃないでしょうか？　もちろん本当にそうなのかは実証的に確かめないといけないけど。

ウダさん　適応社会科学としては，そこからもう一歩先に行ってほしいんだよね。

シズカさん　そうか，人々が単純接触効果や同調効果を一般的に持っているなら，それがなぜ適応的なのか，どういう場合には適応的なのかを考えるわけですね。

ウダさん　そういうこと。ただね，ちょっと水を差すようだけど，人間が普遍的に持っているバイアスとか癖とかがある，と言うのも頭から信じちゃいけないの。たとえば，両端の矢羽根の向きで線の長さが変わって見えるミュラー・リアーのような錯視も，私たちの目には錯視があるように見えるけど，錯視が見えない文化もあるという報告もあるのよ。

サカイ先生　本当？　錯視なんかは生物学的な要因で生まれながらに決まっていると思っていたけど。そうなると，何を研究するにしても実証マインドと言うのがますます重要になってくるな～。

5. 社会科学はどこへ行く

ウダさん　そういえば，さっきシズカさんは脳研究のことも聞きたいとか言っていたよね。いい機会だから私も質問しちゃおう。先生，最近はやりのニューロ研究は社会科学にとってどういう意味があるんですか？　先生も fMRI なんかを使った実験研究をやってますけど。特に，「選好は所与！」とか「心なんて見られないんだから，結果としての行動だけから理論を組み立てるべき！」という立場に立っていた経済学に，なぜ神経経済学とかいう分野が出来てきたんですか？

サカイ先生　神経経済学をやっている人がどう考えているかは知らないけど，私がニューロ研究をやり始めたのは行動実験だけだと見ることができないものが見られる可能性があるからだよ。それになにより，脳を切り刻むのが好きなんだよ！

第17章　人間社会科学の教室

3人　……。

サカイ先生　じょ，冗談はさておき，「なぜ，私は脳に興味を持つのか？」と。一つには，行動実験では白黒のつかない仮説をテストできる可能性があること。たとえば最後通告ゲームで，相手がアンフェアなオファーをしたときに私たちは結構な確率で受け取りを拒否するよね。これをある研究者は「負の互恵性だ」といい，別の研究者は「不平等回避だ」といっているけど，これは行動実験ではなかなか白黒がつけにくい。そこで，相手と比べて自分が有利になる場合と不利になる場合の，2つの不公平場面を実験的に作り出して，脳部位の活動や容量との関係を見てみる。もし，「不平等回避」がすべてだったら，多少の程度の違いはあっても，自分が有利なときにも不利なときにも，同じ部位が同じように行動と関係するはずだよね。けれど，実際にやってみると，どうもそうではなさそうだというわけ。たとえば，脳の側頭頭頂接合部（right temporo-parietal junction）と呼ばれる部位の灰白質の容量は，自分が有利なときに相手との不公平を減らす利他行動と関係するんだけど，自分が不利な場合の不公平回避行動とはあまり関係しないらしい。これからもっとデータを蓄積していかないと確実なところはわからないけどね。これと似たような感じだけど，意思決定において感情と理性は違ったように働くという話はよくきくよね。もし，その話が本当にそうだとしたら，脳の違った部位が賦活しているはずだ，と。そしてそれをサポートするデータが出れば，感情と理性には違う物質的な基礎があるんだから違ったものとしてモデル化しましょう，という方向に弾みがつくわけね。

シズカさん　「一つには」と言われましたけど，他の理由もあるんですか？

サカイ先生　これは直感的なもんでしかないんだけどね，30〜40年ぐらい前かなあ，経済学の中で最初に実験系の話が始まったときには，みんな面白がってはいたけどあんまりまともに受け取ってなかったんだよ。特に数理モデルや理論をやっていた人たちは。だけど，驚くような結果がたまっていくと理論もそれを無視できなくなって，今は，理論自体を変えようという動きが普通になっている。こういう感じのことが，今のニューロ研究を梃子に社会科学でも起きつつあるんじゃないかな。だから，今，影響力があるかどうかというのも重要だけど，将来にわたって面白いエビデンスをため込んでいく

220

5. 社会科学はどこへ行く

ことが重要だと思うね，本当に．

シズカさん　ニューロ研究ってそんなに社会科学の分野でもやられているんですか？

ウダさん　実際にアカデミズムの中でどれぐらい受け入れられているのかははっきりしないけど，神経経済学や神経政治学と言う用語はもう普通に使われているし，社会科学以外でも神経倫理学と言うのがあるわよ．たとえば，ある人がサイコパスであることが神経活動から得られたデータでわかったとするよね．で，もし，この人が犯罪を起こしたとして，その責任を問うときにこのニューラルエビデンスを何かの形で使えるのか／使うべきなのか，というような議論が行われているし，実際にアメリカの法廷で争点になったこともある．

カワイ君　まあ，人間が絡むものならなんでもニューロを研究できますから．

サカイ先生　そう！　だからこそ気をつけなくちゃいけない．「社会科学にとって重要なニューロ研究は何か」と言うことを意識しないと，本当に脳を切り刻んだだけになっちゃうから．社会科学はやっぱり，人と社会の２つをいつも意識しないといけない．人の選択行動や意思決定をやっている人はそれがどうマクロな社会現象につながっていくのか，社会現象を分析している人はそのミクロ的基礎はなんなのか．この２つをいつもいったりきたりするミクロ—マクロの複眼的思考は重要だな～，うん，うん．

ウダさん　せ，先生，独り言になってますよ．でも今，言われたことは社会科学者にとっては非常に重要ですよね．

カワイ君　でも，僕は将来，生物学者？

シズカさん　私は将来，心理学者？

ウダさん　いえいえ，あなたたちがもしミクロ—マクロの複眼的思考をもって，人と社会を眺めるなら立派な社会科学者だよ．ディシプリンとしてはそれぞれの専門分野をちゃんともちながら，「社会科学にとって重要なテーマとそうじゃないテーマの区別ができる」．こんな感覚を共有している研究者のコミュニティが，きっとこれからの社会科学には必要な気がするな．

サカイ先生　２人のような若い人たちの周りに普通に，政治系，経済系，心理系，生物系なんかの講義があって，先生もいろんな専攻の人がいるけど，議

第 17 章　人間社会科学の教室

論のベースになる社会観や人間観は共通している，そういうのが当たり前になっているフォーラムみたいな学部を作りたいもんだね。

カワイ君　実験サマースクールをこのままやり続けて，なし崩し的に学部にしてしまうとか。名前はもちろん「人間∞社会科学部」で（笑）。

索　引

あ　行

曖昧性　67, 68
曖昧性忌避　67, 68, 70
アクセルロッド（Axelrod, R.）　136
アブダクション　8
アンカー　54, 56, 59
アンカリング効果　54-56, 59
意思決定　35, 36, 39, 45, 95, 96, 98-100, 102, 109, 110, 142, 153
一般入札市場　162, 166, 168, 170
因果関係　5
オストロム（Ostrom, E.）　142

か　行

外的妥当性　209, 210
確率分布　177
確率割引　83, 87, 88
仮想的な報酬　89
眼球運動測定装置　44
感情　202
感情温度　199-203
間接互恵　115-121, 217
企業経営　95, 100, 102, 110
危険回避　182
記述不変性　37
既成概念　100, 102, 109
帰属エラー　22
期待効用理論　91
機能的磁気共鳴画像法（fMRI）　91, 195-197, 199, 200, 203, 204
規範　80
供給価格　159, 160, 163
競争均衡　166, 167, 170
共有知識　119-121, 174, 177-182
協力　131-134, 136

協力問題　74
均衡価格　160, 161
群淘汰　216
血縁淘汰　216
決定フレーム　36
公共財　142, 153
公共財供給ゲーム　171
格子モデル　130, 134
行動生態学　208, 215
効用関数　38
功利者　146-148, 152
合理性　11, 145, 152, 177, 179-183, 213
合理的　177, 179, 180, 183
合理的論拠　9, 14
互恵　145-147, 152
個人主義　24, 25
個人情報　71
コメ価格センター　157
米離れ　157, 159, 161
コンピュータプログラム　126

さ　行

再現性　211
最後通告ゲーム　212
最小条件集団　113-122
最低投票率　185-193
指値　162, 166
差別的入札　162
参加者　196-198, 202
サンクション　74
恣意の一貫性　54, 55
シェリング（Schelling, T.C.）　127, 130, 131, 136
刺激　197, 198, 201
事後確率　181
自己高揚　20, 47, 48, 50, 51

223

索　　引

自己呈示　48-50
自己卑下　20, 47-50
自主流通米価格形成センター　157
市場均衡　160
指数関数型　90
事前確率　181
実験ゲーム　39
社会構成主義　13
社会シミュレーション　125-127, 131, 136, 137
社会的アイデンティティー　113, 114, 119, 121
社会的ジレンマ　153, 154
弱支配　144, 149, 150, 153
囚人のジレンマ　40, 118-121, 133, 135, 139-141, 143, 145, 148, 151, 152, 171, 212
集団主義　24, 25
住民投票　185-187, 190, 192, 193
縮約ゲーム　144, 148, 149
需要価格　159, 160, 163
需要縮小　171
状況依存的焦点モデル　42-44
焦点化仮説　42
情動　202, 203
承認メカニズム　143-145, 147-153
消費者余剰　165
進化心理学　216
神経経済学　91, 203, 219, 221
神経政治学　221
神経倫理学　204, 221
スキナー（Skinner, B.F.）　63
制御幻想　65-69
政治学　195, 196, 200, 203, 204
生態学的適合度　24
制度　154
全額返却保証メカニズム　147, 148
選好　20, 21, 25, 27, 28, 32, 47
センター入札市場　159, 161, 162, 170, 171
センター入札市場ルール　162, 165, 168
前頭前野　199-202
相関関係　5
双曲線関数型　90
相互協調的自己観　19, 20, 49
相互独立的自己観　19, 20

た　行

だまし　71
遅延割引　83, 84, 88
チキンゲーム　133
秩序問題　74
チューリップ・バブル　173
直接互恵　217
適応社会科学　218
適応戦略　48, 120, 121
適応的合理性　216
適応度　215
デフォルト戦略　23-25, 29, 32, 48-50
同意書　71
同調　19, 20, 27, 28, 47
動物実験　89
独裁者ゲーム　120, 121
独占価格　167
ドットコム・バブル　173

な　行

内集団バイアス　113, 114
内集団ひいき　113, 116-118, 120, 121
内的妥当性　209
ナッシュ均衡　149, 150, 153
南海泡沫事件　173
ニューロポリティクス　195, 203
人間観　19, 47
認知制御　199, 202
認知的精緻化　44
NOOS　24-26, 29, 31, 32
ネガティブCM　196, 197, 199-202
ノイマン（von Neumann, J.）　140
脳神経科学　195, 196, 203, 204
ノワック（Nowak, M.A.）　132, 134, 136

は　行

ハーヴィッツ（Hurwicz, L.）　142
破産　176, 177
バブル　173, 175-179, 181-184
比較　6
ビジネス・ゲーム　95, 96, 109, 110
評判　74, 120

索　引

フィールド実験　211
フェア（Fehr, E.）　212
複眼的思考　221
不平等回避　146, 147, 152, 212, 213, 220
部分ゲーム完全均衡　150
プライベート知識　119-121
フリーライダー　132
フレーミング効果　35-38, 40-42, 44
プロスペクト理論　91
プロモーション戦略　39
文化差　19, 22, 25, 27, 30, 32, 33, 47, 48, 122
文化的信念　19, 20
分居　127, 131, 136
ベイズの法則　179
ペン選択実験　21, 22, 25, 32, 47
報酬量効果　89
北海道　32, 33, 49, 50

ま　行

マーケティング　37
民主主義　202
むかでゲーム　177, 178, 183

メイ（May, R.M.）　132, 134, 136
迷信行動　63, 64, 67
メカニズム・デザイン　155

や　行

有限責任　176
尤度（likelihood）　8
ユニークさ　19, 47
抑うつ傾向　69
予防戦争　139

ら　行

落札　158
ラッセル（Russell, B.）　139
ランガー（Langer, E.J.）　65
リスク　11, 41-43, 67, 68
利他行動　74
利他者　146, 147
利得最大　145-148, 152
利得表　140, 141, 144, 150
倫理　70, 71, 195, 204
ループ効果　15

225

執筆者紹介

西條辰義（さいじょう たつよし） 編者 はじめに，第 12 章
1952 年生まれ。ミネソタ大学大学院経済学研究科修了。Ph.D.（経済学）。現在，高知工科大学教授。
専門は制度設計工学，公共経済学。編著書に『社会科学の実験アプローチ』（共編，勁草書房）。

清水和巳（しみず かずみ） 編者 第 1 章，第 17 章
1961 年生まれ。早稲田大学大学院経済学研究科博士課程修了。Ph. D.（経済学）。現在，早稲田大学政
治経済学術院教授。専門は応用経済学，実験政治経済学。編著書に『入門 政治経済学方法論』（共編，
東洋経済新報社）。

山岸俊男（やまぎし としお） 第 2 章，第 4 章，第 10 章
1948 年生まれ。ワシントン大学大学院社会学研究科博士課程修了。Ph.D.（社会学）。現在，一橋大学
国際経営研究科特任教授。専門は社会心理学。著書に『信頼の構造』（東京大学出版会）。

竹村和久（たけむら かずひさ） 第 3 章
1960 年生まれ。同志社大学大学院文学研究科博士課程単位取得退学。博士（学術，東京工業大学）（医
学，北里大学）。現在，早稲田大学文学学術院教授。専門は社会心理学，意思決定論，行動計量学。著
書に『行動意思決定論』（日本評論社），『*Behavioral Decision Theory*』（Springer Verlag）。

兎内祥子（とない しょうこ） 第 5 章
1989 年生まれ。現在，神戸大学経営学研究科博士前期課程。専門はマーケティング。論文に "Revisiting
the anchoring effect in a Chinese writing experiment"（*International Journal of Applied Research in
Business Administration and Economics*, **1**, 54-61, 2012）。

潘　俊毅（しん しゅんき） 第 5 章
1969 年生まれ。大阪大学大学院国際公共政策研究科博士課程修了。博士（国際公共政策）。現在，神
戸大学経済経営研究所准教授。専門は応用計量経済学，実験行動経済学，環境経済学。論文に "Cash
effect in ultimatum game experiments"（*Journal of Socio-Economics*, **47**, 94-102, 2013），"Group-based
trust, trustworthiness and voluntary cooperation: Evidence from experimental and survey data in
China"（*Journal of Socio-Economics*, **40**, 356-363, 2011）など。

坂上貴之（さかがみ たかゆき） 第 6 章
1953 年生まれ。慶應義塾大学社会学研究科博士課程単位取得退学。博士（文学）。現在，慶應義塾大
学文学部教授。専門は実験心理学，行動分析学。編著書に『心理学の実験倫理』（共編，勁草書房）。
『心理学が描くリスクの世界：行動的意思決定入門』（共編，慶應義塾大学出版会），『意思決定と経済
の心理学』（共編，朝倉書店）。

執筆者紹介

神　信人（じん のぶひと）　第7章
1967年生まれ。北海道大学大学院文学研究科博士課程修了。博士（行動科学）。現在，淑徳大学総合福祉学部教授。専門は社会心理学。著書に『集団内互酬行動としての内集団ひいき』（現代図書）。

高橋伸幸（たかはし のぶゆき）　第7章
1970年生まれ。アリゾナ大学大学院社会学研究科博士課程修了。Ph.D.（社会学）。現在，北海道大学大学院文学研究科准教授。専門は社会心理学。編著書に『集団生活の論理と実践』（共編，北海道大学出版会）。

丹野貴行（たんの たかゆき）　第8章
1979年生まれ。慶應義塾大学大学院社会学研究科後期博士課程単位取得退学。博士（心理学）。現在，日本学術振興会特別研究員PD（関西学院大学文学部）。専門は実験心理学・行動分析学。論文に"The copyist model of response emission"（*Psychonomic Bulletin & Review*, **19**, 759-778, 2012）。

磯辺剛彦（いそべ たけひこ）　第9章
1958年生まれ。慶應義塾大学大学院経営管理研究科博士課程修了。博士（経営学）。現在，慶應義塾大学大学院経営管理研究科教授。専門は経営戦略論。著書に『起業と経済成長』（慶應義塾大学出版会）。

小笠原　宏（おがさわら ひろし）　第9章
1959年生まれ。慶應義塾大学大学院経済学研究科後期博士課程修了。経営管理修士（MBA）。現在，流通科学大学商学部教授。専門は経営財務，経営戦略。著書に『最新証券化の基本と仕組みがよーくわかる本』（秀和システム）。

中丸麻由子（なかまる まゆこ）　第11章
1971年生まれ。九州大学大学院理学研究科博士後期課程単位取得退学。博士（理学）。現在，東京工業大学大学院社会理工学研究科准教授。専門は社会シミュレーション，人間行動進化学。著書に『進化するシステム』（ミネルヴァ書房）。

西村直子（にしむら なおこ）　第13章
ジョンズ・ホプキンス大学大学院経済学研究科博士課程修了。Ph.D.（経済学）。現在，信州大学経済学部教授。専門はミクロ経済学，不確実性の経済学。著書に『市場競争と経済心理学』（共著，有斐閣）。

草川孝夫（くさかわ たかお）　第14章
1976年生まれ。大阪大学大学院経済学研究科博士後期課程単位取得退学。現在，広島修道大学経済科学部准教授。博士（経済学）。専門は実験経済学，行動ファイナンス。共著書に『排出権取引』（共著，慶應義塾大学出版会）。

肥前洋一（ひぜん よういち）　第15章
1972年生まれ。ペンシルバニア大学大学院経済学研究科修了。Ph.D.（経済学）。現在，高知工科大学マネジメント学部教授。専門は政治経済学，実験経済学。共著論文に"An Experimental Test of a Committee Search Model"（*European Economic Review*, **61**, 59-76）。

執筆者紹介

井手弘子（いで ひろこ） 第16章
1974年生まれ。東京大学大学院法学政治学研究科博士課程修了。博士（法学）。専門は政治学，政治心理学。著書に『ニューロポリティクス』（木鐸社）。

加藤淳子（かとう じゅんこ） 第16章
1961年生まれ。イェール大学大学院政治学部修了。Ph.D.（政治学）。現在，東京大学大学院法学政治学研究科教授。専門は政治学。著書に『税制改革と官僚制』（東京大学出版会）。

神作憲司（かんさく けんじ） 第16章
千葉大学大学院医学研究科博士課程修了。医師，博士（医学）。現在，国立障害者リハビリテーションセンター研究所脳機能系障害研究部脳神経科学研究室長，千葉大学特別研究教授，電気通信大学客員教授。専門はシステム脳神経科学。編著に『*Systems Neuroscience and Rehabilitation*』（Springer）。

高野弘二（たかの こうじ） 第16章
東京工業大学大学院総合理工学研究科博士後期課程修了。博士（理学）。現在，国立障害者リハビリテーションセンター研究所脳機能系障害研究部研究員。専門はリハビリテーション科学，福祉工学。

シリーズ監修者紹介

西條辰義（さいじょう たつよし）
1952年生まれ。ミネソタ大学大学院経済学研究科修了。Ph.D.（経済学）。カルフォニア大学サンタバーバラ校経済学部助教授，筑波大学社会工学系助教授，大阪大学社会経済研究所教授を経て，現在，高知工科大学制度設計工学研究センター長。文部科学省特定領域研究「実験社会科学――実験が切り開く21世紀の社会科学」代表。専門は制度設計工学，公共経済学。編著書に『社会科学の実験アプローチ』（共編，勁草書房）『実験経済学への招待』（NTT出版）。

フロンティア実験社会科学1
実験が切り開く21世紀の社会科学

2014年4月20日　第1版第1刷発行

編著者　西　條　辰　義
　　　　清　水　和　巳

発行者　井　村　寿　人

発行所　株式会社　勁　草　書　房
112-0005 東京都文京区水道2-1-1　振替 00150-2-175253
（編集）電話 03-3815-5277／FAX 03-3814-6968
（営業）電話 03-3814-6861／FAX 03-3814-6854
本文組版 プログレス・理想社・松岳社

©SAIJO Tatsuyoshi, SHIMIZU Kazumi　2014

Printed in Japan

JCOPY ＜(社)出版者著作権管理機構 委託出版物＞
本書の無断複写は著作権法上での例外を除き禁じられています。複写される場合は，そのつど事前に，(社)出版者著作権管理機構（電話 03-3513-6969，FAX 03-3513-6979，e-mail: info@jcopy.or.jp）の許諾を得てください。

＊落丁本・乱丁本はお取替いたします。
http://www.keisoshobo.co.jp

実験が切り開く21世紀の社会科学

2024年9月20日　オンデマンド版発行

編著者　西條辰義
　　　　清水和巳

発行者　井村寿人

発行所　株式会社　勁草書房
112-0005 東京都文京区水道 2-1-1　振替 00150-2-175253
（編集）電話 03-3815-5277／FAX 03-3814-6968
（営業）電話 03-3814-6861／FAX 03-3814-6854
印刷・製本　（株）デジタルパブリッシングサービス

© SAIJO Tatsuyoshi, SHIMIZU Kazumi 2014　　AM269

ISBN978-4-326-98610-1　　Printed in Japan

JCOPY ＜出版者著作権管理機構 委託出版物＞
本書の無断複写は著作権法上での例外を除き禁じられています。
複写される場合は、そのつど事前に、出版者著作権管理機構
（電話 03-5244-5088、FAX 03-5244-5089、e-mail: info@jcopy.or.jp）
の許諾を得てください。

※落丁本・乱丁本はお取替いたします。
　https://www.keisoshobo.co.jp